TUDI CHANQUAN ZHIDU
YU NONGYE ANQUAN

土地产权制度与农业安全

主编　郑宝华

云南出版集团
雲南人民出版社

图书在版编目（CIP）数据

土地产权制度与农业安全 / 郑宝华主编. -- 昆明：云南人民出版社, 2020. 2

ISBN 978-7-222-19030-6

Ⅰ. ①土… Ⅱ. ①郑… Ⅲ. ①土地所有制—关系—农业生产—安全生产—研究—中国 Ⅳ. ①F321.1②F325

中国版本图书馆CIP数据核字(2020)第010100号

出 品 人： 赵石定
责任编辑： 王　逍
封面设计： 余仲勋
责任校对： 任　娜
责任印制： 代隆参

土地产权制度与农业安全

TUDI CHANQUAN ZHIDU YU NONGYE ANQUAN

郑宝华　◎主编

出　版　云南出版集团　云南人民出版社
发　行　云南人民出版社
社　址　昆明市环城西路609号
邮　编　650034
网　址　www.ynpph.com.cn
E-mail　ynrms@sina.com
开　本　787mm×1092mm　1/16
印　张　17
字　数　400 千
版　次　2020 年 2 月第 1 版第 1 次印刷
印　刷　云南灵彩印务包装有限公司
书　号　ISBN 978-7-222-19030-6
定　价　58.00元

云南人民出版社微信公众号

如有图书质量与相关问题请与我社联系
审校部电话：0871-64164626　印制科电话：0871-64191534

研究摘要

土地作为农业农村经济发展的第一性生产要素，是生态系统的重要组成部分。土地质量的好坏，不仅对农业的可持续发展起决定性作用，而且对农业生态环境、农业安全有着重大影响，进而对整个人类生态系统和生态文明产生显著影响。而土地质量既受制于自然因素，如地理环境、立地条件等，又受到社会经济制度的影响，尤其是其中的产权制度。本研究选择了中国中西部的云南、四川、湖南和青海 4 个省的 8 个县进行实地调查，调查点的选择既涵盖了具有代表性的耕地、林地和草地等主要农地类型，也考虑到了不同的立地条件和经济社会发展水平。其目的是通过分析土地产权制度安排对人们土地资源利用方式的影响，阐释其对土地质量和生态环境的影响，进而揭示土地产权制度与生态环境演变的内在联系。研究方法是先进行案例研究，在把握总体的基本情况后，再进行问卷调查。本研究除了总体报告外，还包括 8 个案例研究报告和 1 个针对 8 个调查点 823 个样本农户的问卷调查分析报告。

基于中国农村集体土地产权制度的基本特点，本研究重点放在土地的承包权和经营权上，较少涉及土地的所有权。对于承包权和经营权来说，重点又放在了经营权上，主要原因是承包权经过不断完善，已经基本稳定，并且得到了法律制度和政策规定的有力支持。从法律角度讲，《中华人民共和国农村土地承包法》已经对承包权做出了具体安排；而从政策角度讲，十九大明确规定第二轮耕地承包期到期后再顺延 30 年。因此，在我国农地“三权分置”的特殊产权制度背景下，影响土地利用方式最主要的就是经营权。经营权影响着经营方式，而不同的土地经营方式才是土地利用的主导影响因素。据此，我们把经营权作为调查研究的重点，同时兼顾了所有权和承包权的分析与讨论。

中国农业从本质上讲是“大国小农”，但为了提高土地经营效率，各级政府也鼓励通过土地承包权和经营权流转实行适度规模经营。这就使中国农村土地的经营权出现了两种主要类型：一种是单家独户的农户经营；一种是产业化、组织化的规模经营。前者除了小农户经营外，也包括具有一定规模的家庭农场和专业大户；后者则主要是农业产业化龙头企业、农民专业合作社、农业公司等。在4个省823份有效样本中，实际经营着水田的农户仅为426户，实际经营面积比承包面积多出了78.22%，意味着有近80%的水田是流转来的；实际经营着旱地的样本农户只有299户，实际经营面积比承包面积少了15.30%；林地也有约10%已流转出去；祁连点实际经营着的草地面积只是承包面积的80.73%，意味着有约20%的草地已流转出去。

由于土地类型的差别，以及同一土地类型种植作物种类的不同，不同土地经营主体采取了不同的经营方式，因而产生了类型各异的土地经营权制度安排。在我们重点调研的4个省的8个县（市）中，云南通海的水田主要是小农户的蔬菜种植，青海互助的旱地是合作社+小农户的粮食生产，四川崇州的水田主要是土地股份合作社+农业职业经理人+社会化服务的产业化粮食生产，湖南湘阴的水田主要是小农户的粮食生产，湖南澧县的水田和旱地主要是规模经营主体与小农户共存的粮食生产和经济林果种植，四川苍溪的旱地（包括水改旱）是园区化+庭院化的红心猕猴桃种植，云南澜沧的林地是公司化的大规模桉树种植，而青海祁连的草地是牧户+合作社经营。

不管是农户经营，还是组织化规模经营，或多或少都存在土地承包权/经营权的流转。这使土地产权制度和经营方式变得更加复杂，不管是农户承包土地自家经营，或是农户租种土地经营，还是规模经营主体的土地流转经营，都孕育了不同的经营方式，因此产生了差别很大的土地利用方式，也对土地质量和生态环境产生了不同的影响。现实中，小农户承包土地自家经营不一定比其他经营方式少用化肥农药，而组织化规模经营也不一定比小农户承包土地自家经营多用化肥农药。但总体而言，在过去十多年内，化肥农药使用量显著增加、农家肥和有机肥使用量大幅减少，这是一个不争的事实，只是不同经营方式有所差别而已。当前的基本特点是，每亩农地的化肥使用量是租种旱地（325.10公斤）>自家承包水田（68.06公斤）>自家承包旱地（59.04公斤）>租种水田（42.99公斤）>租用林地（12.50公斤）>自家承包林地（2.40公斤）；农家肥和有机肥是自家承包旱地（447.33公斤）>租种旱地（301.40公斤）>租种水田（263.34公斤）>自家承包水田（128.33公斤）>租用林地（3.70公斤）>自家承包林地（1.90公斤）；农药开支是自家承包水田（418.52元）>租种旱地（329.32元）>租种水田（149.74元）>自家承包旱地（67.96元）>租用林地（9.50元）>自家承包林地（2.97元）；农用地膜的开支是租种旱地（295.80元）>租种水田（16.20元）>自家承包旱地（14.50元）>自家承包水田（2.78元）。

研究发现，小农户生产具有鲜明的差别。如果是自家消费性为主的农产品生产，基于食品安全的考虑，农户倾向于使用较少的化肥农药，且不论是自家承包土地还是租种土地，最典型的例子是湖南省湘阴县的调查点，不仅单位面积的化肥农药使用量偏低，而且自家承包地和租种地之间差别不大，这种情况在云南省澜沧县调研点的粮食种植中也很普遍。而如果是以商品生产为主，则取决于所种植作物的经济价值和效益，如果经济价值和效益偏低，多数农户也不会大量投入化肥农药，因为会增加成本，反而得不偿失，且自家承包土地和租种土地差别也不大，这在青海省互助县、湖南省湘阴县的粮食种植上体现得较明显；如果经济价值和效益较高，农户就会增加化肥农药的使用量，并且租种地往往比自家承包地要高，这在云南省通海县调查点的蔬菜种植和湖南省澧县的葡萄种植上表现最充分。这也是这些农户为什么不愿意降低化肥农药使用量的主要原因，尽管他们知道过量使用化肥农药已经对土地板结造成了很大危害。

对于专业大户和组织化规模经营主体来说，其大部分土地都是流转来的。但并不是所有专业大户和组织化规模经营主体都走的是数量至上的道路。适应消费市场的变化和国家政策的导向，他们的经营出现了明显的分流趋势。当大部分专业大户和组织化规模经营主体还在走通过增加化肥农药投入来实现农产品量增长的道路时，少数主体开始反其道而行之，大幅度降低化肥农药使用，增加有机肥和农家肥使用，进而通过农产品品质的提升来提高其产品竞争力，这在四川省苍溪县、湖南省澧县、青海省互助县，以及四川省崇州市都有较多典型个案。前者毫无疑问对土地乃至整个农业安全和生态环境都带来了较多负面影响，而后者至少缓解了农业生态环境恶化的趋势，有的甚至已经走向良性发展。当然，这背后的主要原因还是经济利益驱使，只是觉悟的迟早不同而已。

云南省澜沧县的桉树种植在8个调查点中可谓是个特例。根本原因是在很多老百姓、甚至一些地方政府官员对桉树的了解不是很多，加之地方经济困难，受招商引资的极大诱惑背景下，生态安全让位于经济发展，老百姓没有太多谈判能力，不仅土地流转价格较低，而且单个农户根本无法阻止大集团单一树种的造林模式。而正是这种单一的造林模式，使得桉树的负面生态效应被持续放大，造成了越来越严重的环境影响。这种影响是长远的和广泛的，所谓长远，是指桉树种植本身所带来的土壤质量的下降和水资源的过度消耗所造成的生态环境问题；所谓广泛，是指桉树种植不仅造成了桉树林地本身的生态环境劣变，而且影响了当地老百姓其他土地乃至整个生计的安全，水田改旱地以及灾害的日趋严重就是最现实的例子。一些受访农户强调：要是有选择权的话，他们绝对不会种植桉树，甚至不会把林地流转出去，哪怕给“再高的租金”。

青海省祁连县调查点的草地产权制度安排，是8个调查点中的又一个特例，其核心是新近实施的草原生态保护补助奖励政策。但是该政策的实施并没有彻底解决草场承包到户遗留下来的问题，相反，由于禁牧补偿的面积就是草场承包的面积，一方面使得牧户获得的补偿水平差别很大，另一方面对少数草地面积很少的牧户而言，不仅“春季禁牧”难度很大，而且“秋季游牧”也难以有效开展。更重要的是，由于生计的压力，牧民的牲畜无法减少，其结果必然是草地的过度放牧，而这恰恰违背了草原生态保护补助奖励政策的初衷。

在此基础上，研究报告基于国家明确的质量兴农和绿色兴农政策导向，从强化村集体经济组织对农村集体土地的所有权主体地位；进一步强化农户对土地承包权和经营权的主体地位；进一步规范土地承包权/经营权流转的合同规定；制订分类指导原则，推进化肥农药零增长行动有效实施；研究实施施用农家肥、生物有机肥的扶持政策；以及研究制订有机肥国家标准等方面提出了相关的政策建议。

Executive Summary

Land resource, serving as primary production factor in agricultural and rural economic development, is a significant part of ecosystem. The quality of land not only takes decisive effect on agricultural sustainable development, but also has profound influence on agricultural ecosystem and security, then notably impacts the whole human ecosystem and conservation culture. Land quality is limited by many natural factors, such as geographical circumstance, site condition, etc. and socioeconomic system affects land quality as well, especially the property right system in which is included. This research is mainly focusing on central – western China, doing onsite investigation in 8 counties from Yunnan, Sichuan, Hunan and Qinghai provinces. The selected locations comprise of representative cultivated, forest, rangeland and other major farmland types, the differences of site condition and socioeconomic development level are considered as the selection criteria as well. The research purpose is to interpret the internal relationships between land property right system and eco – environmental evolvement, by analyzing the effect of land property right system on people' s land source utilization, to explain the influence of land property right system on land quality and eco – environment. The research methodology is starting with case studies, after the overall fundamental understanding, doing questionnaire survey at selected locations. Besides the overall report, this research also includes 8 case study reports and one questionnaire survey analysis report including 823 sample households in 8 selected locations.

Based on the basic features of Chinese rural collective land property right system, this research mainly focuses on land' s contractual rights and land' s operational rights, has less concerns on land' s ownership rights. As for the proportions between land' s contractual rights and land' s operational rights, this research devotes a large chunk of paragraphs on land' s operational rights, since land' s contractual rights have been constantly modified and they are almost stable and strongly supported by legal system and policy provisions. Legally speaking, PRC rural land contract Law has already enacted; politically speaking, 19th CPC national congress explicitly stipulates after the expiration, the 2nd round of farmland contractual period will prolong 30 years. Therefore, under the condition of special land property right system which is deriving from separating rural land ownership rights, their contractual rights and operational rights, the uppermost way to influence land source utilization is land' s operational rights. It is land' s operational rights that affect the way they manage and different kinds of land management are dominant factor that contribute to land utilization. Hereby, we are more focusing on land' s operational rights and combining the analysis and discussion of ownership rights and contractual rights as well.

Chinese agriculture essentially is small - scale farming by individual owner, but in order to improve land production efficiency, governments at all levels encourage moderate scale production by land' s contractual rights and operational rights circulation. This phenomenon promotes Chinese rural land' s operational rights are divided into 2 major types: the individual household operation and well - organized operation, the leading enterprises of agricultural industrialization as representative. The former includes not only small - scale individual household production, but also some household farms and professional producers with certain scale. The latter is mainly composed of farmer production cooperative, leading enterprises of agricultural industrialization, agricultural corporation, etc. Over 823 valid samples that we conducted questionnaire survey from 4 provinces, there are only 426 sample households manage paddy fields, comparing with the contractual area, the actual operating area extends 78.22%, which means there are nearly 80% of paddy fields circulating from others; there are 299 samples operate dryland agriculture, comparing with the contractual area, the operating area reduces 15.30% by circulation; meanwhile, forest reduces approximately 10% by circulation; there are 80% of rangeland' s contractual area in Qilian County that manage rangeland, which means there are 20% of rangeland being circulated as other herds.

Because of the differences in land conditions and crop types, land operation mode varies, which generates different kinds of arrangement of land' s operational right system. In these studied 8 counties, paddies from Tonghai County (Yunnan) are mainly vegetable cultivation by individual households; paddies from Huzhu County (Qinghai) are mainly socialized industrial food production by land stock cooperation and professional agriculture managers; paddies from Xiangyin County (Hunan) are mainly rice production by individual households; paddies and dryland from Lixian County (Hunan) are mainly food production and economic fruit cultivation by individual households and professional main - scale operation entities; dryland (including paddies to dryland adjustment) from Cangxi County (Sichuan) is mainly clustering garden - like red heart kiwi cultivation; forest from Lancang county (Yunnan) is mainly corporative large - scale eucalyptus cultivation; grassland from Qilian county (Qinghai) is herdsmen and cooperative operation.

No matter individual household operation or organized professional main - scale operation, land' s contractual rights and land' s operational rights do circulate at certain degree. This circulation definitely makes land property right system and operation modes more complex. No matter individual contraction and operation or household leasing land or organized professional main - scale operation, land circulating management generates different kinds of operation modes, therefore the huge difference in land utilization forms, land quality and ecosystem are affected by circulation as well. It' s unfair to say that individual contraction and operation use less chemical fertilizer and pesticides than other operation modes for sure, for the same reason, we can' t say without consideration that organized professional main - scale operation entities uses more chemical fertilizer and pesticides than individual contraction and operation. But it' s no doubt that the tendency of chemical fertilizer and pesticides usage is significantly increasing and the amount of farmyard and organic manure usage decreasing noticeably in the past 10 years, just the usage difference varies from different operation modes. Current fundamental chemical fertilizer usage feature is that leasing dryland (4876. 50kg/ha) > individual contractual paddies (1020. 90kg/ha) > individual contractual dryland (885. 60kg/ha) > leasing paddies (644. 85kg/ha) > leasing forest (187. 50kg/ha) > individual contractual forest (36. 00kg/ha); farmyard and organic manure usage feature is that individual contractual dryland (6709. 95kg/ha) > leasing dryland (4521. 00kg/ha) > leasing paddies (3950. 10kg/ha) > individual contractual paddies (1924. 95kg/ha) > leasing forest (55. 50kg/ha) > individual contractual forest (28. 50kg/ha); pesticides cost feature is that individual contractual paddies (6277. 80yuan/ha) > leasing dryland (4939. 80yuan/ha) > leasing paddies (2246. 10yuan/ha) > individual contractual dryland (1019. 40yuan/ha) > leasing forest (142. 50yuan/ha) > individual contractual forest (44. 55yuan/ha); agricultural plastic cost feature is that leasing dryland (4437. 00yuan/ha) > leasing paddies (243. 00yuan/ha) > individual contractual dryland (217. 50yuan/ha) > individual contractual paddies (41. 70yuan/ha).

This research indicates that there is a large difference between individual household productions. If the agricultural products were mainly self – consumption, for food safety consideration, they tend to use less chemical fertilizer and pesticides, meanwhile either private contractual land or leasing land, the most typical instance is Xiangyin County (Hunan), not only the average chemical fertilizer and pesticides usage amount is relatively lower, but also the gap between private contractual land and leasing land is relatively smaller, this phenomenon is quite common in food production of Lancang County (Yunnan) as well. If the agricultural products mainly were sold as commodities, the chemical fertilizer and pesticides would be depended on economic value and benefits that the crop they cultivate could provide. If the economic value and benefits were relatively lower, most of the farmers wouldn' t be likely to use a large amount of chemical fertilizer and pesticide since it would increase the cost and earn less, and the gap between private contractual land and leasing land is relatively smaller, the typical examples are the food production in Huzhu County (Qinghai) and Xiangyin County (Hunan); on the other hand, if the economic value and benefits were relatively higher, farmers would increase the amount of chemical fertilizer and pesticide, and leasing land crops would usually obtain more chemical substances than private contractual land crops, it' s quite obvious in Tonghai County vegetation cultivation (Yunnan) and in Lixian County grape cultivation (Hunan). That' s why these farmers are unwilling to reduce the chemical substance usage amount on the valuable crops, even though they have fully understanding that excessive chemical fertilizer and pesticides have already caused soil compaction and harmed the ecosystem.

As for professional producers and organized main - scale operation entities, most of the lands are circulating from other households, but not all of them focus on quantity over quality, some of them adapt the changes of consumption market and policy tendency, the divergence appears noticeably. While the majority of professional producers and organized main - scale operation entities still pace the road that using chemical fertilizer and pesticides to increase the yield, other minority start to explore the opposite approaches, plunging chemical fertilizer and pesticides usage amount and increasing farmyard and organic manure usage amount make the food products more competitive, Cangxi County (Sichuan), Lixian County (Hunan), Huzhu County (Qinghai) and Chongzhou City (Sichuan) are successful examples of these opposite approaches. The former makes negative influence without doubt on land, agricultural security and ecosystem, but the latter alleviate the deterioration at least, some of them have already started a benign development. Admittedly, the main reason of this divergence is economic benefits, what makes difference is consciousness.

Eucalyptus cultivation in Lancang County (Yunnan) is one of particular example among the 8 selected locations. The fundamental reason is that many farmers and even government officials have little knowledge about eucalyptus and its negative impacts, combining with poorer financial condition and temptation of investment promotion, economic development comes first at the expense of environment, the farmers' weak negotiation ability not only lowers the land circulation price, but also makes the corporation' s large - scale single - species afforestation unstoppable. This kind of afforestation magnifies eucalyptus' negative eco – environmental impact and the local ecosystem gradually gets worse and worse. This affection is long – term and extensive, long – term speaking, eucalyptus itself could reduce the land quality and consume water resource excessively; extensively speaking, eucalyptus deteriorates the forest ecosystem, put other land and farmers' livelihood in danger, the best indicator of this tragedy is the adjustment from paddies to dryland and worsening disaster. Some of the farmers during the field study emphasize that if they had a choice, they definitely wouldn' t plant eucalyptus or admit to circulate land even if they offer higher rent.

Rangeland property right system in Qilian County (Qinghai) is another particular example among 8 selected locations. The core problem is that recent implemented reward – compensation mechanism couldn' t further perfect individual rangeland contraction, on the contrary, the compensation for herdsmen varies greatly since the grazing prohibition compensation depends on the area they contracted; on the other hand, minority with less rangeland adds insult to injury because of shard grazing prohibition. The difficulties not only limit in implementing "grazing prohibition in spring" and "autumn nomadism", but also include the hardship that it' s hard to reduce the livestock because of the pressure of livelihood. It' s unquestionable that the consequence is over – grazing, this situation is testing implementation of reward – compensation mechanism as well.

On this basis, this research report which is based on explicit policy orientation about promotions of quality – oriented agriculture and green – approached agriculture make the following suggestions: intensifying the dominant role of rural economic cooperatives to rural collective land property rights; further intensifying the dominant role of farmer household to land' s contractual and operational rights; further regulating contract provision of circulation of land' s contractual and operational rights; formulating classified guidance provision, effectively promoting zero growth on chemical fertilizer and pesticides; studying supportive policy of implementing farmyard and organic manure application; developing and extending national standards of farmyard and organic manure.

目 录

强化土地产权对环境保护的支撑作用再研究

土地作为农业农村经济发展中第一性的生产要素，也是生态环境的重要组成部分。土地质量的好坏，不仅对农业的可持续发展起决定性影响，而且对农业生态系统、农业安全（包括农业资源安全、农业生态环境安全和农产品数量质量安全）有着重大影响，进而对整个人类生态系统和生态文明产生显著影响。土地质量既受制于自然因素，如地理环境、立地条件等，又受到社会经济制度的影响，尤其是其中的产权制度。基于此，本研究选择中国中西部的云南、四川、湖南和青海 4 个省的 8 个县进行了实地调查。调查点涵盖具有代表性的耕地、林地和草地等主要农地类型，并考虑到了不同的立地条件和经济社会发展水平，其目的是通过对不同土地产权制度安排的考察，揭示其土地资源的利用方式，以及对土地质量和生态环境的影响。

一、研究背景

过去 40 年，随着改革开放政策不断引向深入，中国经济获得了快速发展，已跃居为世界第二大经济体。然而，快速的经济发展也带来了严重的环境问题，这促使以习近平主席为核心的党中央，将生态环境保护和建设作为重中之重。

2007年中国共产党第十七次全国代表大会首次提出“生态文明”这一概念[①]。2012年中国共产党第十八次全国代表大会提出了更加清晰的目标，要求以促进生态文明和可持续发展为重点，不再盲目追求经济发展。[②] 2013年9月7日，习近平总书记在哈萨克斯坦纳扎尔巴耶夫大学发表演讲并回答学生提问时指出：“我们既要绿水青山，也要金山银山。宁要绿水青山，不要金山银山，而且绿水青山就是金山银山。”[③]

2015年4月，中共中央、国务院颁布的《加快推进生态文明建设的意见》进一步强调指出：“加快推进生态文明建设是加快转变经济发展方式、提高发展质量和效益的内在要求，是坚持以人为本、促进社会和谐的必然选择，是全面建成小康社会、实现中华民族伟大复兴中国梦的时代抉择，是积极应对气候变化、维护全球生态安全的重大举措。”2015年9月，中共中央、国务院颁布实施了《生态文明体制改革总体方案》，要求推动形成人与自然和谐发展的新格局[④]。明确指出：“制定权利清单，明确各类自然资源产权主体权利。处理好所有权与使

---

① 胡锦涛主席在中国共产党第十七次全国代表大会上的报告第四部分强调：“建设生态文明，基本形成节约能源资源和保护生态环境的产业结构、增长方式、消费模式。循环经济形成较大规模，可再生能源比重显著上升。主要污染物排放得到有效控制，生态环境质量明显改善。生态文明观念在全社会牢固树立。”

② 胡锦涛主席在中国共产党第十八次全国代表大会上的报告第八部分强调：“建设生态文明，是关系人民福祉、关乎民族未来的长远大计。面对资源约束趋紧、环境污染严重、生态系统退化的严峻形势，必须树立尊重自然、顺应自然、保护自然的生态文明理念，把生态文明建设放在突出地位，融入经济建设、政治建设、文化建设、社会建设各方面和全过程，努力建设美丽中国，实现中华民族永续发展。”

③ 《绿水青山就是金山银山——关于大力推进生态文明建设》，《人民日报》2014年07月11日12版。

④ 《方案》要求：“坚持节约资源和保护环境基本国策，坚持节约优先、保护优先、自然恢复为主方针，立足我国社会主义初级阶段的基本国情和新的阶段性特征，以建设美丽中国为目标，以正确处理人与自然关系为核心，以解决生态环境领域突出问题为导向，保障国家生态安全，改善环境质量，提高资源利用效率，推动形成人与自然和谐发展的现代化建设新格局。”

用权的关系，创新自然资源全民所有权和集体所有权的实现形式，除生态功能重要的外，可推动所有权和使用权相分离，明确占有、使用、收益、处分等权利归属关系和权责，适度扩大使用权的出让、转让、出租、抵押、担保、入股等权能。明确国有农场、林场和牧场土地所有者与使用者权能。"

中国共产党第十九次全国代表大会强调指出："建设生态文明是中华民族永续发展的千年大计。必须树立和践行绿水青山就是金山银山的理念，坚持节约资源和保护环境的基本国策，像对待生命一样对待生态环境，统筹山水林田湖草系统治理，实行最严格的生态环境保护制度，形成绿色发展方式和生活方式，坚定走生产发展、生活富裕、生态良好的文明发展道路，建设美丽中国，为人民创造良好生产生活环境，为全球生态安全作出贡献。"

以上阐述表明，中国政府已经把生态文明建设作为其经济社会发展的重中之重。然而，在这些行动中同样需要认真考虑广大人民群众对自然资源的权力，因为"从法律的层面看，环境资源问题的产生与控制莫不与资源的配置方式和主体的权利义务运行模式直接相关。"① 对于与农地资源相关的环境问题而言，这点更为重要，它表明土地权利和责任如何分配与环境保护问题密不可分。人民缺乏对土地资源权利的安全感是造成土地生态环境问题的核心原因之一，而人民对土地资源的稳定权利是可持续利用土地资源的先决条件。这是本研究的基本假设。

为了解释人民群众的土地权利对生态环境变化的影响方式和程度，云南省社会科学院农村发展研究所郑宝华博士领导的研究小组，在美国华盛顿大学农村发展研究所的支持下，进行了该专题研究。研究小组通过收集和分析二手资料，掌握了中国农村土地产权制度安排、政策法规与相关利益群体行为和环境变化之间的关系。在此基础上，研究小组于 2015 年 9 月在云南省的 4 个村庄，利用农村快速评估（RRA）和参与式农村评估（PRA）方法，开展了实地调研，得出的初步结论是：中国政府正着力建立与土地权利相关的更完善、更可行的法规和政策，以引导小农户和新型农业经营主体更合理、更明智地利用土地资源，但需要进一步完善农地产权制度安排，鼓励土地使用者以合理的方法开发土地资源，并获得稳定和可持续的收益，而不采取急功近利的方式短期内过度开发利用土地资源，造成土壤退化等环境问题；需要探索更加有效的手段激发农地经营者保护生

---

① 吕忠梅：《"绿色"物权的法定化》，《法学》，2004 年第 12 期，第 91 ~ 93 页。

态环境的积极性。研究结论还认为，为了更加清晰地调查了解农地产权制度安排与环境变化的内在关系，需要通过问卷调查和典型案例相结合等形式，在更大范围调查了解农户对土地产权制度安排与可持续利用之间的内在逻辑。

为此，郑宝华博士牵头组成研究小组，在美国华盛顿大学农村发展研究所的支持下，进行了第二阶段的研究。本阶段的研究以实地调查为重点，在中国中西部的云南、四川、湖南和青海 4 个省，各选择了 2 个有代表性的县进行调查研究，分别是云南省的通海县和澜沧县，四川省的崇州市和苍溪县，湖南省的澧县和湘阴县，以及青海省的互助县和祁连县。调查所涉及的农地类型除了耕地外，还包括林地和草地，且 8 个调查点之间各有侧重：湖南省的澧县和湘阴县、四川省的崇州市、云南省的通海县、以及青海省的互助县主要关注的是耕地资源，四川省的苍溪县和云南省的澜沧县主要关注的是林地资源，而青海省的祁连县主要关注的是草地资源。

每个点在进行案例研究的基础上，设计了问卷调查，以期获得农户对农地产权制度安排、生产要素投入水平及对环境变化的看法。由于问卷调查内容的统一性，苍溪县和澜沧县也涉及到部分耕地资源。问卷调查的内容主要包括样本农户的家庭基本情况、土地经营管理、环境变化及意识三个大的方面。样本农户的选择采取随机原则，但村庄的选择具有一定的目的性和针对性。问卷调查由研究小组到研究点采取一对一或者一对几的方式进行。一对一主要针对受教育程度较低的样本农户，尤其是老人和妇女；一对几是本次问卷调查方法的一个创新，起初是一对二，后来拓展到一对三或者一对四，就是由一个调查小组成员直接面对 2—4 个受访者，在先解释调查目的和要点的基础上，由调查者对问题一一进行解释，然后让被调查者选择答案，其前提是受访者接受过一定的规范教育，能够看懂问卷，并能够流利地进行书写。为了弥补问卷调查出现仅针对某一种土地资源利用方式的特殊性，我们还结合 8 个点的具体情况对其土地资源的经营管理进行了深入的案例研究。

本综合报告进一步补充强调了国家有关生态文明的相关制度要求，随后就案例调查和问卷调查的主要发现进行了归纳总结，概要性地阐述了基本结论，并就提高农地的可持续利用水平，保护自然环境所要求的农地产权制度安排提出了相关政策建议。

二、案例研究发现[①]

在所调查的8个县（市）中，湖南省的澧县和湘阴县，四川省的崇州市，云南省的通海县，以及青海省的互助县主要关注的是耕地资源，四川省的苍溪县和云南省的澜沧县主要关注的是林地资源，而青海省的祁连县主要关注的是草地资源。为了使读者对每种农地类型进行系统比较，分析按农地类型一一展开。

1. 通海县的蔬菜种植。通海县是云南省较早种植蔬菜的县，也是全国蔬菜外销和南菜北运的重点县。1997 年以后，随着烤烟“双控”政策的实施，被迫进行农业产业结构调整，蔬菜产业迅速发展壮大，并成为主导产业。目前，全县99%的农户都种植蔬菜，2017 年全县县内蔬菜种植面积 24.61 万亩（含复种，一般每年 4 季），占农作物播种面积 59.69%，是粮食作物播种面积的 2.55 倍；蔬菜总产量 75.89 万吨，居云南省第二位，农村常住居民人均可支配收入 15051 元，其中农民人均蔬菜纯收入占农村常住居民人均可支配收入的 40% 以上。而正是蔬菜产业的强力带动，使通海县的农民收入乃至县域经济都得到了持续快速发展。1978 年，通海县作为一个以粮食生产为主的农业县，农民人均纯收入仅 105 元，比云南省平均水平的 130.6 元低了 25.6 元，只相当于云南省平均水平的 80.40%；1988 年达到了 726 元，比云南省的平均水平（478 元）高出了 51.88%；1998 年达到了 2693 元，比云南省的平均水平（1387 元）高出了 94.16%；2008 年达到了 5401 元，比云南省的平均水平（3103 元）高出了 74.06%；2017 年达到了 15051 元，比云南省的平均水平（9862 元）高出了 52.62%。1978—2017 年的 39 年间，通海县的县域经济总量（地区生产总值）从 3140 万元增加到 112.38 亿元，增加了 356.90 倍，年均名义增速高达 16.27%，同期云南省为 15.08%，玉溪市为 15.52%。

通海县的蔬菜已经销往北京、上海、广州、深圳、乌鲁木齐、哈尔滨等全国 130 多个大中城市，并出口到澳大利亚、中东、东南亚等国家和地区。2016 年全县蔬菜销售收入达 28 亿元，出口创汇近 2 亿美元。通海宋威公司、巨大浪宋威公司、云南茂源果蔬进出口有限公司、通泰公司、高原农产品公司等 9 户企业在

---

① 由于每个案例都有详细报告，报告中对引用资料都加了出处，为了节省篇幅，本报告对引用数据不加注释。

泰国、马来西亚、越南等国家还设立了直销点。2016 年底，通海县有蔬菜初加工企业 306 户，其中出口加工企业 56 户、省级农业龙头企业 20 户、市级农业龙头企业 18 户。全县依托蔬菜种植发展起来的酱菜厂有 16 家、脱水蔬菜加工品种有几十个，加工营销 18.68 万吨，其中加工脱水蔬菜达 1 万吨。随着蔬菜种植规模的扩大，蔬菜产业带动了该县冷链物流、蔬菜加工、建材、纸箱、泡沫箱、塑料框、胶带纸、网套等相关生产企业的快速发展；蔬菜物流行业又推动汽车修理、住宿、餐饮等第三产业不断繁荣。全县蔬菜产业舞动一二三产业每年创造出 60 亿元左右的产值，带动 3 万多人就业，已经成为云南省最大的蔬菜流通中心和最大的蔬菜种植基地之一。

通海县的蔬菜生产具有典型的小农户性质，户均耕地不到 2 亩。由于蔬菜是个土地产出率和劳动生产率都很高的产业，不仅使多数农户都以蔬菜种植为主，土地流转面积不到承包面积的 10%，而且土地带动的生产要素得到了充分利用，包括化肥农药的使用已经达到了较高程度，2013 年，化肥使用总量达到了 59201 吨，按播种面积每亩的化肥使用量为 164.97 公斤，按耕地面积达到了 492.60 公斤；农药使用总量达到了 414 吨。问卷调查点六一社区按耕地面积计算的化肥使用量比通海县的平均水平高出了近 40%，而按播种面积计算的化肥使用量更高出了近 80%；农药的使用则更高。大量施用化肥农药，不仅导致土壤质量下降，而且还可能危及到农产品安全和农业环境安全，乃至整个农业安全。六一社区的许多菜农都表示，土地板结得越来越厉害，迫使他们不得不自己掺沙改良土壤结构。尽管这在一定程度上可以改变土壤的物理性状，使土壤板结的问题得到缓解，但土壤有机质下降的问题并不能得到根本缓解，且随着化肥农药残留的增加，土壤污染导致的农产品品质下降问题令人担忧。

调查发现，菜农使用较多化肥农药有如下几个方面的原因：一是菜地由各家各户自己耕种，面积都比较小，但农户之间的菜地都连在一起，自家的化肥施少了，不仅产量上不去，而且会被邻居嘲笑，大家相互攀比蔬菜的产量。加上市场上化肥施多施少的菜价差别不大，这就促使大家多用化肥把产量搞上去。而对于农药来讲，病虫害越来越严重了，不仅发病期限短了，而且病虫害种类越来越多了，农户之间因为种植的蔬菜种类、时间等不一致，很难达成集体行动，你打我也要打，否则病虫害会扩散到自家地里。二是劳动力价格越来越高，人工防治不仅成本增加，也几乎做不到。三是多数农户盖了庭院式楼房，散户养殖不仅没有地方，而且不赚钱了，绝大多数菜农都很少养牲口了，农家肥几乎没有了，而有机肥不仅肥效慢，而且成本高。也就是说，尽管农户不认为土地产权制度安排有什么问题，但大家都认为缺乏“集体行动”的机制。

2. 互助县的粮食生产。作为黄土高原的代表，互助县也以小农户经营为主，但主要以包括洋芋在内的粮食生产为主。其显著特点与通海县刚好形成鲜明对比，尽管全县耕地面积达到了956692亩，户均10.85亩，人均2.76亩，但由于以粮食生产为主，且土地产出率和劳动生产率都较低，2016年，互助县粮食亩产只有248.66公斤，其中洋芋为286.35公斤，分别比青海省的平均水平高出了1.33和10.05个百分点，但远低于全国的平均水平。2016年，互助县每亩播种面积的农业产值仅为1847.02元，仅为通海县平均水平6665.86元[①]的27.71%；每亩农作物播种面积所创造的一产增加值为1089.68元，只是通海县3937.33元[②]的27.68%。而正是由于土地生产率和劳动生产率很低，导致大量农村劳动力离开土地从事非农经营活动，2016年，互助县就业总人数为20.47万人，其中从事第一产业的只有7.30万人，仅占35.66%，外出打工人数10.28万人，占比高达50.22%。

为了提高土地产出率和劳动生产率，地方政府采取了许多举措，如调整产业结构，鼓励农户种植经济效益较高的经济作物，但也不能从根本上解决问题。而正是由于土地产出率较低，还出现了一定程度的土地抛荒现象，有关人员估计约20%。也正是由于土地产出率较低，导致土地流转也不是很普遍，全县统计数据为161607亩，占耕地面积的16.74%，且流转给新型经营主体的只占56.51%。值得注意的是，较丰富的耕地资源以及大量劳动力离开土地，并没有导致经营规模的扩大，据县农经站提供的资料，户均经营耕地面积在10亩以下的农户占45.37%，经营10—30亩的52.58%，而超过30亩的仅占2.05%。由于多数耕地只能一年一季（全县2016年的复种指数仅为90.33%），实际经营土地的时间只有半年，这更加降低了劳动生产率，直接结果是土地经营对农民家庭收入的贡献较小，2016年，全县农村常住居民人均可支配收入达到了9990元，其中家庭经

---

① 2016年通海县的农牧渔业总产值为27.43亿元（《2017云南领导干部手册》，云南省统计局资料第217页），农作物播种面积为41.15万亩（《2016年通海县国民经济和社会发展统计公报》）。

② 2016年通海县的农牧渔业总产值为162021万元（《2016年通海县国民经济和社会发展统计公报》）。

营收入只占37.05%，而劳务性收入占比高达42.77%。

以互助县为代表的黄土高原地区农业生产率水平较低，一方面是由于其气候等自然因素，导致土地资源与其他农业生产条件的匹配性较差。可以生长的作物都是常规品种，不仅没有品种优势，而且供给较为充足，受市场影响较大。另一方面，家庭经营仍然是主体，规模效益难以体现。更为严重的是，家庭经营还限制了农业机械的使用，导致劳动力成本过高，更影响了生产率水平的提高和农业竞争力的提升。较低的农业生产率水平，还导致经营者、特别是小农户主要依靠简单再生产维持基本的产出水平。不仅农业机械化水平较低，而且水利化水平难以提高。现代农业生产要素的投入也较少。2016年，按照农作物播种面积计算，每亩的化肥使用量（折纯）为10.40公斤，只相当于全国平均水平23.94公斤的43.44%。2016年，青海省的化肥使用量比2015年减少了13.52%，而全国平均只减少了0.64%。2016年，青海省每亩农作物播种面积使用的农药量为0.23公斤，只是全国平均水平0.70公斤的32.86%。

面对这种尴尬局面，黄土高原地区的农业可以通过传统的以土地承包经营权流转带动的规模经营获得突破，但前提还是这个区域农业的比较效益。在当前国家提倡把提高农业发展质量效益和竞争力作为重要方向的大背景下，由于这一区域种植作物的有限性和低效性，通过土地承包经营权流转实现规模经营的道路可能很难，因为新型农业经营主体需要以获得一定的利润为前提。通过降低劳动力成本固然可以提高效益，但空间很小。而要做到这一点，就需要增加现代生产要素投入，包括化肥农药，但结果不仅会导致农产品质量下降，而且会影响农业安全。与此相对应的是互助县五十林财种养合作社的土地托管经营方式。这不仅降低了新型农业经营主体的生产成本，提高了他们的收入水平，而且提高了小农户的收益水平，是一种利益连接很直接，能够实现共赢的有效经营方式。一方面，合作社通过使用农业机械，降低了60—80%的劳动力投入，解决了小农户生产最大的制约因素，即劳动力成本过高的问题，进而使整个生产成本降低50—70%；另一方面，新型经营主体还可以通过使用现代农业投入要素如有机肥和生物农药、推广较好的种植方式等，打造农产品品牌，提高农产品品质，增强市场竞争力。实践证明，这种方式不仅符合现实发展要求，受到农民和新型经营主体的欢迎，而且为国家推动经营方式变革提供了有益尝试和现实样本。

3. 崇州市的粮食生产。崇州市位于成都平原西部，从本质上来说，其农业生产方式也是以小农户经营为典型特征。随着人口的增加和大量农村劳动力离开土地，“地碎、人少、钱散、缺服务”成为农业发展，特别是土地经营的主要制约因素。2016 年，崇州市农业人口 46.2 万人，耕地面积 58.67 万亩，人均 1.27 亩，耕地主要种植以水稻（大春）和油菜（小春）为主的粮食和经济作物。为了提高土地产出率和劳动生产率，崇州市从 1998 年开始，尝试过土地流转和大户经营、发展农民专业合作社和农业龙头企业、实行订单农业等措施，但没能从根本上解决上述制约因素，也难以突破“谁来种地”“谁来经营”和“谁来服务”等难题。

为了从根本上克服以上农业发展制约因素和发展难题，从 2011 年开始，崇州市通过建立“土地股份合作社 + 农业职业经理人 + 农业综合服务”为核心的“三位一体”的“农业共营制”新型农业经营体系，不仅推动了农业适度规模经营，实现了“藏粮于地”；而且提升了农业社会化服务水平，实现了“藏粮于技”，还提高了农业生产力水平，实现了多元主体“共建、共营、共享、共赢”。这一新型农业经营体系带来了良好的效果，崇州不仅连续四年获四川省“三农”工作先进县，而且 2015 年、2016 年还获四川省农民增收先进县。2016 年，全市实现地区生产总值 254.04 亿元，其中一产增加值 33.64 亿元，占 13.24%，实现农牧渔业总产值 58.31 亿元，粮食总产量 27.31 万吨，农村常住居民人均可支配收入达到了 17896 元，比 2011 年的 9084 元增加了 97.01%，年均增速为 11.96%，每年快于成都市平均水平 0.86 个百分点，快于四川省平均水平 1.38 个百分点，快于全国平均水平 1.96 个百分点。

“农业共营制”作为一种新的土地产权制度配置方式和新型农业经营体系，坚持了土地所有权归集体、承包权归集体经济组织成员、经营权归农业职业经理人的“三权分置”原则，既让集体所有权通过公积金形式得以部分实现，也通过股份分红保护了承包农户的基本收益，还让农业职业经理人能够从农业经营中获得较好收益，由土地产权的共营达到了收益的共享，最终实现整个经营方式的共建共营共享和共赢。其核心是“土地股份合作社 + 农业职业经理人 + 农业综合服务”。土地股份合作社是一种新的土地产权配置方式，农业职业经理人是农业专业化的新型经营主体，而农业综合服务则是新的农业社会化服务体系。目前，崇州市已有土地股份合作社 246 个，入社面积达 31.6 万余亩，占全市耕地面积 60% 以上；入社农户 9.26 万户，占全市农户 60% 以上。2017 年，土地股份合作社应用测土配方施肥等节本增效技术面积 30 万亩以上，农机化率 90%。2016 年，崇州市都市型现代农业产业工人达 4.2 万人，占全市一产就业劳动力 16.11

万人的26.07%，农业产业工人收入达7.56亿元。2017年，全市农业适度规模经营率达71%，其中粮食规模经营率达75%，水稻单产552公斤、生产粮食28万吨，分别比2012年增加19公斤和5200吨。崇州市土地股份合作社水稻单产达到了583公斤，比农户未入社前每亩增产52公斤；生产资料投入与机耕机收成本下降15%左右，约90元。

作为一种新型农业经营体系，"农业共营制"在崇州市取得了很大成功，关键在于在使农民成为一个有吸引力的职业的同时，把大量小农从分散的土地上解放出来，在实现了土地与劳动力和资本以及科技有效配置的同时，使农村剩余劳动力能够全身心地投入到其他产业，实现劳动力与其他生产要素的有效结合。这是为什么尽管崇州市农民收入中土地经营收入只占到3%左右，但2011年以来，农民收入增速能够快于成都市、四川省以及全国平均水平的重要原因之一。而从示范和推广意义来讲，最重要的是找到了从根本上缓解"地碎、人少、钱散、缺服务"四个制约和解决"谁来经营""谁来种地""谁来服务"三个难题的有效途径。这实际上是中国农村改革发展面临的共同难题，只是不同地方的表现程度不同而已。"土地股份合作社+农业职业经理人+农业综合服务"三者"三位一体"，成为"农业共营制"这样一种新型农业经营体系的基本要素，既较好地实践了农地"三权分置"的基本理念，也很好地解决了谁来种地的难题，还找到了有效的农业社会化服务方式。

当然，这种新型农业经营体系的土地产出率和劳动生产率水平都还有很大的提升空间，因为目前大多农业职业经理人和专业大户采用的还是原有的生产技术和模式，大肥大药还是重要的投入要素。这种生产方式在一定程度上能够提高产出率，但不一定能够提高效率，关键是如何利用国家质量兴农和绿色兴农的有利政策机遇，探索更高质量和更高效率的经营方式，从而提高竞争能力，实现可持续发展。适应于质量兴农和绿色兴农的时代要求，需要进一步研究"农业共营制"如何持续提高土地生产力这个大课题。从本质上讲，是如何保持农业固有属性的问题，即农业必须以维护和持续提高土地的生产力为基本前提，因为农业本身就是对有机物的生产和再生产过程。成都平原地区传统的农耕文明基础是"绿肥铺底，农家肥当家"。"农业共营制"依靠的主要是化肥农药，进一步降低了农家肥的使用，这不仅不利于提高农业质量，而且可能导致环境问题，尤其是化肥农药残留过量导致的农地污染问题。

4. 湘阴县的粮食生产。湖南是中国的产粮大省之一，2016年的粮食作物播种面积居全国各省市的第十位，谷物面积和粮食产量第八位，谷物产量第九位，稻谷种植面积和产量都居全国第一位，水稻种植面积占全国的13.54%①，稻谷产量占12.57%②。湘阴县位于湖南省的东北部，是全国重要的商品粮生产基地县。其主要农作物是稻谷和玉米，2016年，全县粮食作物播种面积126.51万亩，其中稻谷面积109.86万亩，稻谷占农作物总播种面积的86.34%；粮食总产量59.92万吨，其中稻谷54.08万吨，占粮食总产量的90.25%。湘阴主要种植双季稻，按播种面积计算，稻谷单产为492.26公斤③，尽管比全国平均水平的457.45公斤高出了7.61%，但比湖南省平均水平的636.96公斤低了22.72%④。究其根本原因，最关键的是随着去农化倾向的加剧，尽管土地实现了适度规模经营，但不像四川崇州市那样集约化基础上的规模化，而是粗放式的规模化，其特征就是低投入、低产出。这种农业经营方式，尽管没有导致高强度的化肥农药使用，但离质量兴农和绿色兴农也还有相当大的距离。2016年，全县农业总产值达到了76.48亿元，按63.21万亩耕地计算，每亩产值为12099.35元，尽管比全国平均水平的5539.48元⑤高出了1.18倍，但农民收入中土地经营性收入只占38.69%，低于务工性收入（占39.30%），尽管农村常住居民人均可支配收入达到了15702元。

湘阴县由于优越的地理区位，农业生产条件较好，已经完全实现机械化，但由于农业、特别是粮食种植比较效益较低，水稻种植即使是一年两季，每亩一年的纯收入也就是1000元左右，跟其他产业相比完全不具备竞争性，所以青壮劳动力都已不再从事农业生产，而是在家的老人或妇女兼顾经营。在这种情况下，稻田经营趋于两极化，一方面是大户集约化规模生产，另一方面是家庭小规模粗放经营。大户经营基本实现集中育秧、统一播种、统一管理和统一收割，大大降

---

① 见国家统计局编：《中国统计年鉴2017》表12-8，北京：中国统计出版社。

② 见国家统计局编：《中国统计年鉴2017》表12-10，北京：中国统计出版社。

③ 根据县统计局提供的数据计算。

④ 根据国家统计局编：《中国统计年鉴2017》表12-8和表12-10计算，北京：中国统计出版社。

⑤ 根据国家统计局编：《中国统计年鉴2017》表8-1和表12-3相关数据计算，北京：中国统计出版社。

低了生产成本。而小规模家庭经营的整个生产管理更加松散粗放，有些农田播种甚至不再进行机播或人工点播，而是采用更老的撒播方式播种。近年来，随着农业综合服务体系的建立和不断完善，对小农户家庭生产起到很好的促进作用。小规模的家庭经营基本已将播种、作物病虫害防治、收割等农业生产的主要工序进行了外包，大大减轻了家庭经营的负担，每亩水田一年两季只需要6个工即可完成。当然，农业生产基础设施严重老化也是个主要制约因素，多数农田基础设施都是三十多年前村集体或村民自己筹资修建的，现在很多已经无法正常使用了，抵抗自然灾害能力弱，尤其对经常性的洪涝灾害基本没有抵抗能力。尽管如此，湘阴县并没有出现大面积抛荒现象，一是因为全域都是基本农田保护区，国家要求必须种植；二是全域以水田为主，只能种稻谷，而稻谷种植可以不计产量随意种植。

这种重用轻养的耕作方式，使耕地地力下降，全县的中低产田比例达到60%以上，耕地资源可持续发展的能力不足。尤其是近10多年，农药、化肥用量增加，导致土壤肥力严重下降。加之，农业面源污染得不到根本控制，渠道淤塞，水草疯长，水质恶化，水体富营养化进一步加剧，农业生态环境进一步恶化。同时，由于粗放式的农业经营，导致湘阴整体农业科技水平，尤其是绿色农业科技普及不足。加上农户对生态农产品市场信心不足，不愿意在这方面进行投资，整个农业生产需要获得新的突破。

5. 澧县的经济林果种植。澧县位于湖南省北部，是湖南省主要的粮棉生产大县，2000年以后，澧县提出“压粮、调棉、扩经、兴菜”的农业产业结构调整思路，产业结构调整力度不断加大。2016年，全县粮食作物播种面积为136.86万亩，占农作物播种面积56.55%；棉花种植面积14.51万亩，比2009年的25.90万亩减少了11多万亩；油菜种植面积63.15万亩，比2009年的72.60万亩减少了近10万亩；蔬菜面积22.50万亩，比2009年的15.80万亩增加了近10万亩。与此同时，农业产业结构的调整还带动了澧县以葡萄为代表的经济作物产业的快速发展，“澧县葡萄”和“复兴苹果柚”已经取得国家地理标志产品认证，成为农业生产的重要组成部分，水果为主的经济作物也成为农户家庭农业经济收入的主要来源。2009年，全县水果产量为71767吨，2016年增加到170300吨。

澧县的葡萄产业在近五年内经历了由兴旺到衰落的变化过程，最初每亩纯利可达7000元左右，但近两年不足2000元。受此影响，土地流转步伐大大减缓，流转价格明显下跌，已流转的土地纠纷不断，并带来一系列经济、社会和生态问题。有些老板1000元一亩租进来的土地，由于受葡萄价格下跌、市场下滑、劳动力短缺等因素影响，亏损严重无法继续经营，要么直接毁约走人，致使土地撂荒；要么降低租金，引起出租户不满，引发许多社会矛盾。澧县葡萄产业由兴到衰的主要原因是种植面积无序扩大，葡萄质量和市场价格大幅下滑，收益逐年下滑。面对如此尴尬境况，大户和散户采取了不同的应对方式，大户趋向于科学化、规范化、生态化经营，而散户更趋向于传统经营，仍在追求产量。由此导致两者在农药化肥用量及用工方面的极大差异。42个用自家承包旱地种植葡萄的样本农户，平均每亩的化肥用量为256.70公斤，农药开支为每亩204.70元，而25个用租用旱地种植葡萄的样本农户，平均每亩的化肥用量为378.91公斤，每亩的农药开支为389.62元。同时，4个租用旱地种植葡萄的大户（面积都在50亩以上），每亩的有机肥使用量达到了880.19公斤，是用自家承包旱地种植葡萄的样本农户每亩有机肥使用量平均水平245.10公斤的3.59倍。

在这种情况下，以质量兴农和绿色兴农为基本方向，以市场需求为导向，以结构调整优化为重点，升级打造澧县农业品牌，是提升澧县农业质量效益和竞争力、促进农民增收的可选之途。需要以县域为单位，政府主导，利用“澧县葡萄”等农产品已经具有地理标识产品等优势，认真对澧县农业品牌进行打造。工作的着力点是：因地制宜，充分进行资源和人力、资本优势分析，深入进行农业产业结构调整，真正发掘优势农业价值；加大农业和三产，如旅游业的深度融合；在尊重农民意愿的前提下，鼓励工商资本与土地有机结合，在政府主导、社区参与的有效监管下，进行土地资源的绿色开发，提升农业的产业链和价值链。

6. 苍溪县的红心猕猴桃种植。苍溪县作为我国红心猕猴桃基地县，从本世纪初开始大力发展红心猕猴桃，并将其作为全县“1+3”优势特色产业的领头羊、作为农业发展的领军产业和农民增收的支柱产业进行培育。经过不懈努力，猕猴桃已经成为苍溪县的支柱产业，目前从业人员达到22万人，先后建成猕猴桃基地乡（镇）37个，猕猴桃种植专业村445个，以红心猕猴桃为主导产业的万亩现代农业园区11个，1000亩以上园区66个，500亩以上的标准化生产示范园125个，猕猴桃种植面积达到了35.2万亩，年产猕猴桃鲜果12万吨，行业综合产值30亿元，已经形成了红心猕猴桃规模化种植、标准化生产、产业化经营的发展格局。全县有猕猴桃协会1个，猕猴桃专业合作社127个（其中省级示范合作社4家，市级示范合作社9家），社员76500户，覆盖面达90%；引进培育四川华朴等猕猴桃种植、销售与加工龙头企业7家，鲜果远销欧盟、日本、美国、香港、中国台湾等10多个国家和地区，研发猕猴桃果酱、果汁、果酒、果脯、酵素、含片等30多种产品，并进入国内大型超市。

苍溪县一直把提高质量作为猕猴桃产业发展的主攻方向，试图通过培育专业大户、规范化种植基地、产业园区等举措，提高产业的质量效益和竞争力。目前，苍溪红心猕猴桃已经取得国家地理标志证明商标，被评为四川省著名商标、中国驰名商标；苍溪县先后被授予中国红心猕猴桃第一县、国家现代农业猕猴桃示范区、全国绿色食品标准化原料生产基地、全国安全健康食品供货基地、全国猕猴桃生态原产地保护产品、国家出口猕猴桃质量安全示范区，获得绿色食品标识和国家出口基地认证、欧盟认证、质量安全体系认证，多次获得国际农产品交易会金奖，被评为“2016年全国名优果品区域公用品牌”，被列为“广元七绝”之首。2016年，苍溪县提出进一步探索“大园区＋小庭院”模式，按照“一业多园四万六化”思路，重点打造猕猴桃产业园区。规划未来5年每年新植3万亩，5年共计15万亩，从而使苍溪县的猕猴桃面积达到50万亩以上，综合产值超过100亿元，成为真正的支柱产业。

苍溪县把质量兴农作为主攻方向，这无疑是非常正确的，但从其红心猕猴桃产业组织方式来讲，除了鼓励专业大户加快发展外，还高度重视基地和园区建设。这从一个角度来讲，有利于通过规模经营提升产品和产业的影响力和竞争力。但规模和质量之间多多少少存在一些冲突。原因是苍溪红心猕猴桃是个精细种植品种，不仅需要较多的劳动力投入，而且需要充分运用传统生产工具和产业组织方式。在这种情况下，规模不一定带来生产成本的下降和效益的提升，相反还会影响到产品的质量，以及产业的竞争力。更重要的是，规模经营需要以现代生产要素的投入为基础，特别是化肥、农药的大量使用。尽管可以使用有机肥，但规模化的生产以及红心猕猴桃浅根的特点，很难发挥有机肥的功效。问卷调查结果表明，租种土地和农户自家承包土地的化肥、农药及有机肥和农家肥的使用有着明显差别。最核心的原因就是农户自家承包的土地可以施用更多农家肥，尽管因为牲口饲养数量的减少，导致农家肥数量越来越少，但农户可以购买农家肥，并通过使用钉耙等生产工具，在提高肥效的同时，不伤及果树的根系。

尽管没有直接证据证明农户经营（含一定规模的大户经营）一定比基地和园区经营更能够提升产品的质量，但可以肯定的是，农户经营总体上更加精细，符合苍溪红心猕猴桃作为精细种植品种的要求。这主要因为农户经营多数是自家承包的土地或者部分租种的土地，可以做到更加精细化。而基地和园区尽管也需要使用当地劳动力，但村民认为“不是自己的”，只是挣工资，因此精细程度很难保证。从经营者来讲，尽管可以通过更多科技措施的应用，提高标准化程度，但代价可能就是精细化水平的降低。从效益来讲，效益的好坏与标准果所占比重有直接关系，而标准果比例的高低主要取决于管理的精细程度以及溃疡病的影响程度。从总体上来讲，农户自主经营果园的精细化程度要高些，标准果的比例比基地和园区高出了20%左右。根据红心猕猴桃溃疡病发病机理的分析，农户自主经营更容易从源头上控制发病几率。而基地和园区因为面积大，精细化程度不高等原因，不易从源头上控制，且由于纯林和台地化种植，不仅容易受到风灾的影响，而且使用的生产工具更容易使果树受伤，从而增加被感染的几率。

从农户对自家承包土地和租种土地化肥、有机肥（含农家肥）及农药的使用的对比分析不难看出，不仅越来越多的农户租种土地的化肥、农药使用概率增加了，而且使用量也比自家承包的土地要多些；相反，尽管自家承包土地和租种土地都有农户在使用农家肥和有机肥，但使用比例、施用量存在明显差别。尽管样本农户不一定都种植猕猴桃，但这一现象也足以说明问题的普遍性和严重性，需要引起高度关注。从未来发展方向来说，追求一定的规模肯定是正确的选择，但这种规模不是空间意义上的集中连片，而应该是经营方式意义上的规模经营，即小农户平时能够充分利用自家劳动力，农忙时雇佣一定劳动力的生产规模，比如一个劳动力10亩左右。而通过充分发育农业社会化服务组织，为农户提供更多技术和市场服务，也可以是一种有效的生产体系和经营体系。这正是2018年中央一号文件为什么强调构建小农户与现代农业有效衔接机制的初衷，值得苍溪县结合猕猴桃产业进一步探索和总结。

7. 澜沧县的桉树种植。澜沧县位于云南省的西南部，独特的地理区位，使之具有较丰富的自然资源，尤其是森林资源。澜沧县委、县政府非常重视生态环境建设，但自2003年开始，在云南省有关部门的支持下，金光集团在原思茅市（现普洱市）“边三县”（即澜沧、西盟、孟连3县）向村集体和地方政府租赁荒山荒地4.27余万公顷，实际造林面积3.75万公顷，其中桉树纯林占96.10%。按照当时的测算，桉树种植能够给澜沧这样的国家扶贫开发工作重点县带来诸多好处：金光集团向土地产权所有者支付土地租金2560万元，折合人民币每亩39.97元，在当时也算是一笔可观收入；向参与营林务工人员支付劳务费用累计1.56亿元，使用本地劳动力约300万个；期盼9.6万吨浆粕纤维厂在澜沧县落户，这样，每年采伐需要劳动力约 100 万人次，萌发更新约 5 万人次，修筑山区采伐林道约 210 公里，中转运输车辆日均 200 辆以上，这将极大地推动地方经济的发展和山区群众收入水平和生活水平的提高。

然而，桉树作为一种外来物种，对生态环境的负面影响是显而易见的，我们通常知道的常识就是：桉树是抽水机，桉树林下很少有植被可以生长。从科学的角度讲，桉树不仅需要消耗大量水分，而且自身的还水能力很弱，导致其成为一种净需水量植物，且桉树的根系较发达，土层越深，耗水越大。对澜沧县桉树种植的相关实地研究表明，随着桉树林龄的增长，其土壤容重上升，总孔隙度和非毛孔隙度下降，透气透水性能减弱，土壤养分、PH 值、有机质下降，且随着土层厚度加深而加速，土壤全氮、水解性氮、有效磷、速效钾下降，而交换性镁和钙的含量增加，这些都对土壤造成了负面影响。澜沧的单一桉树种植，还有一个明显影响就是生态景观单一，地面生物多样性急剧减少。同时，桉树还要消耗大量土壤有机质，且随着土壤深度的增加，有机质及其他营养元素的消耗越大。澜沧县的桉树多数是 2003 ~2005 年期间采取连片单一树种种植的，由于金光集团迟迟未建加工企业，作为造纸原料的桉树林早已经过了该采伐的年限，因此消耗的水分和养分都在大幅增加，对土壤有机质的影响越来越严重，老百姓反映近几年缺水越来越严重只是问题的一个方面，其对土壤肥力的破坏，更是从省人民政府到地方政府都需要尽快采取有效措施解决的棘手问题之一。随着林木的生长，不仅会导致日益严重的生态问题，而且火灾的防控也成为一个大问题。

澜沧县的桉树种植有其特殊的经济社会背景，21 世纪初，包括澜沧县在内的普洱市沿边地区，不仅交通闭塞，而且有效信息十分匮乏，很多老百姓甚至包括一些地方政府官员对桉树的了解都不是很多，加之经济困难，受到招商引资的极大诱惑，生态安全让位于经济发展，在一定程度上让位于政治意志，老百姓没有太多谈判能力，不仅土地流转价格较低，而且单个农户根本无法阻止大集团单一树种的造林模式。而正是这种单一树种的造林模式，使得桉树的负面生态效应被放大，造成了更为严重的环境影响。这种影响是长远和广泛的，所谓长远，是指桉树种植本身所带来的土壤质量的下降和水资源的过度消耗所造成的生态环境问题；所谓广泛，是指桉树种植不仅造成了桉树林地本身的生态环境影响，而且影响了当地老百姓其他土地乃至整个生计的安全，水改旱以及灾害的日趋严重就是明显的例子。一些受访农户强调：要是他们有选择的可能，他们绝对不会种植桉树，甚至不会把林地流转出去，哪怕给“再高的租金”。这虽然只是部分农户的说辞，甚至不是理性的表达。但反过来讲，当时全面烧除了残次林的造林，在一定程度上也是我们的林业部门默许的让企业打着“次生林”改造名义的毁林造林。这背后的教训，已经不是老百姓所谓的“不知道桉树的危害”可以回答的了。

8. 祁连县的草原生产。青海省祁连县草原畜牧业在经济建设中有着得天独厚的优势，境内草场优良，风景优美，被称为“中国最美丽的草原”，有“高原明珠”“牧区江南”“白藏羊的故乡，大白毛的基地”等美誉。全县草场总面积117.61万公顷，占土地面积的84.69%，可利用草场面积100.59万公顷，占草场面积的85.54%。在草场总面积中，天然草场面积111.95万公顷，可利用草地面积103.47万公顷，其中：冬春草场44.99万公顷，夏秋草场58.48万公顷。党的十一届三中全会以来，祁连县认真贯彻党在牧区的各项方针、政策和改革举措，1980年开始推行“两定一奖”，1985年推行“牲畜作价归户，私有私养”，1989年开始了冬春草场承包到户的工作，1997年又进行了夏秋草场承包，2015年开始启动草原生态奖补绩效管理改革。这些改革举措，建立健全了草原管理、利用和建设责任制，调动了牧民群众保护、利用和建设草场的积极性，提高了草原利用率，推动了畜牧业生产的快速发展。全县2014年底共存栏各类牲畜117.51万头（只），畜牧业总产值52207.84万元，占农牧业总产值的91.5%，农牧业增加值43546万元，占全县农牧林渔业增加值的96.3%，畜牧业已经成为祁连县的支柱产业。

草地资源是草原牧区第一性的生产要素，但长期属于公共产权，不仅一定区域内的牧民可以“自由”放牧，而且区域外的牧民也可以放牧。随着人口的增加和人民对更加美好生活的向往，草地过牧问题日趋严重，带来的直接环境结果就是草原退化、沙化和鼠害的不断加重。在一定程度上可以说，公共产权是诱发“公地悲剧”的主要原因。为了消除公共产权导致的过度放牧，增强草原牧区的可持续发展能力，改革开放政策实施以来，国家推动了以落实草原承包经营权为方向的产权制度改革，重点是把草地的承包经营权落实给牧户。祁连县的调查研究发现，草场产权制度改革总体上是一个不断完善的过程，且基本实现了草地承包经营权归牧户的初衷。这在一定程度上调动了广大牧民发展畜牧业和保护草地资源的积极性。

但是，当畜牧业效益日趋显著时，草地产权制度改革并没有引导广大牧民走集约化发展道路，相反，牲畜饲养规模不断扩大，整个祁连县的牲畜饲养量一度时期超过了草地承载力的60%以上，其结果是草地退化沙化和鼠害越来越严重，直接威胁到草原牧业的安全和广大牧民的生计安全。从这个意义上讲，草地承包经营权并没有像耕地承包经营权那样，激发承包经营权拥有者采取较为集约的经营方式来提高土地产出率。究其根本原因，还在于草场承包到户举措本身留下的许多隐患：一是面积的划分并没有完全以当时一定区域内的合法人口为基础公平分配，如30%的群众草地；二是边界并不是完全清楚；三是没有充分让广大牧民广泛参与；四是工作不够细致，遗留问题较多。这些隐患背后所暴露的根本问题是没有充分发挥广大牧民作为“地主”的作用。当然，畜牧业还没有充分实现商品经济，牧民及基层政府没有给予足够重视也是一个方面的原因。更为严重的是，草场承包到户并没有解决群众反映强烈的承包前的流转及30%的群众草场等问题，从而使得人均占有草场面积更加不平衡。

新近实施的草原生态保护补助奖励政策，并没有彻底解决草场承包到户遗留下来的诸多问题，相反，由于禁牧补偿的面积就是草场承包的面积，一方面使得牧户获得的补偿水平差别很大，另一方面，对少数草地面积很少的牧户而言，分片禁牧更是雪上加霜，牧民意见更大。不仅占有草地少的牧户有意见，而且占有草地多的牧户也有意见，因为许多时候的放牧并不是牧户就只在自家承包的草地上放牧，而是某种程度上的“自由”放牧。在这种情况下，不仅“春季禁牧”难度很大，而且“秋季游牧”难以有效开展。更重要的是，由于生计的压力，牧民的牲畜无法减少，结果必然是草地的过度放牧，这种情况正在考验着草原生态保护补助奖励政策的实施效果。一个牧户的草原证和调查时申报的实际草地面积都只是800亩，但饲养着400头肥羊和200只小羊；另外一户拥有的草地面积是3500亩，饲养着300多只肥羊，200多只小羊和100多条牦牛。由此说明，草地过度放牧仍然是首要问题，其直接结果是草地质量的下降和鼠害的加重。在69个有效样本中，认为草场退化的高达64个，占92.75%，其中的57个牧户（占有效样本的89.06%）认为最主要的原因是过度放牧。在71个有效样本中，都认为鼠害是主要灾害，其中列在第一位的高达64户，占90.14%，还分别有6户和1户分别列在了第二位和第三位。

三、问卷调查主要发现

问卷调查共完成了823份问卷，因为是面对面调查，并经过了细致核实，因此都是有效问卷。8个调查点之间略有差别，最多的是125份（云南省澜沧县），最少的是71份（青海省祁连县），其中女性样本为249份，占30.03%。主要发现如下：

1. 经营土地收入仍然是样本农户的主要收入。调查发现，样本农户的收入来源主要是土地经营收入（占37.75%）、打工收入（占32.35%）、养殖业收入（占14.41%）和各种补助（占7.58%）。土地经营收入处于第一位，最高的通海县达到了87.89%，最低的崇州市也还占到12.24%（祁连县表面上土地经营收入最低，但其养殖业的主要资源也是草地）。由此说明，土地还是家庭收入的重要来源之一，且样本农户有56.48%的劳动力仍然在家务农（包括部分年龄超过60岁的老人）。劳务收入只占到第二位，尽管常年外出打工的劳动力占到了家庭劳动力的39.15%。

2. 样本农户占有土地资源总体较少，尤其是耕地资源。在样本农户中，拥有水田的只有582户，总面积为2323.09亩，户均3.99亩，人均不到1亩。户均最高的是澧县，为7.88亩（不包括互助县4个拥有水浇地的样本农户），最低的是通海县，户均只有2.01亩。拥有旱地的样本农户只有357户，面积为3064.07亩，户均8.58亩，人均约2亩。户均最高的是互助县，为13.38亩；最低的是苍溪县，为1.80亩。澜沧县和苍溪县拥有林地的样本农户为220户（澜沧县样本农户流转给金光公司的桉树林没有算在内），面积为846.00亩，户均4.67亩，其中苍溪县仅为2.17亩，澜沧县户均还有6.61亩。祁连县的样本农户只拥有草地，面积为203473.32亩，户均2948.89亩。

3. 包产到户以来，随着经济社会的发展，人地关系发生了很大变化。尽管样本农户现有人口与土地承包人口的比只为1.43:1.00，但由于土地、尤其是耕地的细碎化，大量劳动力开离土地，从而使土地产权配置发生了显著变化，土地流转带动的土地承包经营权分离为承包权和经营权。实际经营着水田的样本农户只有426户，面积为4140.22亩，比承包面积多出了78.22%，户均面积9.72亩，但县与县（市）之间差别较大，最少的是苍溪县，实际经营面积只相当于承包面积的30.63%，户均只有1.68亩；户均最多的是崇州市，实际经营面积是承包面积的113.78%，但户均面积高达70.21亩；流转入水田最多的是湘阴县，实际经营面积是承包面积的3.02倍。

4. 样本农户的旱地出现了净流出的情况。实际经营着旱地的还有299个样本农户，总面积为2595.35亩，比承包面积少了15.30%，户均8.68亩，与拥有旱地的样本农户的平均规模差不多。但县与县（市）之间差别也较大，净转出比例最高的是湘阴县，实际经营面积只是承包面积的 32.80%，但户均还有 4.88 亩；流转入比例最高的是澧县，实际经营面积是承包面积的 2.82 倍，户均实际经营面积 12.02 亩，也是有旱地的 5 个县中最高的；户均实际经营面积最少的是苍溪县，只有 1.67 亩，且实际经营面积只是承包面积的 45.35%。

5. 林地和草地承包经营权的流转现象不突出。拥有林地承包经营权的 181 个样本农户还实际经营着的林地面积为 763.50 亩，是承包面积的 90.25%，意味着流转出去的只有不到 10%，或略过 10%，且两个点的比例差不多，苍溪县的流转率为 8.52%，澜沧县的流转率为 10.06%。祁连县 71 个样本农户中，实际经营着草地的还有 47 户（不含把草地承包经营权流转给合作社的农户），面积还有 164262.70 亩。实际经营着的草地面积是承包面积的 80.73%，但户均实际经营着的面积比承包时的户均面积高出了 12.35%。

6. 样本农户是否继续经营土地取决于多种因素：一是土地所承载产业的效益。通海县是最典型的，每亩蔬菜每年的产值可达 5 万元左右，即使户均 2 亩地，也可以获得可观的收入。二是土地的立地条件。祁连县是较好的例子，地处偏远，即使可以生产有机农产品，也没有龙头企业愿意大规模流转土地。澜沧县在某种程度上也是这种情况，地处山区，不便于集中连片。三是所经营的产业是否可以大规模使用机械。苍溪县是最好的例子，红心猕猴桃不很适应机械生产，规模经营的效益凸显不出来。相反，崇州市却可以通过土地集中，使用机械生产，不仅增加了收益，而且降低了生产成本。互助县也可以算是这种情况，通过土地托管，至少可以降低劳动力的投入，进而提高种地效益。四是综合因素。湖南的两个点都属于这种情况，通过集中连片规模经营，或者提高规模效益，或者打造品牌，提高综合效益。

7. 随着社会的进步，农业的发展越来越偏离第一性的生产要素，土地和劳动力逐步让位于由资本所控制的第二性生产要素，尤其是化肥、农药和新的技术及新的经营管理方式。问卷调查发现，自家承包的水田使用化肥的有 295 个样本，占有效样本的 90.49%，平均每亩的使用量为 68.06 公斤；使用有机肥的只有 93 个样本，占有效样本的 28.53%，平均每亩的使用量为 128.33 公斤；使用农药的有 328 个样本，占有效样本的 77.00%，平均每亩的农药费用为 418.52 元；使用农用地膜的有 46 个样本，占有效样本的 10.80%，且每亩的费用只有 2.78 元。

8. 自家承包的旱地使用化肥的有 265 个样本，占有效样本的 74.23%，平均每亩的使用量为 59. 04 公斤；使用有机肥的只有 133 个样本，占有效样本的 37. 25%，平均每亩的使用量为 447. 33 公斤，比水田还高，主要原因是互助县的农民还沿用传统生产技术，每亩的农家肥使用量仍高达 751. 70 公斤；使用农药的样本农户还有 198 个，占有效样本的 55. 46%，平均每亩的农药费用为 67. 96 元，比水田少多了；使用农用地膜的有 59 个样本，占有效样本的 16. 53%，平均每亩的费用为 14. 53 元，比水田高出了 4. 23 倍，主要用于洋芋种植。

9. 不论是对自家承包的林地，还是租用的林地，使用化肥、农家肥、农药和农用地膜的农户都不是很多，占有效样本的比例也不高，单位面积的使用量也很低，不仅对环境影响不大，而且对提高农业生产率的贡献也较小。祁连县的草地多为天然牧场，牧户没有使用化肥、农药的习惯，即使鼠害很严重，大多牧户也听之任之。草地所需要的肥料主要依靠放牧牲口的粪便补充。

10. 比较而言，样本农户对租种农地的第二性生产要素投入强度就要高一些。租种水田使用了化肥的样本农户有 137 户，占有效样本的 85. 63%，但平均每亩的使用量为 42. 99 公斤，主要原因是湖南两个点的租种水田农户和新型经营主体利用社会化服务体系参与农业生产或回归更为传统的种植方式，单位面积的化肥投入较少；使用农家肥和有机肥的样本农户只有 16 户，仅占有效样本的 10. 00%，每亩水田的平均使用量为 263. 34 公斤，比自家承包的水田使用量要高些；使用农药的样本数为 180 户，占有效样本的 77. 92%，平均每亩的农药费用为 149. 74 元，也比自家承包土地的样本农户要低很多；有 11 个样本农户使用了农用地膜，占有效样本的 6. 88%，平均每亩的费用为 16. 22 元，比自家承包水田要高很多。

11. 租种旱地使用了化肥的样本农户有 47 户，占有效样本农户的 97. 92%，每亩平均使用化肥 325. 10 公斤，远高于租种水田单位面积化肥的使用水平，但低于自家承包旱地的单位面积使用水平；使用有机肥和农家肥的样本农户有 16 户，占有效样本的 33. 33%，平均每亩使用了 301. 40 公斤，比自家承包旱地每亩的使用量低了 32. 62%；使用了农药的有 39 户，占有效样本的 81. 25%，平均每亩的农药费用为 329. 32 元，是自家承包旱地的农药费用的 4. 85 倍；使用了农用地膜的有 14 户，占有效样本的 29. 17%，平均每亩的农用地膜开支为 295. 78 元，是自家承包旱地农户的 20. 36 倍，主要原因是农户建盖了大棚。

12. 总体而言，样本农户对租用土地每亩的投入和对自家承包土地的投入根据数量和品类看各有差异。化肥使用的特点是租种旱地（325. 10 公斤）>自家承包水田（68.06公斤）>自家承包旱地（59.04公斤）>租种水田（42.99公斤）>租用林地（12.50公斤）>自家承包林地（2.40公斤）；农家肥和有机肥是自家承包旱地（447.33公斤）>租种旱地（301.40公斤）>租种水田（263.34公斤）>自家承包水田（128.33公斤）>租用林地（3.70公斤）>自家承包林地（1.90公斤）；农药开支是自家承包水田（418.52元）>租种旱地（329.32元）>租种水田（149.74元）>自家承包旱地（67.96元）>租用林地（9.50元）>自家承包林地（2.97元）；农用地膜的开支是租种旱地（295.80元）>租种水田（16.20元）>自家承包旱地（14.50元）>自家承包水田（2.78元）。

13. 值得注意的是，有73.41%的样本农户认为，不论是自家承包的土地，还是租种的土地，化肥、有机肥、农药、农用地膜等生产资料和劳动力的投入没有太大差别。认为有差别的样本农户仅有11.12%。这些样本农户认为，导致自家承包土地与租种土地在使用化肥上有差别的主要原因，一是由于土质不同，占有效样本的71.74%；二是地块距离住所的远近不同，占有效样本的13.04%；三是其他原因，占有效样本的15.22%。但典型访谈也发现，存在差别的主要原因也包括生产产品和经营主体的不同。一般来讲，粮食作物种植中生产资料的单位面积投入较少，而蔬菜和经济林果较高。不是所有新型经营主体都较少使用农家肥和有机肥，部分新型经营主体为了提高产品质量，也大量使用有机肥，如苍溪县的红心猕猴桃和澧县的葡萄种植。

14. 从总体趋势看，化肥农药使用量不断增加，而农家肥和有机肥使用量持续减少，且在自家承包土地和租种土地上有所差别。63.88%的样本农户认为自家承包土地的化肥使用量增加了，平均增加量为37.00%；66.61%的样本农户认为租种土地的化肥使用量也增加了，平均增加量为41.20%。49.78%的样本农户认为自家承包土地的农药开支增加了，平均增幅为43.40%；认为租种土地农药开支增加的样本农户占45.54%，平均增幅达到了47.70%。认为自家承包土地有机肥和农家肥使用量减少的样本农户占54.94%，平均减幅为61.50%；认为租种土地农家肥和有机肥使用量减少的样本农户占33.04%，平均减幅为57.60%。

15. 由于化肥农药使用量的增加和农家肥及有机肥使用量的减少，土壤质量有下降的趋势，认为自家承包土地“土质越来越板结了”的占有效样本的46.57%，而认为“土质越来越松软了”的只占有效样本的16.02%；认为租种土地“土质越来越板结了”的占有效样本的52.06%，而认为“土质越来越松软了”的占20.71%。对于土质变差的原因，37.46%的有效样本农户认为是化肥农药使用多了，27.42%的认为是没有轮换耕种。

16. 土壤质量的退化，导致各种自然灾害发生的频率加快且危害程度越来越大。样本农户认为排在第一位的灾害是洪灾，综合起来有23.65%的样本农户做出了该选择。排在第二位的是病虫灾害，有19.76%的样本农户认为病虫灾害是其面临的主要灾害。排在第三位的是风灾，有14.77%的样本农户作出了该选择。由此不难看出，老百姓面临威胁较严重的灾害，已经不仅仅是自然灾害如洪涝和泥石流等，还包括一些由于环境裂变造成的灾害，如病虫害、风灾、鼠害等等。

17. 在全部样本农户中，249个女性样本农户（占30.03%）总体受教育程度偏低，户均实际经营的水田和旱地只分别是男性样本农户平均水平的12.61%和64.42%，除了通海的蔬菜种植以外，生产以满足家庭需要为主，因此主要生产资料的投入与男性样本农户有明显差别，承包水田农药开支只是男性家庭平均水平的11.16%，租种水田也只是30.71%；租种旱地的化肥使用量只是男性样本农户的31.23%，农药开支只是男性样本农户的22.80%。而由于从事农业经营的女性样本农户多数年龄偏大等原因，她们施用农家肥和有机肥的量也比男性样本农户低很多，即使是自家承包的水田和旱地，也只分别是男性样本农户的24.44%和4.77%。不论是因为劳动力不足，还是考虑农产品的安全，因为生产的产品主要是服务于家庭消费，女性受访者似乎更趋于种“卫生田”。

四、基本结论

1. 土地作为农业农村经济发展第一性的生产要素，本身就是生态系统的重要组成部分。土地质量的好坏，不仅对农业的可持续发展起着决定性作用，而且对农业生态环境、农业安全有着重大影响，进而对整个人类生态系统和生态文明产生显著影响。而土地质量既受制于自然因素，如地理环境、立地条件等，又受到了社会经济制度的影响，尤其是其中的产权制度。本研究选择了中国中西部的云南、四川、湖南和青海4个省的8个县进行实地调查。调查点的选择既涵盖了具有代表性的耕地、林地和草地等主要农地类型，也考虑到了不同的立地条件和经济社会发展水平。其目的是通过分析土地产权制度安排对人们土地资源利用方式的影响，阐释其对土地质量和生态环境的影响，进而揭示土地产权制度与生态环境演变的内在联系。

2. 基于中国农村集体土地产权制度的基本特点，本专题研究重点放在土地的承包权和经营权上，较少涉及土地的所有权。对于承包权和经营权来说，重点又放在了经营权上，主要原因是承包权经过不断完善，已经基本稳定，并且得到了法律制度和政策规定的有力支持。从法律角度讲，《农村土地承包法》已经做出了具体安排；而从政策角度讲，十九大明确规定第二轮耕地承包期到期后再顺延30年。因此，在我国农地“三权分置”的特殊产权制度背景下，影响土地利用方式最主要的是经营权。因为经营权影响着经营方式，而不同的土地经营方式，才是土地利用的主导影响因素。据此，我们把经营权作为调查和研究的重点，但也兼顾了所有权和承包权的调查与分析讨论。

3. 中国农业从本质上讲是“大国小农”，但为了提高土地经营效率，各级政府也鼓励通过土地承包权和经营权流转实行适度规模经营。这也就使中国农村土地的经营权出现了两种主要类型，一种是单家独户的农户经营，一种是产业化、组织化的规模经营。前者除了小农户经营外，也包括具有一定规模的家庭农场和专业大户；后者则主要是农业产业化龙头企业、农民专业合作社、农业公司等。在4个省823份有效样本中，实际经营着水田的农户仅为426户，实际经营面积比承包面积多出了78.22%，意味着有近80%的水田是流转来的；实际经营着旱地的样本农户只有299户，实际经营面积比承包面积少了15.30%；林地也有约10%流转出去了；祁连县调查点实际经营着的草地面积只是承包面积的80.73%，意味着有约20%的草地流转出去了。

4. 由于土地类型的差别以及同一土地类型种植作物种类的不同，不同土地经营主体采取了不同的经营方式，也就产生了类型各异的土地经营权制度安排。在我们重点调查研究的4个省的8个县（市）中，通海县的水田主要是小农户的蔬菜种植，互助县的旱地是合作社+小农户的粮食生产，崇州市的水田主要是土地股份合作社+农业职业经理人+社会化服务的产业化粮食生产，湘阴县的水田主要是小农户的粮食生产，澧县的水田和旱地主要是规模经营主体与小农户共存的粮食和经济林果种植，苍溪县的旱地（包括水改旱）是园区化+庭院化的红心猕猴桃种植，澜沧县的林地是公司化的大规模桉树种植，而祁连县的草地是牧户+合作社经营。

5. 不管是农户小规模经营，还是组织化适度规模经营，都或多或少存在土地承包权/经营权流转的情况。这使土地产权制度和经营方式变得更加复杂，不管是农户自家经营自家承包土地，还是农户租种土地，还是规模经营主体的流转土地经营，都孕育了不同的经营方式，因此产生了差别很大的土地利用方式，也对土地质量和生态环境产生了不同的影响。不能简单地说，小农户自家经营承包土地就一定比其他经营方式少用化肥农药，而组织化规模经营就一定比小农户自家经营承包土地多用化肥农药。但总的一个趋势是，在过去十多年内，化肥农药使用量显著增加、农家肥和有机肥使用量大幅减少，只是不同经营方式有所差别而已。当前的基本特点是，化肥使用量是租种旱地 > 自家承包水田 > 自家承包旱地 > 租种水田 > 租用林地 > 自家承包林地；农家肥和有机肥使用量是自家承包旱地 > 租种旱地 > 租种水田 > 自家承包水田 > 租用林地 > 自家承包林地；农药开支是自家承包水田 > 租种旱地 > 租种水田 > 自家承包旱地 > 租用林地 > 自家承包林地。祁连县的草地多数是天然草场，基本不施用化肥农药。

6. 小农户生产具有鲜明的差别：如果是自家消费性为主的农产品生产，基于食品安全的考虑，农户倾向于使用较少的化肥农药，且不论是自家承包土地还是租种土地，最典型的例子是湘阴县，不仅单位面积的化肥农药使用量偏低，而且自家承包地和租种地之间差别不大，这种情况在澜沧县的粮食种植中也很普遍。而如果是以商品生产为主，则取决于所种植作物的经济价值和效益，如果是经济价值和效益偏低，多数农户也不会大量投入化肥农药，因为会增加成本，且自家承包土地和租种土地差别也不大，这在互助县、湘阴县的粮食种植上体现得较明显；如果经济价值和效益较高，农户就会增加化肥农药的使用量，并且租种地往往比自家承包地要高，这在通海县的蔬菜种植和澧县的葡萄种植上表现最充分。这也是这些农户为什么不愿意降低化肥农药使用量的主要原因，尽管他们知道过量化肥农药使用已经对土地板结造成了很大危害。

7. 对于专业大户和组织化规模经营主体来说，其大部分土地都是流转来的。但并不是所有专业大户和组织化规模经营主体都走的是数量至上的道路，适应消费市场的变化和国家政策的导向，他们的经营出现了明显的分流趋势。当大部分专业大户和组织化规模经营主体还在走通过增加化肥农药投入来实现农产品量增长的道路时，少数主体开始大幅度降低化肥农药使用，增加有机肥和农家肥使用，进而通过农产品品质的提升来提高其产品的竞争力，这在苍溪县、澧县、互助县，以及崇州市都有较多典型个案。前者毫无疑问对土地乃至整个农业安全和生态环境都带来了较多负面影响，而后者至少缓解了农业生态环境恶化的趋势，有的甚至已经走向良性发展。当然，这背后的主要原因还是经济利益驱使，只是觉悟的迟早不同而已。

8. 澜沧县的桉树种植在8个调查点是特例之一。根本原因是当地很多老百姓、甚至一些地方政府官员对桉树的了解不是很多，加之经济困难，受招商引资的极大诱惑的背景下，生态安全让位于经济发展，老百姓没有太多谈判能力，不仅土地流转价格较低，而且单个农户根本无法阻止大集团单一树种的造林模式。而正是这种单一的造林模式，使得桉树的负面生态效应被持续放大，造成了越来越严重的环境影响。这种影响是长远的和广泛的，所谓长远，是指桉树种植本身所带来的土壤质量的下降和水资源的过度消耗所造成的生态环境问题；所谓广泛，是指桉树种植不仅造成了桉树林地本身的生态环境劣变，而且影响了当地老百姓其他土地乃至整个生计的安全，水改旱以及灾害的日趋严重就是明显的例子。一些受访农户强调：要是他们有选择权的话，他们绝对不会种植桉树，甚至不会把土地流转出去，哪怕给“再高的租金”。

9. 祁连县的草地产权制度安排是8个调查点中的又一个特例。其核心是新近实施的草原生态保护补助奖励政策，并没有彻底解决草场承包到户遗留下来的问题，相反，由于禁牧补偿的面积就是草场承包的面积，一方面使得牧户获得的补偿水平差别很大，另一方面由于分片禁牧，对少数草地面积很少的牧户，更是雪上加霜。这不仅使“春季禁牧”难度很大，而且使“秋季游牧”难以有效开展。更重要的是，由于生计的压力，牧民的牲畜无法减少，结果必然是草地的过度放牧，这种情况也正在考验着草原生态保护补助奖励政策的实施效果。

10. 本研究达到了预先设计的研究目的，但也存在较多不足。最大的不足就是没有针对不同作物类型的耕地、经济林地、用材林地和草地设计和进行各有重点的问卷调查，从而使分析结论或多或少存在着平均数掩盖客观事实的情况。尽管我们通过案例研究弥补了部分遗憾，但无法改变因为统一问卷调查本身存在的问题。最理想的研究是针对不同土地类型、不同产权制度安排、甚至不同作物进行单项研究。但这既需要经费支撑，还需要人力资源和时间做保证。另一个不足是没有就地方政策进行深入研究，这既有该研究较敏感的原因，也有考虑不充分的原因，还有时间不足的因素。

五、政策建议

结合本专题调查研究所发现的问题，以及上一期研究所提出的具体建议，特提出以下政策建议供政策制定者和地方政府参考。

1. 强化村集体经济组织对农村集体土地的所有权主体地位。结合农地确权工作的有序开展，明确村集体经济组织对农村集体土地的所有权主体地位已经到了关键时候。代表村集体经济组织的村民委会会/村民小组，在遵守国家相关法律规定的基础上，应主动履行作为主体的以下权利：一是对土地的发包权，二是对违法违规使用土地的处置权，三是对集体经济组织成员处置其土地承包权和经营权的知情权，等等。可以通过完善《农村土地承包法》等相关法律，在充分强调集体经济组织对其所拥有的土地承包权的发包权基础上，明确其对违法违规使用土地的处置权，包括对改变土地属性和用途的集体经济组织成员，停止其承包权；对通过流转获得经营权的新型经营主体和其他小农户违规开发利用土地，停止其经营权；对依法改变土地属性和用途提取部分收益等权利。在充分尊重集体经济组织成员的承包权/经营权的同时，明确集体经济组织对其成员流转土地承包权和经营权有知情权，对所签署的合同内容有知情权和部分条款的建议权，甚至否决权，等等。

2. 进一步强化承包农户对土地承包权和经营权的主体地位。在推动农村土地“三权分置”的基础上，研究如何进一步强化承包农户对承包土地所拥有的权利的主体地位。一是对土地承包权/经营权的充分自主权，在遵守国家法律法规的基础上，承包农户对其所获得的土地的承包权/经营权具有排他性，任何单位和个人不得侵犯其合法权利，尤其不允许村集体经济组织和地方政府借推动适度规模经营之名，强行要求承包农户流转其土地承包权/经营权，但当承包农户主动要流转其土地承包权/经营权时，集体经济组织有知情权和对合同规定的合法权利。对于承包农户发现流转入土地承包权/经营权的新型经营主体违规开发利用土地的行为，如改变土地用途、过量使用化肥农药或其他违禁投入品等，承包农户可以单方面终止合同，并就造成的损失提出赔偿请求。村集体经济组织和地方政府应支持承包农户维护其合法权利。

3. 进一步规范土地承包权/经营权流转的合同规定。土地承包权/经营权流转合同除约定流转主体、流转期限、流转方式、流转金及支付方式、流转双方的权利责任和义务等基本内容外，还可以就流转土地的利用方式、土壤物理属性的维护等内容进行详细约定。如是否允许转入方建盖大棚等附属农业设施、不能种植的作物、化肥农药的使用水平等做出具体约定，并对土壤有机质、容重、PH值、全氮、全磷、全钾等反映土壤物理属性的基本指标标准进行约定。地方政府对这些合同规定的内容应给承包农户和村集体经济组织以技术和法律等方面的支持和保护。

4. 制订分类指导原则，推进化肥农药零增长行动有效实施。2016 年中央一号文件明确提出实施化肥农药零增长行动，2017 年中央一号文件又提出了质量兴农的明确政策导向，2018 年中央一号文件提出了落实质量兴农的绿色化、优质化、特色化、品牌化农业推进路径。为了推动这些政策落地生根，需要制订详细的实施方案。围绕化肥农药零增长行动，建议国家根据不同区域制订有差别的指导意见：对于高于全国平均水平（国家层面可以用单位耕地面积的化肥农药投入强度）的省（市、区），提出具体减量目标；对于在国际控制标准与国家平均水平之间的省（市、区），提出控制目标；而对于低于国际控制标准的省（市、区），提出稳定目标。在此基础上，鼓励各省（市、区）根据自身情况，依据区域、作物品种等特点，设定化肥农药的最高使用标准，并建立以“随机抽取检查对象，随机选派执法检查人员，抽查情况及查处结果及时向社会公开”（简称“双随机一公开”）为重点的监管体系和投诉体系，确保化肥农药零增长行动有效推进，为质量兴农奠定物质基础。

5. 研究实施施用农家肥、生物有机肥的扶持政策。适应于国家质量兴农和绿色兴农的政策导向，应尽快研究制订施用农家肥、生物有机肥的扶持政策。对以农家肥、有机肥为主的小农户和新型农业经营主体，实行普惠性的补贴政策。在此基础上，通过完善农产品生产标准，对施用农家肥和生物有机肥的绿色食品和有机食品，给予专项补助，鼓励小农户和新型农业经营主体大力发展绿色食品和有机食品。补贴政策也可以向生物有机肥生产企业倾斜，通过补贴，降低生产成本，提高竞争力。

6. 研究制订有机肥国家标准。2012 年 6 月，原国家农业部种植业司发布了生物有机肥标准，应进一步总结这一标准在实施过程中出现的问题，在完善充实的基础上，上升为国家标准后强制实施。标准除对菌种、外观、技术指标、产品中 As、Cd、Pb、Cr、Hg 的含量、无机成分添加等进行详细规定外，还需要对主成分和加工环节、标识等加以明确规定。技术指标应参考国际标准，并考虑肥效的有效性。在此基础上，建立健全相关的检验检测体系，确保生物有机肥的达标生产和市场投放。

把农业安全作为农业产业结构调整的根本指针

——云南省通海县蔬菜种植区土地产权与环境状况研究案例

通海县是云南省较早规模种植蔬菜的县，也是全国蔬菜外销和南菜北运的重点县。改革开放以来，蔬菜产业逐步替代烤烟产业，成为通海县的主导产业，并由此带动全县经济结构的持续优化和经济水平的快速提升。然而，在蔬菜产业快速发展的同时，化肥农药的过量使用，不仅给生态环境造成一定影响，危及到包括农业资源安全、农业生态环境安全和农产品数量质量安全的农业安全，而且对蔬菜产业的可持续发展带来严重威胁。在这背后，细碎的农地产权和蔬菜产业的小农户经营格局，一方面使得化肥农药减量实现集体行动难以达成，另一方面也因减少化肥农药会导致短期经济效益锐减而不能对小农户形成动力。

一、蔬菜产业的崛起

通海县位于云南省中部，是玉溪市的一个县，县城所在地秀山镇距玉溪市人民政府所在地红塔区 47 公里，距云南省省会昆明市 125 公里，国土总面积 721 平方公里。2016 年，全县户籍人口为 102937 户 289488 人，其中乡村人口 171809 人，占总人口的 59.35%，辖 2 个街道办事处、4 个镇、3 个乡，49 个村委会、27 个社区居委会，331 个村民小组、223 个社区居民小组，361 个自然村。通海县海拔1350—2443米，土壤品质较高，属于亚热带季风气候，气候温和，冬无严寒，夏无酷暑，多年平均气温15.6℃，且雨量充沛，多年平均降雨量876.60毫米，全年无霜期258天，不仅非常适合蔬菜生产，而且一年四季均可种植，秋、冬两季更是旺季。加之，通海县工业主要以轻工业为主，境内没有污染严重的重工业企业，生态环境总体优良。这些条件都为发展无公害蔬菜基地提供了得天独厚的自然条件。

据《通海县志》记载，通海县种植蔬菜已有2400多年的历史。清康熙年间蔬菜品种有29个，民国时期增加到63个，但由于交通不便，蔬菜长期处于自产自销状态，只有少数干菜（萝卜丝）外销河口、省城昆明、蒙自、个旧等地。民国9年（1920年）外销干菜450驮（约4.5万斤）。新中国成立后至改革开放政策实施之前，在以粮为纲战略的主导下，通海县的蔬菜产业也没有得到较好发展，20世纪60年代，每年种植蔬菜1.1—1.5万亩（大小春两季，下同），总产2000—3000万斤，但绝大部分自产自销，少部分根、茎菜销往昆明、个旧等地。1959~1962年，因粮食减产，社员口粮紧缺，蔬菜种植面积增加到26022亩，各生产队都专门成立蔬菜专业队（组），种菜供应食堂①。

改革开放初期，蔬菜产业得到初步发展。从1979年开始，县供销社和县商业局派人与北京蔬菜公司协商，双方决定调运部分花菜进京试销，当年12月到次年1月，共调出花菜两火车皮，受到北京人民的欢迎。随后，县供销社和基层社组成推销组到北京、天津、石家庄、沈阳等城市联系市场。1980年3月6日，通海的大蒜、蒜苔开始向省外试销，到4月24日，调出大蒜102.4万斤，收入30.4万元，平均每亩收入500元。1981年和北京、石家庄等省市签订推销大蒜、蒜苔、团葱、花菜等品种的合同，以后又不断疏通了“三北”（东北、西北、华北）地区的销售渠道，有力地促进了全县蔬菜生产。1985年，蔬菜种植面积达到了36345亩，产量9492万斤，蔬菜品种增加到149个（根菜类10个、茎菜类43个、叶菜类43个、花菜类4个、果菜类49个）。销往全国37个省省会城市和地区，共计2019万斤，金额600万元，加上省内、县内、社员自销，全县蔬菜

① 《通海县志》编纂委员会：《通海县志》，昆明：云南人民出版社1992年版，第118页。

销售额达1000万元，成为除烟草外的第二个拳头产品。[①] 然而，由于玉溪市烤烟产业的快速发展，行政力量等因素使政府的工作重点自然而然地偏向了烤烟，导致通海县的蔬菜产业长期处于小规模徘徊状况。1997年，通海县烤烟种植面积达到了历史最高，为101101亩，是1982年31306亩的3.23倍；产量达到了1809.70万公斤，是1982年609.75万公斤的2.97倍。同一时期，通海县蔬菜面积仅为41595亩，是1982年17251亩的2.41倍。[②]

1998年是个具有历史转折性的年份。是年，国家对烤烟生产实行双控政策（控制种植面积和收购量），通海县烤烟种植面积压缩到了64101亩，比1997年减少了37000亩，减幅高达36.60%，产量也减少到737.15万公斤，减幅达59.27%，且平均单价从10.99元/公斤下降到8.78元/公斤，减幅达20.11%，这给农民收入和财政收入都带来很大影响，也极大地考验着地方政府的应变能力。为了保持全县经济的平稳过度，尤其是应对农民收入水平不出现断崖式的下跌，通海县积极调整和优化产业结构，压烟增菜。1998年，大春季节种植蔬菜2.2万亩，加上复种达到了3万多亩，小春季节种植5万亩（其中，萝卜丝生产基地1.6万亩），蔬菜种植面积达到了8万亩，产量比1997年增长了近一倍，总产值达到了1亿多元。[③] 随后，通海县的蔬菜产业呈现井喷式增长。在近20年的发展历程中，蔬菜种植面积以年均7000多亩的速度增长，从2000年的11.77万亩增加到2017年的24.61万亩[④]，年均增速4.43%；产量从2000年的27000万公斤增加到2017年的75885.27万公斤，年均增速达6.27%；蔬菜产值从2000年的2.07亿元增加到2015年的13.65亿元，年均增速高达13.40%，详见表2-1。

---

① 《通海县志》编纂委员会：《通海县志》，昆明：云南人民出版社1992年版，第118页。

② 《通海县志》编纂委员会：《通海县志》，昆明：云南人民出版社1992年版，第122页。

③ 梁双陆：《烤烟“双控”后农民增收希望何在？——来自玉溪的调研报告》，《民族工作》1999年第3期，第21页。

④ 不含菜农在它县租地种植的面积，资料来源于《通海县2017年国民经济和社会发展统计公报》，http：//www.ahmhxc.com/tongjigongbao/9793.html.

表 2-1：1997~2016 年通海县主要年份蔬菜产业发展情况

年份	蔬菜产量（万公斤）	种植面积（万亩）	蔬菜产值（亿元）	农民收入（元）
1997	8861	4.16	0.71	2533
2000	27000	11.77	2.07	2912
2003	51400	18.78		3174
2005	43800	16.54	3.07	3854
2006	53178	19.80	3.77	4074
2007	55218	20.46	3.99	4621
2008	56021	19.63	4.32	5401
2009	57332	19.65	4.55	5762
2010	58008	20.85	5.52	6547
2011	65196	21.75	5.73	7436
2012	68736	22.35	6.78	9039
2015	74730		13.65	12635
2016	75042	24.45		13783
2017	75885	24.61		15051

数据来源：1.1997~2012 年：来自于蒋静梅、溥欢欢：产业集群视角下通海蔬菜产业发展与经济增长的实证研究，载《中国农业资源与区划》2014 年第 35 卷第 4 期，第 121~126。

2.2013 年以来：来自于玉溪市通海县国民经济和社会发展统计公报。

由于蔬菜产业的快速发展，带动了通海县农业产业结构乃至整个经济结构的调整优化。改革开放以前，通海县与全国多数地区一样，粮食生产处于绝对支配地位。1982 年刚包产到户时，全县粮食作物播种面积高达 35 万多亩，占农作物播种面积的比例高达 82.48%，比云南省的平均水平（87.54%）低了 5.06 个百分点，其中蔬菜面积仅占农作物播种面积的 4.02%；2008 年，通海县粮食作物播种面积下降到了 9.83 万亩，占农作物播种面积的百分比仅为 26.35%，比全省平均水平的 68.80% 低了 42.45 个百分点，其中蔬菜种植面积占 52.63%，超过了半壁江山；2017 年，通海县粮食作物播种面积稳定在了 9.66 万亩，但占农作物播种面积的百分比继续下降到了 23.43%，比云南省平均水平的 62.06% 低了 38.63 个百分点，蔬菜面积占到了 59.69%，几乎占到了六成，比云南省平均水平的15.14%高出了44.55个百分点①，详见表2-2。

表2-2：通海县农作物播种面积统计

单位：亩

年度	农作物播种面积	粮食作物面积	经济作物种植面积	蔬菜种植面积
1952	249854	228815	21039	13307
1956	360807	292824	67983	4670
1960	424273	359661	64612	14355
1970	355691	311739	43952	14316
1978	350843	287940	62903	17259
1982	428869	353731	75138	17251
1985	448768	347770	100998	36346
1988	457354	352756	104598	31201
2008	373015	98340	274675	196328
2009	383801	100784	283017	192454
2010	385600	93310	292290	208354
2012	405240	97035	308205	223530
2013	358860	100095	258765	226005
2016	411500	97800	313700	244500
2017	412300	96600	315700	246100

注：1. 农作物播种面积是粮食作物与经济作物面积之和；

2. 经济作物面积是烤烟亩积、油菜面积、甘蔗面积和蔬菜面积之和。

3. 1999～2000、2015～2017年分别来自《通海县国民经济和社会发展统计公报》2000年、2016年和2017年。

4. 2008～2010年来自于《玉溪农业工作手册（2011）》，内部资料。

5. 2012年来自云南省农业厅编：《云南农业统计2012》，内部资料。

6. 2013年来自云南省农业厅编：《云南农业统计2013》，内部资料。

观察上表不难发现，2009年以来，通海县县内蔬菜种植面积稳定在20万亩

① 云南省的数据来自于相关年份的《云南统计年鉴》。

以上，且呈现持续增长态势。随着种植面积的增加和经济效益的提升，蔬菜产业已经成为通海县的主导产业。据通海县农业部门的统计，2016 年全县蔬菜种植面积达 24.45 万亩，总产量 75042 万公斤，销售收入 28 亿元，完成蔬菜出口创汇近 2 亿美元，总产量位居云南省 129 个县（市、区）的第二位（第一位的是石屏县，总产量为 79580 万公斤）①，是全省蔬菜的重要集散地之一。目前，通海县的蔬菜主要销往北京、广州、上海、深圳、乌鲁木齐、哈尔滨等全国 130 多个大中城市，并出口到澳大利亚、中东、东南亚等国家和地区。通海宋威公司、巨大浪宋威公司、云南茂源果蔬进出口有限公司、通泰公司、高原农产品公司等 9 户企业在泰国、马来西亚、越南等国家还设立了直销点。2016 年底，通海县有蔬菜初加工企业 306 户，其中出口加工企业 56 户、省级农业龙头企业 20 户、市级农业龙头企业 18 户。全县依托蔬菜种植发展起来的酱菜厂有 16 家、脱水蔬菜加工品种有几十个，加工营销 18.68 万吨，其中加工脱水蔬菜 1 万吨。随着蔬菜种植规模的扩大，蔬菜产业带动了该县冷链物流、蔬菜加工、建材、纸箱、泡沫箱、塑料框、胶带纸、网套等相关生产企业的快速发展，蔬菜物流行业又推动汽车修理、住宿、餐饮等第三产业的不断繁荣，全县蔬菜产业每年舞动一二三产业创造出 60 亿元左右的产值，带动 3 万多人就业，已经成为云南省最大的蔬菜流通中心和最大的蔬菜种植基地之一。②

通海县蔬菜产业的最大受益者是广大菜农。目前，全县 99% 的农户都种菜，蔬菜产业已成为农民增收致富的支柱产业，2016 年，全县农民人均种菜纯收入达 5873 元，占农村常住居民人均可支配收入的 42.61%。而正是蔬菜产业的强力带动，使通海县的农民收入乃至县域经济得到了持续快速发展。1978 年，通海县作为一个以粮食生产为主的农业县，农民人均纯收入仅 105 元，比云南省平均水平的 130.6 元低了 25.6 元，只相当于云南省平均水平的 80.40%；1988 年达到了 726 元，比云南省的平均水平（478 元）高出了 51.88%；1998 年达到了 2693 元，比云南省的平均水平（1387 元）高出了 94.16%；2008 年达到了 5401 元，比云南省的平均水平（3103 元）高出了 74.06%；2017 年达到了 15051 元，

---

① 资料来源于《2017 云南领导干部手册》，昆明：云南出版集团、云南人民出版社 2017 年版。

② 陈佳：《“云菜”明珠是怎样长成的？——通海县蔬菜产业发展观察》，玉溪日报 2017 年 5 月 11 日第 005 版。

比云南省的平均水平（9862 元）高出了 52.62%，详见表 2－1。1978～2017 年的 39 年间，通海县的县域经济总量（地区生产总值）从 3140 万元增加到 112.38 亿元，增加了 356.90 倍，年均名义增速高达 16.27%，同期云南省为 15.08%，玉溪市为 15.52%。①

二、蔬菜生产化肥农药使用情况

尽管玉溪化肥厂早在 1958 年就建成投产了，但通海县使用化肥的时间却不算早。1979 年使用了 15.3 吨硫酸钾（2008 年以前都是实物量），随后，化肥使用量逐年增加，1980 年为 20248 吨（其中氮肥 12875 吨，磷肥 7239 吨，钾肥 26 吨，复合肥 108 吨），按耕地面积计算，亩均化肥使用量 108.25 公斤。1990 年增加到 31197 吨，亩均为 162.27 公斤。2000 年增加到 51655 吨，亩均 284.03 公斤。2008 年增加到 54028 吨，亩均 320.00 公斤②，2010 年为 56873 吨③。但最近几年，由于土壤肥力下降等因素，化肥使用量迅速增加，2013 年增加到了 59201 吨，其中氮肥 20402 吨，磷肥 9968 吨，钾肥 7805 吨，复合肥 22008 吨④，按农作物播种面积计算，每亩 164.97 公斤；按耕地面积计算，每亩为 492.60 公斤。

通海县较为重视植保工作。20 世纪 80 年代中后期，针对粮食作物探索多个“统一”的植保体系建设，尤其是“统一发出防治预报、统一布置、统一供给药物、统一剂量、统一时间、统一方法等”，取得了很好的效果。但蔬菜的统一植保工作难度很大，因为“蔬菜品种多、生育期短，种植的区域、生长的时间较为分散，发生病虫害的种类、程度不同，菜农种植管理的经验较为丰富，加之农科人员知识更新、技术指导落后，形成了病虫害防治农民各自为战的主体现象”⑤。但政府有关职能部门也不是放任不管，除了大病防治以外，“为了促使通海蔬菜产业的持续、健康、快速发展，打造无公害蔬菜品牌，1990 年经县政府领导同

① 资料来源于相关年份的《云南统计年鉴》和《通海县 2017 年国民经济和社会发展统计公报》。

② 杨飞运主编：《通海县志（农业局部分）》，未公开出版，第 57～58 页。

③ 玉溪市农业局：《玉溪农业工作手册（2011）》，未公开出版，第 49 页。

④ 云南省农业厅编：《云南农业统计 2013》，未公开出版。

⑤ 杨飞运主编：《通海县志（农业局部分）》，未公开出版，第 60 页。

意，县农业局、工商局联合发出书面公告，禁止40多种高毒高残留农药的销售和使用”①。这些举措在一定程度上遏制了通海县农药滥用的势头，2008年为340吨，2009年365吨，2010年为384吨②，2012年为407吨③，2013年为414吨④。

通海县较为重视蔬菜产业的品质和品牌建设工作。1998年6月，通海玉源有机肥厂建成，2001年2月获得云南省农业厅有机肥生产登记证，是全省第一家，商标为“滇乐思福”，2003年4月被全国农业技术推广中心专家评审推荐为“无公害农产品生产用肥”⑤。早在2000年，通海县委、县人民政府在提出“出口菜、创汇菜”发展思路的同时，强调通过蔬菜出口促进龙头企业和合作社带动菜农种菜标准化、专业化。2003年，通海县启动了5万亩无公害蔬菜基地建设项目，带动全县20万亩蔬菜生产应用无公害栽培技术，引进国内外名优新品种进行筛选试验示范，选育出适宜当地种植的品种，通过优化集成的无公害蔬菜栽培技术示范应用，引导菜农实施无公害蔬菜种植技术。同年，通海县还成立了农业综合执法大队，对农药投入品进行有效监管，严禁使用高毒、剧毒和高残留农药，与630户规模较大的农药经营户及13户蔬菜销售企业签订了责任状。同时加强市场检查，进一步规范农资市场，从源头上保证农药投入品的质量安全⑥。2004年，通海县被列入云南省16个无公害蔬菜行动计划示范县之一。2005年，根据《中华人民共和国标准化法》和《中华人民共和国标准化实施条例》，结合本县实际，编写了萝卜和花椰菜无公害栽培技术等9个标准⑦。

为了从源头上减少蔬菜废弃物所造成的二次污染，并变废为宝，通海县从2005年开始，由政府拨出专款对农民进行补助，在田间一角浇灌6立方米（2米×3米×1米）沤肥池，池壁砖砌，内外用砂浆、泥子浆二次粉刷刮面，确保不渗水，用于堆放包括蔬菜废弃物在内的农业垃圾。废弃菜叶通过在沤肥池里进行

---

① 杨飞运主编：《通海县志（农业局部分）》，未公开出版，第61页。

② 玉溪市农业局：《玉溪农业工作手册（2011）》，未公开出版，第50页。

③ 云南省农业厅编：《云南农业统计2012》，未公开出版。

④ 云南省农业厅编：《云南农业统计2013》，未公开出版。

⑤ 杨飞运主编：《通海县志（农业局部分）》，未公开出版，第58页。

⑥ 周家颖：《通海将建10万亩出口农产品种植基地》，《玉溪日报》，2011年5月25日第002版。

⑦ 傅雪晖：《云南通海蔬菜打响品牌》，《农村实用技术》2006年第12期，第5~6页。

生物发酵后形成有机肥，再返回农田使用，实现“产品物—再生资源”的农作物生产模式，促进了通海县绿色无公害蔬菜产业的发展[①]。2007 年，通海县被农业部认定为农产品加工示范基地[②]。2009 年，通海县开始蔬菜标准园创建行动，共创建 3559.5 亩，应用生产技术规程 7 个，打造蔬菜品牌 6 个，目前，共有 24.45 万亩蔬菜获得无公害农产品产地认证[③]。2012 年，通海县被任命为云南省“高原特色农业示范县”。

不可否认，通海县在努力发展无公害蔬菜的同时，化肥农药的使用仍存在一些问题，特别是蔬菜种植规模快速提升时期。化肥不仅施用量较大，而且结构不合理。总的施肥情况是“重施氮肥、复合肥，少施有机农家肥、钾肥、磷肥”，这种施肥习惯，不断加重蔬菜的硝酸盐含量，对人体健康威胁较大[④]。通海县农技推广中心土肥站 2004 年在全县范围内随机对 502 个农户施肥情况的调查结果表明：施用有机肥的农户仅占 33.1%；对具有代表性的 73 个农户蔬菜氮磷钾肥施用情况的调查结果显示：氮肥为每公顷 96.15 公斤、磷肥为每公顷 121.5 公斤、钾肥为每公顷 82.5 公斤，氮、磷、钾的配比为 1.00：0.244：0.166[⑤]。代平等学者的调查也发现，通海县蔬菜施肥包括无机肥和有机肥，无机肥主要是尿素、碳酸氢铵、普钙、复合肥（氮、磷含量分别为 15、15、15），有机肥为精制有机肥和农家肥。从蔬菜肥料使用种类看，尿素和复合肥使用率达 100%；碳酸氢铵、普钙、硫酸钾、硫酸锌分别为 81.82%、72.73%、36.36% 和 18.18%；使用农家肥和精制有机肥的蔬菜种类占调查蔬菜种类的比例分别为 36.4% 和 63.6%。从肥料的使用量看，无机肥中尿素、复合肥的使用量较大，单季最大施肥量分别为 1700 公斤/公顷和 1350 公斤/公顷；碳酸氢铵、普钙的使用量较小，

---

① 刘亚琼、方成刚：《通海县蔬菜废弃物资源化循环利用模式探讨》，《农业工程技术（新能源产业）》，2014 年第 12 期，第 25 页。

② 毕玉：《云南省通海县蔬菜产业品牌建设路径初探》，《经济师》2017 年第 9 期，第 152 页。

③ 蒋静梅、溥欢欢：《产业集群视角下通海蔬菜产业发展与经济增长的实证研究》，《中国农业资源与区划》2014 年第 35 卷第 4 期，第 122 页。

④ 孙庭建：《通海县发展无公害蔬菜的制约因素与对策》，《现代农业科技》2010 年第 12 期，第 335 页。

⑤ 黄翠菊：《通海县耕层土壤养分状况与施肥对策》，《云南农业科技》2007 年第 1 期，第 27 页。

多数在200—500公斤/公顷；有机肥使用量较小，农家肥的最大使用量为30000公斤/公顷。这也说明，通海县蔬菜施肥偏施氮肥、复合肥，而少施有机肥、磷肥、钾肥和微肥①。

农药施用主要是不合理。代平等学者的调查发现：蔬菜生长期间病虫害防治总次数超过5次的蔬菜有9种，占调查蔬菜种类的81.8%，而根据无公害蔬菜的施药要求，多数农药的防治次数在3—5次，且要间隔7天左右。杀虫剂主要施用阿维菌素、高效氯氰菊酯、毒死蜱、吡虫啉、灭蝇胺、灭幼脲等，杀菌剂主要施用代森锰锌、烯酰吗啉、三唑酮、百菌清、甲霜灵，且菜农长期施用一种或少数几种农药的现象普遍存在，导致病虫害的抗药性不断提高，经济、安全观念的缺失使得用药成本增加，农药残留加重，环境污染加剧②。宋云华早期的研究发现，菜农在实际生产中只顾追求产量效益和防治病虫害的有效性，而忽视农药的毒性和可能造成环境污染的问题；部分菜农甚至只考虑农药价格和病虫控制率，仍在使用国家已明令禁止的高毒农药，如甲胺磷。在调查的38户农户中，有35户施用甲胺磷，这主要与甲胺磷的价格低而杀虫效果好有关。调查还发现一个较为突出的现象：农民的自用菜地与商品菜地是分开的，自用菜地施用量次很少，甚至不施用农药，农药主要在商品蔬菜地里施用，而自己是不吃商品菜地里的菜的。农民在施药时，为了达到“药到病绝，药到虫死”的效果，人为加大用药剂量和用药次数，每次用药量往往是农药包装说明上的2倍，且往往是隔2—3天就喷1次药。在施药方法上，调查的38户农民中只有1户用量杯准确称量配药，20户农户凭借自己的用药经验确定，17户用瓶盖作为施药量具，很难做到控制施药浓度。而且在喷药时都要喷洒植株达到“淋浴”状态，造成大量的雾滴在叶面上积聚成细流而沿叶缘流淌到农田中，不仅防效差，而且浪费大量的农药，且污染了环境。对施药器械的使用，36户农民使用背负式手动单喷雾器，还有2户自家没有任何器械只能在施药时向他人借用器械。另外，农民盲目混配施药现象严重，混配制剂的施用比例达80%以上。有90%的农民在混配施药时听从销售商的介绍和推荐，自己对农药混用的合适与否不甚了解，经常将2－3

① 代平、牛华林、吴伯志：《通海县无公害蔬菜生产分析》，《云南农业大学学报》2006年第21卷第4期，第499页。

② 代平、牛华林、吴伯志：《通海县无公害蔬菜生产分析》，《云南农业大学学报》2006年第21卷第4期，第501页。

种相同作用机理的农药混在一起使用。如在施用杀菌剂的同时，使用甲基托布津、代森锰锌等有相同作用的农药。有些农民甚至将同一种有效成份的复配制剂或不同商品名称的同种药剂混用。如在防治螨类害虫时，经常把2种含有哒螨灵的杀螨剂混用。这种混配的直接后果就是使病虫害的防治成本增加，蔬菜上的农药残留量增加，环境污染加重，病虫抗性加快，甚至发生药害[①]。而宋媛媛的调查也发现，80%以上的农户选购农药时优先考虑防治效果，而不考虑毒性和残留，导致蔬菜产品在栽培管理源头上存在安全隐患[②]。

观察我们重点调查的秀山街道办事处六一社区2005～2016年的情况也发现，通海县的化肥农药使用情况尽管在波动中下降，但单位面积使用量仍居高位。2005年化肥使用量为2528吨，按耕种面积计算为每亩798.23公斤，是通海县平均水平每亩336.53公斤的2.37倍；2010年达到最高值，总量为2643吨，亩均825.68公斤；随后波动中下降，2016年总量为2465吨，比2005年下降了2.49个百分点，比2010年下降了6.73个百分点。农药用量的波动更为激烈，最高的2007年达到了32870公斤，每亩耕地的施用量达到了10.47公斤，按蔬菜种植面积每亩也达到了4.59公斤；随后出现逐年下降趋势，2016年为17100公斤，比2005年下降了22.82%，比2007年则下降了47.98%，详见表2－3。由于全县资料的有限性，我们只能比较六一社区与通海县2013年单位面积的化肥农药使用情况。全县的化肥使用量为59201吨，按耕地面积计算每亩为492.60公斤，按农作物播种面积计算为164.97公斤[③]；而六一社区按耕地面积计算为每亩673.22公斤，是全县平均的136.67%，按播种面积为每亩294.92公斤，是全县平均的178.77%。全县农药使用量为414吨[④]，按耕地面积计算为每亩3.44公斤，按播种面积为每亩1.15公斤；而六一社区为19370公斤，按耕地面积为每亩6.14公斤，是全县平均水平的178.49%，按播种面积为每亩2.69公斤，是全县平均水平的233.91%。这大致说明，六一社区蔬菜种植使用的化肥农药较高，

① 宋云华：《玉溪市蔬菜农药使用现状及污染控制对策》，《北方园艺》2008年第7期，第95～96页。

② 宋媛媛：《通海县蔬菜产业化发展现状及对策》，《现代农业科技》2014年第22期，第317页。

③ 云南省农业厅编：《云南农业统计2013》，未公开出版。

④ 云南省农业厅编：《云南农业统计2013》，未公开出版。

究其原因是因为就通海县整体而言，2016 年蔬菜面积 24.45 万亩，但只占到全县农作物播种面积 41.15 万亩的 59.42%，还有 40% 多的是其他作物。相对来说，粮食作物一是最多一年两季，二是单位面积化肥农药使用量较低，其他经济作物也很少一年几熟的。而六一社区基本就是蔬菜，尽管少数农户还有点自己的菜地。如前面提到的，农户自己的菜地化肥农药使用量较少，或基本不使用。但其耕地主要还是用于种植商品化的蔬菜。

表 2-3：通海县秀山街道办事处六一社区 2005～2016 年化肥农药使用情况

年份	户数（户）	人口（人）	耕地面积（亩）	蔬菜种植面积（亩）	蔬菜产量（万公斤）	化肥使用量（吨）	农药使用量（公斤）
2005	2103	6728	3167	6022	1805	2528	22155
2006	2115	6770	3147	7366	2217	2514	32255
2007	2137	6981	3140	7168	2203	2445	32870
2008	2135	6891	3139	7155	2180	2579	22800
2009	2187	7159	3127	7183	2276	2633	19820
2010	2257	7079	3201	7168	2409	2643	19820
2011	2187	7159	3214	7183	2276	2538	19000
2012	2323	7232	3200	7112	2418	2394	19400
2013	2432	7250	3200	7202	2397	2124	19370
2014	2433	7276	3200	7238	2327	2151	17700
2015	2464	7546	3200	7048	2395	2434	17300
2016	2526	7508	3188	7208	2433	2465	17100

资料来源：根据社区提供的相关报表整理。

三、蔬菜种植中化肥农药使用不合理的土地产权解释

尽管通海县委、县政府高度重视无公害蔬菜的生产，但蔬菜单位面积化肥农药使用量较高仍是一个基本事实。对此现象的解释也多种多样，如农户急功近利、没有专业知识等。本研究组认为，最关键的原因可能是通海县蔬菜生产的基

本单元就是小农户，而这种小农户经营在一定程度上无法抗拒过量使用化肥农药带来的短期经济收益和化肥农药减量带来的风险。前面已经提到，通海县几乎99%的农户都从事蔬菜种植，就其基本原因，当然是蔬菜获利较高，不论是劳动生产率还是土地产出率都较高，加之蔬菜生长周期短，所需劳动力较多，非常适合农户小规模家庭经营。从这个意义上讲，现行土地产权制度起到了稳定农户预期的作用。而由于通海县蔬菜生产的小农特点、蔬菜本身的生长规律及市场导向等原因，使得其蔬菜生产的分散性特点很明显，基本都是农户的自主决策和自主经营。在这种情况下，较高的经济回报驱使菜农使用较多化肥，追求稳定预期；而农户之间的菜地连片种植，农药的相互影响也迫使农户无法改变现有经营方式。正是基于这样的判断，我们对秀山街道办事处六一社区进行了重点调研。

六一社区是通海县县城所在地秀山街道办事处所属的9个社区之一，由6个自然村、8个居民小组组成，由于城市规模的扩大，六一社区已经位于新老城区的结合部。尽管离县城中心不到3公里，但社区内还是有卫生室、老年活动中心、居家养老服务中心、文体广场、农贸市场、幼儿园、小学等公共设施。2016年社区有农户2526户，总人口7508人；有乡村劳动力资源5118人，其中从事蔬菜种植的4644人，占90.74%。社区占地面积9690亩，但耕地只有3188亩，其中水田2829亩，占88.74%，人均耕地只有0.42亩，最低的五组人均只有0.34亩，最多的八组人均0.58亩。整个社区流转经营权的土地只有175亩，其中22亩为农户间的互换，实际用于出租的只有153亩，仅占耕地面积的4.80%，占比最高的六组也只为8.93%，五组没有流转。经济收入主要靠蔬菜种植及与蔬菜相关的服务业，2016年农村常住居民人均可支配收入18000元，几乎是云南省平均水平的2倍，比通海县平均水平高出了30.60%，尽管人均耕地面积只相当于全省平均水平1.33亩的31.58%①。

上文已经提到，从2005年到2016年的12年间，六一社区的化肥农药使用量在波动中呈现下降趋势，但需要注意的是，各居民小组之间以及各年份之间化肥施用结构存在明显差别。为了便于分析，我们选用了化肥用量最高的2010年与2016年进行对比分析。从单位耕地面积化肥使用量来看，2010年最高居民组（四组）与最低居民组（二组）的差别为3.51倍；2016年最高居民组（四组）与最低居民组（七组）的差别降到了3.31倍。这种差别也表现在各个居民小组

① 全省的数据来源于《2017云南领导干部手册》。

施用的化肥类型上：2016 年与 2010 年相比，整个六一社区每亩农作物的化肥施用量下降了 71.87 公斤，下降了 8.50%，但氮肥下降了 39.63%，磷肥下降了 22.10%，钾肥下降了 12.62%，复合肥却增加了 42.75%。在 8 个居民小组中，氮肥下降最多的是三组，由 2010 年每亩的 529.23 公斤下降到 2016 年的 46.62 公斤，下降了 91.19%；磷肥下降最多的是七组，由每亩 75.28 公斤下降到 7.84 公斤，下降了 89.59%；钾肥增加最多的是二组，由每亩 3.98 公斤增加到 13.94 公斤，增加了 2.50 倍；复合肥增加最多的是八组，由每亩 75.28 公斤增加到 439.56 公斤，增加了 4.84 倍。从单位耕地面积农药使用量来看，2010 年最高居民组（四组）与最低居民组（八组）的差别为 9.71 倍；2016 年最高居民组（六组）与最低居民组（五组）的差别降到了 5.99 倍，而 8 个居民小组中下降最多的是五组，由 2010 年每亩 7.72 公斤下降到 2016 年的 1.49 公斤，下降了 80.70%；而八组则增加最多，由每亩 1.32 公斤增加到 5.05 公斤，增加了 2.73 倍，详见表 2-4。

表 2-4：六一社区各居民小组 2016 年与 2010 年每亩耕地化肥农药用量变化对比（单位:）

小组	2010 年						2016 年					
	化肥					农药	化肥					农药
	合计	氮肥	磷肥	钾肥	复合肥		合计	氮肥	磷肥	钾肥	复合肥	
合计	845.09	379.57	107.11	92.08	266.33	6.34	773.22	229.14	83.44	80.46	380.18	5.36
一组	1082.09	562.19	121.89	151.74	246.27	7.96	1044.78	547.26	149.25	99.50	248.76	5.22
二组	364.94	101.99	51.79	3.98	207.17	4.62	458.17	109.56	45.82	13.94	288.84	3.59
三组	1045.87	529.23	126.01	63.00	327.62	7.56	1093.75	46.62	128.53	44.10	874.50	5.80
四组	1282.05	641.03	96.15	96.15	448.72	12.82	961.54	352.56	32.05	64.10	512.82	6.41
五组	946.38	498.09	99.62	124.52	224.14	7.72	712.28	176.82	32.38	149.43	353.65	1.49
六组	774.04	238.17	89.31	178.62	267.94	3.57	934.80	285.80	166.72	181.60	300.68	8.93
七组	803.01	250.94	75.28	75.28	401.51	6.27	329.20	261.27	7.84	15.68	44.42	7.84
八组	659.63	316.62	211.08	79.16	52.77	1.32	780.22	131.87	109.89	98.90	439.56	5.05

资料来源：根据社区提供的相关报表整理。

从施用化肥的结构上看，八个居民小组之间也存在明显差别，且 2016 年对比 2010 年的下降幅度差别较大。从整个社区总的化肥结构来看，2010 年以氮肥为主，2016 年以复合肥为主。2010 年，氮肥占了 44.92%，复合肥占了 31.51%；2016 年，氮肥减少了 15.29 个百分点，复合肥提高了 17.66 个百分点。

从8个居民小组的化肥结构来看，一组变化不大；二组两个年度复合肥占比都较高（从56.77%增加到63.04%），而钾肥占比较低（从1.09%增加到3.04%）；三组氮肥减少较多（从50.60%减少到4.26%），而复合肥则呈现增加态势（从31.33%增加到79.95%）；四组是氮肥（从50.00%到36.67%）、磷肥（从7.50%到3.33%）和钾肥（从7.50%到6.67%）占比都减少，而复合肥占比增加（从35.00%增加到53.33%）；五组减少的是氮肥（从52.63%到24.83%）和磷肥（从10.53%到4.55%），增加较多的是复合肥（从23.68%到49.65%）；六组增加较多的是磷肥（从11.54%到17.83%）；七组增加较多的是氮肥（从31.25%到79.37%）；八组减少较多的是氮肥（从48.00%到16.90%）和磷肥（从32.00%到14.08%），而增加较多的是复合肥（从8.00%到56.34%），详见表2－5。

表2－5：六一社区各居民小组2016年与2010年相比化肥使用结构对比

小组	2010年（%）					2016年（%）				
	复合肥	合计	氮肥	磷肥	钾肥	复合肥	合计	氮肥	磷肥	钾肥
合计	100.00	44.92	12.67	10.90	31.51	100.00	29.63	10.79	10.41	49.17
一组	100.00	51.95	11.26	14.02	22.76	100.00	52.38	14.29	9.52	23.81
二组	100.00	27.95	14.19	1.09	56.77	100.00	23.91	10.00	3.04	63.04
三组	100.00	50.60	12.05	6.02	31.33	100.00	4.26	11.75	4.03	79.95
四组	100.00	50.00	7.50	7.50	35.00	100.00	36.67	3.33	6.67	53.33
五组	100.00	52.63	10.53	13.16	23.68	100.00	24.83	4.55	20.98	49.65
六组	100.00	30.77	11.54	23.08	34.62	100.00	30.57	17.83	19.43	32.17
七组	100.00	31.25	9.38	9.38	50.00	100.00	79.37	2.38	4.76	13.49
八组	100.00	48.00	32.00	12.00	8.00	100.00	16.90	14.08	12.68	56.34

资料来源：根据社区提供的相关报表整理。

从以上表2－4和表2－5可以看出，六一社区各居民小组之间，不仅每亩耕地的化肥农药使用总量差别明显，而且结构及变化也很显著。这表明多数农户知道各种化肥农药的使用效果，做到了“需要增加就增加，需要减少就减少”，体现出较为理性的一面。这背后当然是蔬菜产业的良好效益，这可以从农户李某某的详细记录中得到佐证。李某某一家有4口人，夫妇两人带着两个还在上学的孩子，耕种着2.95亩土地（父母老了把多数土地交由自己经营，是整个社区人均占有土地较多的农户代表），2016年种了4季共5种蔬菜（据说六一社区多数菜农都如此），共收益111327元，现金支出18161元，毛收入93166元，折合每亩31581.69元（菜农认为在六一社区是较差的一类，主要是因为土地较多，劳动力缺乏，管理粗放），详见表2-6。支出中化肥农药以货币计算，没有详细名录，共计9829元，按耕地面积计算每亩3331.86元，相对较低；请工和农用车加油支出8332元。

表2-6：六一社区菜农李某某2016年种植蔬菜详细情况

蔬菜名称	种植面积（亩）	收获时间	收获数量（公斤）	收入（元）	单价（元/公斤）
松花菜	1.00	1月12日	2590	10590	4.09
芹菜	0.15	2月1日	650	3490	5.37
松花菜	0.45	2月19日	1070	4280	4.00
铁头菜	0.65	3月19日	4000	11975	2.99
铁头菜	0.70	4月6日	4890	17020	3.48
白菜	1.00	4月16日	14880	4400	0.30
芹菜	0.60	5月17日	3020	6275	2.08
芹菜	0.70	6月17日	3890	1860	0.48
芹菜	1.00	7月4日	3110	2140	0.69
芹菜	0.60	8月10日	1500	5595	3.73
芹菜	0.70	8月28日	1710	8888	5.20
芹菜	1.00	9月26日	2750	9050	3.29
芹菜	0.65	11月8日	2290	6134	2.68
铁头菜	0.60	11月19日	3450	8600	2.49
松花菜	0.70	11月28日	4410	11030	2.50
合计	10.50		54210	111327	2.05

资料来源：根据农户记录整理。

前面已述，蔬菜种植是个周期短，耗费劳动力较多的产业。根据小组座谈，每亩旱芹从整地开始到卖出大约需要100个工，其中：机耕整地6个，育苗、拔苗10个，栽秧苗20个，打药5个（大概需要打5次，每次1个工，夏天每亩需打农药10次左右），撒化肥4个（撒2次，每次2个工），除草1个，拾旱芹叶2个。每亩每季需要用化肥约500公斤，质量可以差点；农药夏季需要约1600元，冬季需要1000元左右。平均亩产量4—5吨，夏季生长期为40多天，平均亩产3—4吨；冬季生长期更长一点，但亩产可达6吨左右。若出售价格低于2元/公斤，则会亏本。价格高时毛收入2万元/亩。过去三年单价最高时为10元/公斤，最低时0.2元/公斤，春节前后价格波动较大，夏秋季波动较小。每亩白菜大约需要50个工，农药开支700—800元。打农药比较费时，特别是3月份，因为菜里有蛆，得一棵一棵翻开打。红蒜种植时直接按蒜瓣，因为种的多是反季节蔬菜，所以对化肥质量和数量要求都比较高（栽反季节的红蒜就像照顾不足月出生的婴儿，只有付出更多精力才能照顾好，且要用更多更好的化肥农药才能有收成）。每亩每次需要钾肥1包半（75公斤）、复合肥3包（150公斤），钾肥和复合肥拌起来撒，需要施冲施肥45公斤，所有化肥需施两次，即总量为500公斤左右。每亩农药需求量为1800—2000元左右，需要劳动力在80个以上。白蒜要移栽，要掐尖，最省化肥，但每亩需要农药700—800元，需要劳动力约50个。

为了验证社区提供资料的准确性，并揭示土地产权制度安排对农户过量使用化肥农药所带来的环境问题的认知程度，我们在六一社区做了102个样本农户的抽样调查。这102个样本农户来自全部8个居民小组，平均年龄为44.63岁，其中最大的为61岁，最小的为25岁。在全部样本中，男性35人，占34.31%；女性67人，占65.69%。受教育程度主要集中在小学和初中两个阶段，分别占样本总数的51.96%和37.25%，当然也还有4个没有受到过任何教育、有6人获得了高中或中专教育、有1人获得了大学教育。样本农户总人口479人，户均4.70人，承包土地人口226人，户均2.22人，意味着1982年实行家庭责任制以来，样本农户的人口自然增长率达到了211.95%。样本农户有劳动力293人，其中在家从事农业的多达245人，占83.62%，打工的有38人，占12.97%。

样本农户的家庭收入86%依靠土地，且是全部102个农户，其中最低的为50%，最高的为100%，而土地经营收入几乎就是蔬菜种植收入。尽管有24个样本农户有打工收入，且平均占到了这24个农户的33%，但占样本农户数的比例不到5%。还值得注意的是，农户占有或实际经营的土地面积都很有限。101个有效样本自己承包的耕地面积仅201.40亩，户均1.99亩，只相当于云南省平均水平6.72亩①的29.61%。而100个有效样本的实际经营耕地面积也仅有261.90亩，户均2.62亩，只相当于云南省平均水平的38.99%。六一社区的土地真可谓“寸土寸金”。在有效样本农户中，流转面积为83.71亩，其中转出的只有7.51亩，转入的有76.20亩。在全部流转土地面积中，在朋友及亲友之间流转的面积为54.70亩，占65.34%，详见表2-7。土地流转多数为一转一年或一转几年，最长的只有16年，即到第二轮承包期结束。

表2-7：样本农户土地资源状况

	有效样本（户）	合计（亩）	每户平均（亩）
证上面积	101	201.40	1.99
实际经营面积	100	261.90	2.62
转出面积	10	7.51	0.75
转入面积	65	76.20	1.17

由于农户种植的主要是蔬菜，最大特点是一年至少3—4季，且每季因季节、蔬菜品种的不同，使用的化肥农药数量很难精确计算，所以农户给出的是化肥农药的开支情况。统计结果表明，自家承包的土地的户均化肥开支是1454.12元，而租来的土地为1619.44元，后者比前者高出了11.37%，农药高出了19.65%，详见表2-8。但这不足以说明自家承包土地与租种土地的化肥农药的投入强度，因为面积差别较大，75个有土地流转的农户户均流转的土地只有1.17亩。但另一个很清楚的事实是，多数农户认为目前与五年前相比，化肥农药的使用量增加了，占有效样本农户的51.96%；认为差不多的占40.20%；而认为减少的只占7.84%。

① 2016年全省常用耕地面积为423.01万公顷，总农户数为944万户，《2017年云南领导干部手册》第63页和第83页，昆明：云南出版集团、云南人民出版社2017年版。

表 2－8：样本农户户均化肥农药支出情况

单位：元

	有效样本	极小值	极大值	合计	均值
自家承包地化肥使用费用	102	250	6000	148320	1454.12
租种土地化肥使用费用	54	200	4500	87450	1619.44
自家承包地农药使用费用	86	200	65000	462800	5381.40
租种土地农药使用费用	54	100	20000	347700	6438.89

为了准确掌握样本农户自家承包土地与租种土地的单位面积化肥农药开支情况，我们把农户的化肥农药开支总额除以相应的土地面积，得到的结果是：自家承包的土地每亩的化肥开支是 736.44 元，而租种土地是 1147.64 元，后者比前者高出了 55.84%，比按户均计算的开支高出了 44.47 个百分点；而农药使用开支差距更大，自家承包的土地每亩的农药开支是 2297.91 元，而租种的土地达到了 4562.99 元，后者比前者高出了 98.57%，比按家庭平均开支高出了 78.92 个百分点，详见表 2－9。

表 2－9：不同产权土地化肥和农药开支状况

单位：户、元

化肥				农药			
承包地		租来地		承包地		租来地	
有效样本	平均值	有效样本	平均值	有效样本	平均值	有效样本	平均值
101	736.44	65	1147.64	101	2297.91	65	4562.99

当然，这种情况在农户间已经开始出现分化。当问及当前与 10 年前相比化肥农药的增减情况时，所有农户都认为自家承包地的化肥使用量在增加，增加量为 55% 以上；而租种地只有 91.67% 的农户认为增加了，增加的幅度为 52%；另外 8.33% 的农户认为差不多。对于农药的开支情况来说，101 个经营自家承包地的农户中有 93.07% 认为增加，增幅为 60%，有 6.93% 的农户认为差不多；63 个有租种别人土地的农户中，有 69.84% 的认为农药增加了，增幅为 57%，有 1 户认为减少了，有 18 户（占 28.57%）认为差不多，详见表 2－10。在认为自家

承包土地化肥农药使用量增加的农户看来，最主要的原因是“没有牲口，农家肥很少”，占72.28%；有15.84%的农户认为“习惯了”；有10.89%的农户认为“农家肥费力耗时，不划算用”；另有1个农户认为有机肥太贵，且肥效差。

表2－10：过去10年不同产权土地使用化肥农药变化情况

	增加			减少			差不多	
	样本	百分比	平均值	样本	百分比	平均值	样本	百分比
承包地化肥	100	100.00	0.55	0	0.00		0	0.00
租种地化肥	55	91.67	0.52	0	0.00		5	8.33
承包地农药	94	93.07	0.60	0	0.00		7	6.93
租种地农药	44	69.84	0.57	1	1.59	0.30	18	28.57

很明显，租种土地的化肥农药使用量都比自家承包土地要多，尤其是单位面积的农药使用量。而重要的是，样本农户已经认识到土地质量的变化。有61.00%的农户认为自家承包的地“板结了”；而租种土地的农户中也有67.69%的认为地“板结了”，且还有10.77%的农户认为土地“肥力差”，详见表2－11。而部分农户也认识到土壤板结的主要原因是化肥使用过量，占54.22%，另有42.64%的农户认为是“没有轮换耕种”。

表2－11：不同产权土地的土质变化情况

	自己承包土地		租种土地	
	频率	有效百分比	频率	有效百分比
板　结	61	61.00	44	67.69
松　软	29	29.00	9	13.85
肥力差	0	0.00	7	10.77
肥力好	0	0.00	0	0.00
差不多	10	10.00	5	7.69
说不清	0	0.00	0	0.00
其　他	0	0.00	0	0.00
合　计	100	100.00	65	100.00

四、基本结论

1. 通海县蔬菜产业由于较高的土地产出率和劳动生产率，致使土地带动的生产要素得到了充分利用，包括化肥农药的使用已经达到了较高程度，所导致的结果不仅是土壤质量下降，还可能危及到农产品安全和农业环境安全，乃至整个农业安全。重点调查的六一社区的许多菜农都表示，土地板结得越来越厉害，迫使他们不得不自己掺沙改良土壤结构。尽管这在一定程度上可以改变土壤的物理性状，使土壤板结的问题得到缓解，但土壤有机质下降的问题并不能得到有效缓解，且随着化肥农药残留的增加，土壤污染导致的农产品品质下降问题也令人担忧。

2. 由于土地资源有限和生产力较高，土地流转规模不是很大，整个通海县大致为10%，远低于云南省和全国的平均水平。六一社区的流转土地面积占耕地面积的比例不到5%，102个样本农户表面上流转面积占实际经营面积的31.96%，但多数流转其实是农户之间的互换和租种外村农户的土地。因为所有样本农户都种菜，且土地占有相对平均，农户没有太多土地可用于流转，只是劳动力充裕的农户到外村租种了少量土地。

3. 六一社区按耕地面积计算的化肥使用量比通海县的平均水平高出了近40%，而按播种面积计算的化肥使用量更高出了近80%；农药的使用则更高。从问卷调查结果看，农户的化肥农药使用量都较高。相比较而言，租种土地的化肥农药使用量更高，按种植面积计算，租种土地的化肥开支比自家承包的土地高出了56%，农药高出了近1倍。这说明农户对租种土地的关心程度远不如对自家承包的土地。究其原因，农户列举了几个很重要的方面：一是土地租期较短，一般是一年一租，或几年一租，租期超过10年的很少，更没有超过第二轮承包期的。二是土地租金较高，多数都在每亩3000元以上，相当于净收益的10－15%。这迫使租种土地的农户使用更多化肥农药来获得较高收益。

4. 与社区干部及部分村民的座谈发现，菜农使用较多化肥农药有如下几个方面的原因：一是菜地由各家各户自己耕种，面积都比较小，但农户之间的菜地都连在一起，自家的化肥施少了，不仅产量上不去，而且会被邻居嘲笑，大家相互攀比蔬菜的产量。加上市场上化肥施多施少的菜价差别不大，当然就促使大家多用化肥把产量搞上去。而对于农药来讲，病害越来越严重了，不仅发病期限短了，而且病害种类越来越多了，农户之间因为种植的蔬菜种类、时间等不一致，很难达成集体行动，你打我也要打，否则病虫害会被驱赶到自家地里。二是劳动力价格越来越高了，人工防治不仅成本增加，也几乎做不到。三是多数农户盖了庭院式楼房，散户养殖不仅没有地方，而且不赚钱了，绝大多数菜农都很少养牲口了，农家肥几乎没有了，而有机肥不仅肥效差，而且成本高。

5. 从这些归纳不难发现，菜农租种土地的化肥农药明显高于自家承包的土地，这是产权导致环境问题的一个方面。但对于通海蔬菜种植来说，普遍较高的化肥农药使用，则主要是小农经营，因此难以形成集体行动，加之当前菜农的生产体系还主要停留在如何增加产量上，化肥农药的过量使用在所难免。换句话说，土地产权的细碎化与小农经营叠加成为首要原因。这可能是土地产权导致环境问题更为隐蔽的表现形式，因此更值得引起高度关注。

探索黄土高原农业可持续发展的有效经营制度

——青海省互助县农业社会化服务与环境状况研究案例

农业的可持续发展，要求农业能够长期获得较好收益，并促进包括农业资源安全、农业生态环境安全和农产品质量安全的持续提高。2018 年中央一号文件明确强调：统筹兼顾培育新型农业经营主体和扶持小农户，采取有针对性的措施，把小农生产引入现代农业发展轨道。培育各类专业化市场化服务组织，推进农业生产全程社会化服务，帮助小农户节本增效。发展多样化的联合与合作，提升小农户的组织化程度。青海省互助县作为黄土高原的典型代表，其实践表明，提高农业生产率及农业可持续发展的出路不完全在于规模经营，而在于有效提高对小农户的高效服务。通过有效的利益联结机制，不仅有利于提高农业的质量效益和竞争力，而且有利于推进农业资源和农业生态环境建设，是一种值得认真总结推广的有效经营方式。

一、提高生产率水平是黄土高原农业亟待破解的难题

中国西北的黄土高原是世界上最大的黄土高原，东临华北平原，北接内蒙古高原，西与青藏高原相毗邻，位于黄河上中游地区。它的范围大致是北起阴山，南至秦岭，西抵日月山，东到太行山，横跨青海、宁夏、甘肃、陕西、山西、河

南6省（区），面积64万平方公里。该高原黄土分布的面积和厚度都居世界之冠，黄土覆盖厚度一般在100米以下，六盘山以东到吕梁山西侧，黄土厚度在100—200米之间，最厚在兰州，达300米以上。黄土高原处于我国第二级地形阶梯上，四周由几条深大断裂带所包围。新生代以来，以断块运动为主，鄂尔多斯台向斜表现为中等强度的整体抬升，地形高差变化甚小，古地形条件有利于黄土堆积。所以，现今鄂尔多斯高原东南发育了典型的黄土地层和黄土地貌，形成了举世闻名的黄土高原。

黄土高原沟壑纵横，形态复杂，发展速度快，它们是河流泥沙的供给地和初期搬运通道。黄土物质疏松，具垂直节理，易遭受侵蚀。黄土、黄水、流沙是基本特色；塬、梁、峁、山、原、川地形是基本地貌类型；环境脆弱是根本元素。耸峙在高原上的山地，犹如海洋中的孤岛。塬是平坦的黄土高原地面。一些地方塬面宽阔，适于机械化耕作，是重要的农业区。但塬易受流水侵蚀，沟谷发育，分割出长条状塬地，成为山梁，称为“梁”地。如果梁地再被沟谷切割分散孤立，形状有如馒头状的山丘，当地称为“峁”。由“梁”和“峁”组成的黄土丘陵，高出附近沟底大都在100—200米，水土流失严重，是黄河泥沙的主要来源区。川是深切在塬面下的河谷平原。在“梁”“峁”地区，地下水出露，汇成小河，河水带来的泥沙在这里沉积，在两岸形成小片平原，老百姓称它为“川”。川两旁还有阶地，即“掌”（“杖”）地。“掌”是川地上源的盆地状平原，与条状分布的“杖”地不同。黄河在它的中、上游流经世界上最大的黄土高原。黄土高原土层深厚，土质疏松，地形破碎，暴雨频繁，水土流失极为严重，尤其是黄河河口镇至潼关这一河段。黄河在穿越这一段黄土高原的过程中，众多支流汇入，把黄河“染成”了黄色。据推测，这一河段进入黄河的泥沙占全河泥沙量的90%。

黄土高原地区的黄土主要为风成黄土，粉粒占黄土总重量的50%，结构疏松、富含碳酸盐、孔隙度大、透水性强、遇水易崩解、抗冲抗蚀性弱。该区主要的土壤类型有褐土、黑垆土、栗钙土、棕钙土、灰钙土、灰漠土、黄绵土、风沙土等。根据黄土高原地区有关土壤有机质、全氮和有效磷含量分级组合研究成果，极低养分地区面积占21.1%，低养分地区面积占19.4%，中等养分地区面积占26.7%。也就是说，中等养分以下地区占总面积的2/3以上。这是导致其土地产出率和劳动生产率较低的主要原因。

黄土高原生态系统十分脆弱，主要表现在以下两个方面：一是抵御自然灾害的能力较低。黄土高原的地理位置比较特殊，处于从平原向山地高原过渡、从沿海向内陆过渡、从湿润向干旱过渡、从森林向草原过渡、从农业向牧业过渡的地区，各种自然要素相互交错，自然环境条件不够稳定，表现为地质地震灾害、水旱灾害和气象灾害，以及水土流失、土壤侵蚀等自然灾害比较频繁和严重。二是人类的不合理开发利用，如滥垦、滥牧、过樵、过牧，都会引起自然环境的强烈反应，使得自然灾害发生频度增大。且一旦环境遭到破坏后，恢复相当困难。据历史资料考证，黄土高原曾是塬面广阔，沟壑稀少，植被丰茂的地区。随着人口的增加，人类活动的加剧，环境渐渐恶化，突出表现为植被减少，气候变干，土壤遭到侵蚀。而要把环境恢复到原来状态，在现有经济、技术条件下很难做到。[①] 因此，更需要高度关注其农业安全和农业发展的可持续性。

青海省作为黄土高原的重要区域，农业长期以来是国民经济的重要组成部分。1978 年，青海省常住人口为 364. 86 万人，其中乡村人口 297. 02 万人[②]，占 81. 41%，详见表 3 －1，比全国平均水平的 82. 08%[③]还低了 0. 67 个百分点；2016 年，青海省总人口增加到 593. 46 万人，其中乡村人口还占 48. 37%[④]，比全国平均水平的 42. 65%[⑤]高出了 5. 72 个百分点。1978 年，青海省的就业总人口为 144. 71 万人，其中第一产业为 103. 18 万人[⑥]，占就业总人口的 71. 30%，详见表 3 －1，比全国平均水平的 70. 53%[⑦]只高出了 0. 77 个百分点；2016 年，青海省的

---

① 百度知道：黄土高原的基本特征是什么？https：//zhidao. baidu. com/question/1498586332172236859. html

② 根据青海省统计局编：《青海统计年鉴 2017》表 4 －2 计算，北京：中国统计出版社 2017 年版。

③ 根据国家统计局编：《中国统计年鉴 2017》表 2 －1 计算，北京：中国统计出版社 2017 年版。

④ 同脚注②。

⑤ 国家统计局编：《中国统计年鉴 2017》，北京：中国统计出版社 2017 年版，表 2 －8。

⑥ 青海省统计局编：《青海统计年鉴 2017》，北京：中国统计出版社 2017 年版，表 5 －2。

⑦ 根据国家统计局编：《中国统计年鉴 2017》表 4 －3 计算，北京：中国统计出版社 2017 年版。

就业人口增加到 324.28 万人，其中第一产业就业人口也增加到 115.16 万人①，占比减少到 35.51%，但比全国平均水平的 27.70%②高出了 7.81 个百分点，比 1978 年提高了 7.04 个百分点，且第一产业就业人口净增加了 12.43 万人③，而同期全国净减少了 6822 万人④。

表 3－1：青海省主要农业指标

	2011 年	2012 年	2013 年	2014 年	2015 年	2016 年
总人口（万人）	568.17	573.17	577.79	583.42	588.43	593.46
乡村人口（万人）	305.55	301.25	297.49	293.02	292.45	287.06
乡村人口占总人口的%	53.78	52.56	51.49	50.22	49.70	48.37
就业人口总数（万人）	309.18	310.89	314.21	317.30	321.41	324.28
第一产业就业人数（万人）	121.82	115.09	116.60	116.20	115.09	115.16
第一产业就业人数占就业总人数%	39.40	37.02	37.11	36.62	35.81	35.51
农作物播种面积（千公顷）	540.05	554.21	555.77	553.70	558.39	561.33
农业产值（亿元）	102.91	117.09	140.54	144.21	145.00	155.52
农业增加值（亿元）	61.33	69.59	81.85	85.26	85.62	91.75
每亩播种面积的农业产值（元）	1270.38	1408.46	1685.82	1736.27	1731.15	1847.02
每亩播种面积的农业增加值（元）	757.03	837.06	981.77	1026.61	1022.20	1089.68

资料来源：根据《青海省统计年鉴 2017》表 4－2、5－2、12－12、12－20、12－23 整理。

但值得注意的是，青海省的农业劳动生产率和土地产出率水平较低。1978

① 青海省统计局编：《青海统计年鉴 2017》，北京：中国统计出版社 2017 年版，表 5－2。

② 根据国家统计局编：《中国统计年鉴 2017》表 4－3 计算，北京：中国统计出版社 2017 年版。

③ 青海省统计局编：《青海统计年鉴 2017》，北京：中国统计出版社 2017 年版，表 5－2。

④ 青海省统计局编：《青海统计年鉴 2017》，北京：中国统计出版社 2017 年版，表 5－2。

年，青海省实现的地区生产总值为15.54亿元，其中第一产业增加值为3.67亿元[①]，第一产业的劳动生产率[②]为355.69元/人，同年，全国平均水平为359.67元/人，即青海省比全国平均水平低了1.11个百分点；2016年，尽管青海省的第一产业增加值增加到了221.19亿元[③]，比1978年增加了59.27倍，年均增速达到了11.39%，每年比全国平均水平的11.50%仅慢了0.11个百分点，但劳动生产率却差了很多。2016年，青海省第一产业的劳动生产率为19207.19元/人，而全国高达29619.79元/人，青海省只是全国平均水平的64.85%，即青海省比全国平均水平低了35.15个百分点。

而土地产出率差距更显著，1978年，青海省的农业产值为29069万元[④]，农作物播种面积却达到了514.58千公顷[⑤]，每亩播种面积的农业产值仅为37.66元，同期全国平均水平为49.63元[⑥]，青海省只是全国平均水平的75.88%。2016年，青海省的农业产值达到了1555179万元[⑦]，农作物播种面积只小幅增加到561.33千公顷[⑧]，详见表3-1，每亩农作物播种面积的农业产值达到1847.02元，但全国平均水平已经达到了2363.75元[⑨]，青海省是全国平均水平的

① 青海省统计局编：《青海统计年鉴2017》，北京：中国统计出版社2017年版，表3-4。

② 用一产增加值除于一产就业人口，下同。

③ 青海省统计局（编）：《青海统计年鉴2017》，北京：中国统计出版社2017年版，表3-4。

④ 青海省统计局编：《青海统计年鉴2017》，北京：中国统计出版社2017年版，表12-20。

⑤ 青海省统计局编：《青海统计年鉴2017》，北京：中国统计出版社2017年版，表12-12。

⑥ 根据国家统计局编：《中国统计年鉴2017》表12-3和表12-8计算，北京：中国统计出版社2017年版。

⑦ 青海省统计局编：《青海统计年鉴2017》，（北京）中国统计出版社2017年版，表12-20。

⑧ 青海省统计局编：《青海统计年鉴2017》，北京：中国统计出版社2017年版，表12-12。

⑨ 根据国家统计局编：《中国统计年鉴2017》表12-3和表12-8计算，北京：中国统计出版社2017年版。

78.14%，而且边际生产率水平显著降低。2012 年，第一产业每增加一个就业人口创造的农业总产值为 -2116.42 元，2014 年进一步下降为 -9175.00 元；2012 年，每增加一亩的农作物播种面积增加的农业产值仅为 66.76 元，2014 年下降为 -118.20 元。2012 年与 2011 年相比，每亩农作物播种面积的农业产值的增幅高达 10.87%，增加值也高达 10.57%，但 2016 年与 2015 年相比，农业产值只增加了 6.69%，而农业增加值也只增加了 6.60%。

青海省较低的农业生产率水平，还可以从我们进行了重点调研的互助县得到更多证明。互助县是中国唯一一个土族自治县，属青海省海东市管辖，位于青海省东北部，地理坐标为北纬 36°30′-37°9′，东经 101°46′-102°45之间。北依达坂山与门源回族自治县相接，东北与甘肃省天祝藏族自治县和永登县毗邻，东南与乐都县接壤，南以湟水与平安县为界，西邻大通县，西南与西宁市相连。县域面积 3424 平方公里（合 513.6 万亩），2016 年有耕地面积 96.56 万亩，仅占国土面积的 18.80%。互助县辖 8 个镇、9 个乡、2 个民族乡，2016 年总户数为 114291 户，总人口为 400654 人，其中城镇人口 96164 人，占 24.00%，乡村人口 304490 人，占 76.00%。

从自然条件看，互助县在整个黄土高原地区算农业生产条件较好的地方。由于地处青藏高原，太阳辐射强，光能资源较为丰富。年平均日照时数 2521.7 小时，年日照率为 57%，强日照时间长，年辐射量 134—147 千卡/平方厘米，作物生长期（4—8 月）辐射量为 77 千卡/平方厘米，占年辐射量的 52.2%，在一定程度上弥补了高寒的缺陷，冬不冷夏不热。互助县属于温带大陆性气候，干旱少雨，年平均气温为 3.4℃，南部高山丘陵区年平均降水量一般在 350 毫米左右，中部浅山区一般为 400—500 毫米，脑山、半脑山区一般在 550 毫米以上，高山区一般在 650 毫米左右。全县年平均蒸发量为 1235.6 毫米，为年平均降水量的 2.3 倍。全县无霜期多年平均 112 天，早霜冻对川水、浅山地区影响不大，因为作物在早霜冻来临之前多已成熟，但对脑山、半脑山地区影响很大，因为早霜冻时期正好是麦类作物的灌浆至乳熟期，洋芋也是长薯块时期，耐寒力较差，经不起零下 1—2℃的低温冻害。

根据互助县农经站提供的资料，2016 年全县有耕地面积 965592 亩，实际耕种面积有 894166 亩，意味着有 7.40% 的耕地抛荒了，但农作物播种面积又只有

872225.11 亩，复种指数仅为97.55%①，详见表3－2。如果实际耕种面积都种植了农作物，哪怕一年一季，复种指数也应该是100.00%。更何况根据县农经站有关负责人介绍，互助县也有一部分川水地区，多数川水地可以一年两熟。这样看来，实际抛荒地面积应该更多，有关人员估计在20%左右。之所以出现抛荒，主要原因有两个方面：一是耕地产出水平低，“种地连温饱都解决不了”；另一方面是一些家庭被迫举家外出，土地就只有抛荒了。根据县农经站提供的资料，互助县2016年的总农户数为88990户，其中纯农户只有13010户，仅占14.62%，我们做问卷调查的五十镇只占13.99%；农业兼业户为34486户，占38.75%，五十镇占28.49%；非农兼业户33254户，占37.37%，五十镇占56.30%；非农户8240户，占9.26%，五十镇占1.22%，详见表3－2。全县2016年有农村劳动力204711人，从事第一产业的只有73030人，占35.67%，五十镇占29.08%；常年外出打工的劳动力多达102779人，占农村劳动力的50.21%，五十镇占29.18%。在常年外出打工的劳动力中，到县外打工的有65414人，占全部劳动力的31.95%，占常年外出务工人数的63.65%，五十镇分别占11.12%和38.09%，详见表3－2。由此可见，互助县的农业大军是真正的“三八六一九九”部队。

表3－2：互助县及其五十镇2016年农村人口及就业情况

	单位	全县	五十镇
总户数	户	88990	4826
其中：纯农户	户	13010	675
农业兼业户	户	34486	1375
非农业兼业户	户	33254	2717
非农户	户	8240	59
总人口	人	350385	17911
劳动力	人	204711	9558
其中：从事家庭经营	人	81870	5292
又：从事第一产业	人	73030	5209
常年外出务工	人	102779	5227
又：县外	人	65414	1991

① 按实际耕种面积计算，如果按照国家统一的口径（按耕地面积计算），则复种指数只有90.33%。

根据统计数据，互助县的耕地资源算是比较丰富的，2016 年人均拥有耕地面积 2.76 亩，比全国平均水平还高。但其耕地资源利用上，一方面耕地抛荒严重，另一方面规模经营程度也较低。经营耕地 10 亩以下的农户为 40375 户，占农户数的 45.37%，五十镇占 19.81%；经营规模在 10—30 亩的为 46795 户，占 52.58%，五十镇占 64.94%；经营耕地 30 亩以上的农户为 17820 户，占 2.05%，五十镇占 15.25%。全县流转耕地面积为 161607 亩，占全部耕地的 16.74%，但流转给新型经营主体的只占 56.51%，五十镇只占 37.67%，详见表 3 - 3。

表 3 - 3：互助县及其五十镇耕地经营情况

	单位	全县	五十镇
耕地面积	亩	965592	69737
实际耕种耕地面积	亩	894166	65418
经营耕地 10 亩以下农户	户	40375	956
其中：未经营耕地农户	户	7572	0
经营耕地 10 - 30 亩农户	户	46795	3134
经营耕地 30 - 50 亩农户	户	1773	736
经营耕地 50 亩以上农户	户	47	0
流转耕地面积合计	亩	161607	6156
其中：流转给农户	亩	70281	3837
农作物播种面积	亩	872225.11	65418.00
其中：粮食作物面积	亩	452498.84	28053.00

互助县耕地抛荒的情况在青海具有一定的普遍性。从表面看，青海省的农作物复种指数在逐步提高，但事实上，抛荒情况也不容忽视。2011 年，青海全省的农作物复种指数只有 91.79%，2016 年提高到 95.87%，提高了 4.08 个百分点。从另一角度讲，也意味着抛荒面积在减少，由近 10% 降到低于 5%。但还有一个事实是，由于城市建设等原因，青海省的旱涝保收耕地面积在逐年下降，从 2011 年的 80.70 千公顷降到 2016 年的 42.80 千公顷。这说明，青海省 2016 年的实际抛荒面积不只是 5% 左右，因为 42.80 千公顷的旱涝保收面积一般都可以一年两熟，大约还可以增加 7 个百分点，也即抛荒面积增加 7 个百分点，达到 12% 左右，详见表 3 - 4。

表3-4：青海省2011~2016年耕地资源及其利用情况

	2011年	2012年	2013年	2014年	2015年	2016年
耕地面积（千公顷）	588.32	588.53	588.21	585.71	588.42	585.54
农作物播种面积（千公顷）	540.05	554.21	555.77	553.70	558.39	561.33
复种指数（%）	91.79	94.17	94.48	94.54	94.90	95.87
旱涝保收面积（千公顷）	80.70	72.90	54.80	52.90	49.60	42.80

资料来源：根据青海省统计局（编）：《青海统计年鉴2017》表12-5、表12-7和表12-12计算，中国统计出版社2017年版。

抛荒严重和规模经营水平低的主要原因还要回到生产率水平上。在互助县2016年的农作物播种面积中，粮食作物面积为452498.84亩，占51.88%，比青海省平均水平的50.07%[①]略高，但比全国平均水平的67.83%[②]低了17.76个百分点。这从一个方面说明，老百姓、特别是小农户种粮不赚钱。根据县农经站提供的资料，互助县每亩的粮食单产只有248.66公斤，其中两种主要作物马铃薯和蚕豆分别只有286.35和222.07公斤。五十镇的水平更低，分别只有178.30、185.12和178.86公斤，详见表3-5。根据国家发展和改革委员会价格司提供的《全国农产品成本收益资料汇编2017》显示，全国的马铃薯单产为每亩1510.42公斤，产值为1801.55元，净利润为326.68元；青海省的单产达到了每亩2184.56公斤，但产值只有2169.02元，因此净利润只有430.89元[③]。全国蚕豆的平均产量为每亩120.20公斤，产值为468.63元，净利润为82.30元[④]。这样的产出水平，意味着农户每亩只需要两个劳动力外出打工一天就可以赚到1亩买

① 根据青海省统计局编：《青海统计年鉴2017》表12-12计算，北京：中国统计出版社2017年版。

② 根据国家统计局编：《中国统计年鉴2017》表12-8计算，北京：中国统计出版社2017年版。

③ 根据国家发展和改革委员会价格司编：《全国农产品成本收益资料汇编2017》表6-1-11-1计算，北京：中国统计出版社2017年版。

④ 蚕豆没有青海省的资料。全国平均水平根据国家发展和改革委员会价格司编：《全国农产品成本收益资料汇编2017》表1-9-1计算，北京：中国统计出版社2017年版。

粮食的钱。

换句话说，互助县乃至整个青海省多数农业经营户之所以选择放弃农业经营，并不是他们有太多技能，而主要是因为从事粮食种植等农业生产盈利水平较低，迫于生计压力而被迫寻求非农就业。2016 年，青海省农村常住居民人均可支配收入为 8664.40 元，只相当于全国平均水平 12363.40 元的 70.08%，互助县为 9989.93 元，尽管比青海省的平均水平高出了 15.30%，但也只相当于全国平均水平的 80.81%。而进一步分析发现，青海省作为农业省，农民家庭经营性收入只占总收入的 36.90%，比全国平均水平的 38.35% 还低了 1.45 个百分点；打工人数占比很大，但人均收入水平只占 28.44%，比全国平均水平的 40.62% 低了 12.18 个百分点；农民收入贡献较全国平均水平高的是转移性收入（主要是各种补贴），人均达 2677.80 元，占 30.91%；全国平均水平为 2328.20 元，占 18.83%，即青海省比全国高出了 349.6 元和 12.08 个百分点。互助县的转移性收入绝对水平（1767.36 元）和占比（17.69%）都比全国及青海省的平均水平低，但家庭经营性收入（37.05%）和劳务收入（42.77%）占比都高于全国平均水平，但低于全省平均水平，家庭经营性收入高出了 8.61 个百分点，转移性收入高出了 5.87 个百分点。说明农业尽管生产率水平低，但还不得不坚守，而劳务收入充当了重要角色，但占比较低，见表 3－5。

表 3－5：青海省及互助县 2016 年主要粮食及经济作物单产和农民收入构成

	单位	青海省	互助县	五十镇
粮食亩产	公斤	245.39	248.66	178.30
其中：马铃薯①	公斤	260.19	286.35	185.12
蚕豆②	公斤	140.83	222.07	178.86
油菜单产	公斤	140.43	173.43	166.89
农民人均纯收入	元	8664.40	9989.93	7371.00

① 全省的按薯类合计计算，而互助县的只是马铃薯。

② 全省按豆类面积及产量计算，资料来源于青海省统计局和国家统计局青海调查总队：青海省 2017 年国民经济和社会发展统计公报，http://www.qhnews.com/newscenter/system/2018/02/27/012553906.shtml；互助县只是蚕豆面积和产量。

续表

	单位	青海省	互助县	五十镇
其中：经营性收入	元	2464.30	3701.02	2855.45
劳务性收入	元	3197.00	4272.21	2732.99
财产性收入	元	325.20	249.34	127.85
转移性收入	元	2677.80	1767.36	1654.81

资料来源：1. 青海省的粮食单产根据青海省统计局（编）：《青海统计年鉴2017》表12－13计算，中国统计出版社2017年版；

2. 青海省的农村常住居民人均可支配收入根据国家统计局（编）：《中国统计年鉴2017》表6－30计算，中国统计出版社2017年版；

3. 互助县的资料根据县农经站提供的农村经济报表整理。

二、提高农业生产率的一条可行途径

农业生产率低下一直是黄土高原地区各级党委政府高度重视的大问题。20世纪80—90年代，重要举措是调整农业产业结构，特别是农作物种植结构，在确保口粮的基础上适当降低小麦等粮食作物的种植面积，增加土豆、特色经济林果等高经济效益作物品种的种植面积。如互助县，据县农经站负责人介绍，包产到户时当地作物种植还主要是以解决群温饱为目的，因此主要作物是小麦，占了约50%，青稞和马铃薯各占约20%，剩下的是油菜等作物，约占10%。到了20世纪90年代，随着粮食问题得到基本解决，地方党委政府引导农户调整产业结构，马铃薯和油菜的种植面积快速增加，2000年前后，县委政府计划把马铃薯和油菜的种植面积提高到50%以上，实际情况是，马铃薯达到了39%，油菜达到了15%，一般情况下，马铃薯面积占到27—28%，油菜15%左右。2016年，小麦和青稞各占到15%，油菜占到了38%，马铃薯占到23%。这种调整的主要原因就是经济效益决定的。据互助县农经站提供的资料，2016年，小麦的净利润为每亩100.60元，青稞为76.65元，蚕豆和马铃薯分别达到了244.35元和302.09元，油菜更达到了392.15元。马铃薯的净利润尽管比青海省和全国的平均水平低些，但在粮食作物中算比较高的，且马铃薯不仅可以出售，还可以做主粮自食。

简单地通过调整种植结构和农业产业结构实际上很难从根本上提高农业生产率。因为农业生产成本居高不下，特别是随着劳动力成本上扬，外出务工经济收益较好且相对稳定的整体宏观形势的变化，产业结构调整很难调动。课题组从不同途径比较了互助县主要农作物的劳动用工情况发现，每亩小麦大概要10个工，马铃薯要15个，油菜要12个，蚕豆要13个，详见表3－6。如果按照这样的用工量，参照国家发展和改革委员会价格司使用的劳动力单价，2016年小麦的劳动力成本达到了814元，马铃薯达到了1221元，油菜达到了976.8元，蚕豆达到了1058.2元[①]，这样算下来，所有这些作物的生产都是亏本的，尽管五十林财种养合作社负责人和村干部都认为，当地的女性零工只要70元，男性零工只要80元就可以了。

表3－6：互助县几种主要农作物的用工情况

	小麦	马铃薯	油菜	蚕豆
国家发展和改革委员会价格司	4.54	9.57	7.10	2.60
五十镇巴洪村委会干部村民	9	10	10	13
五十镇五十林财种养合作社	11	21	14	13

资料来源：国家发展和改革委员会价格司（编）：《全国农产品成本收益资料汇编2017》表1－7－1、表1－9－1、表1－12－1和表6－2－11－1，中国统计出版社2017年版。

为了探索新的有效途径，政府沿着发展新型农业经营主体这条路去走。尽管土地租金每亩才1000元左右，但实际流转面积不多，据青海省农经总站提供的资料，2015年，青海省的承包耕地面积为508.63千公顷，流转了102.52千公顷，占承包耕地面积的20.16%，但仔细分析不难发现，流转以出租和转包为主，分别为64.85和25.41千公顷，各占63.26%和24.79%，流转到股份合作的仅为

① 根据国家发展和改革委员会价格司编的《全国农产品成本收益资料汇编2017》表1－7－2，农作物用工分为家庭用工和雇工两种。两种用工的工价有所不同，但逐年缩小。2011～2016年，家庭用工的工价标准是40.00、56.00、68.00、74.40、78.00和81.40元，而雇工的工价依次是70.84、85.76、81.93、94.60、92.93和93.69元。见国家发展和改革委员会价格司编：《全国农产品成本收益资料汇编2017》，北京：中国统计出版社2017年版。

6.946千公顷，仅占6.78%①。互助县2016年的流转面积也才161607亩，占全县实际耕种面积的18.07%，且流转给农户的多达70281亩，占全部流转面积的43.49%，出租给本乡（镇）以外的只有11448亩，仅占7.08%，股份合作的只有140亩，仅占0.09%。根据互助县农经站提供的资料，全县有农民专业合作社432个，其中被农业部门认定的示范社为205个，但入社农户只有5135户，仅占总农户数的5.77%，带动非成员农户9744户，也仅占10.95%，合计受到带动的农户才占到农户总数的1/6。在全部农民专业合作社中，农作物种植业157个，占36.34%，其中从事粮食种植的有48个，从事蔬菜种植的有28个；最多的是畜牧业，有196个，占45.37%；林业有40个；服务业有17个，剩下的是其他类型，共22个。这不难发现，农民专业合作社还没有承担起提高农业生产率的重任。究其原因，最核心的还是农业、特别是黄土高原地区粮食和经济作物种植的效益太低，如果用完全成本概念去评价，多数作物的种植都是亏本的，尤其是在劳动力价格持续走高的大背景下。

在这种情况下，互助县五十镇的五十林财种养合作社，走出了一条可以进一步完善的可行道路。五十林财种养合作社成立于2010年11月20日，最初只有6个社员，除社长入股现金150万元外，其他5人各只入股了10万元的现金。现在合作社已经覆盖了3个村委会，社员增加到540多户，后加入的农户社员主要以土地入股。合作社最初也与全国多数合作社一样，走的是流转土地自主经营的路子，共流转了1300多亩耕地，流转费为每亩每年500元，每3年涨10%；随后增加了土地入股的经营模式，已经入股土地1000多亩，入股方式的分配也很简单，合作社除了扣除机械使用成本外，只按农产品出售收入的10%提取管理费，剩余的收益都归农户；最近几年又尝试了土地托管模式，且发展速度很快，2015年只托管了800多亩马铃薯；2016年增加到了3000亩，其中800多亩油菜；2017年已经达到了4891亩，其中蚕豆800亩，油菜1859亩，马铃薯2232亩，附近的农户把多数适应机械生产的土地都托管给了合作社。

之所以采取这三种不同的经营模式，合作社负责人给我们详细分析了各自的优缺点。对于流转土地自主经营模式来说，对合作社最大的好处就是不需要跟农民打交道，自主经营，因此有利于统一经营和管理，且管理成本低、收益高；但

① 侯永学：《青海省农村土地流转存在的问题及对策》，《青海农牧业》2016年第2期，第19~21页。占比是作者重新计算的，与引文有些出入。

不利之处是面积大，管理难度大，风险大，用地成本较高。对把土地流转出来的农户来说，可以得到净收益，没有太大风险（“除非合作社垮掉”），可以放心出去打工。入股经营模式对于合作社来说，好处是降低了用地成本，提高了劳动效率，方便集中统一管理，并可以得到较稳定的收益；坏处是土地难以集中，不方便使用大型机械，且收益水平有限。对于入股农户来说，最大的好处是降低了劳动力成本，得到稳定收益，并可以放心出去打工；坏处是机械生产导致土地管理粗放。土地托管对于合作社来讲，好处是把机械养活了，光挣钱不赔钱，风险较小，没有土地使用成本，且责任共担，合作社投入也较少，还有利于规模经营，获得更多中介费收入；坏处是收益水平低了点。对于农户来说，好处是收益高，方便、不操心，降低了劳动力使用成本，可以安心外出打工。

总体上来讲，这三种经营方式各有利弊，但合作社和农户都更看好土地托管经营。一是大家的利益都能够较好地得到保证，且能够责任和风险共担；二是能够扩大经营规模，获取规模效益，包括政府的补贴；三是可以提高产品品质，走质量发展之路；四是可以提高机械化程度，同时降低劳动力使用成本；五是合作社以托管形式集中农户的土地，不但给合作社省去了大量用地费用，而且可以增强农户的自主性和主动性。

我们查看了合作社的合同原件，托管分为全托管和部分生产环节托管。农户可以选择全托管，也可以选择部分生产环节托管，如一些农户认为马铃薯机收挖损坏的多些，就可以选择自己人工收挖；而其他作物及其他环节则托管给合作社，一是节约时间，二是费用较低，三是质量有保证，尤其是肥料和农药。因为合作社的肥料和农药多数是县农业局代为采购或扶持的，几种主要作物的托管费用如下表。

表3－7：互助县五十林财种养合作社托管费用

托管服务内容	马铃薯（元/亩）	油菜（元/亩）	蚕豆（元/亩）
机耕费（种、收）	330	120	80
种子	300	20	80
有机肥	120	120	35
生物农药	80	60	30
合计	830	320	225

通过座谈发现，之所以农户愿意把土地托管，最关键的原因是减少了劳动力的使用，而这恰好是降低种地生产成本、提高经济效益的核心。根据国家发展和改革委员会价格司提供的资料，全国平均来讲，马铃薯的人工成本占到了总成本的48.99%，油菜占到了62.97%，蚕豆占到了32.15%，详见表3－8。座谈中我们也详细调查了解了当地几种主要作物主要生产环节的用工情况。对于马铃薯来说，用工最多的是种植、除草和收获三个环节，合作社负责人认为分别需要5、6和6个工，而村干部和村民认为分别需要2、3、4个工。油菜用工最多的是除草和收割，合作社负责人认为各需要6个工，村民和村干部认为各需要4个工。蚕豆用工最多的是种植、除草和收割等环节，合作社负责人认为分别需要4、6、6个工，而村干部和村民认为分别需要3、4、5个工，详见表3－9。另外，犁地需要用拖拉机，每亩都还要支付100元的机械使用费。

表3－8：2016年全国马铃薯、油菜和蚕豆的生产成本及劳动力成本占比

主要作物	总产值（元/亩）	总成本（元/亩）	其中人工（元/亩）	人工占%
马铃薯	2483.52	1591.45	779.69	48.99
蚕豆	468.63	678.44	218.11	32.15
油菜	590.22	921.20	580.08	62.97

资料来源：国家发展和改革委员会价格司（编）：《全国农产品成本收益资料汇编2017》表1－9－1、表1－12－1和表6－2－11－1，中国统计出版社2017年版。

表3－9：互助县巴洪村主要农作物用工情况

主要环节	马铃薯		油菜		蚕豆	
	合作社	村干部	合作社	村干部	合作社	村干部
整地种植（含运农家肥）	5	2	2	1	4	3
除草（3次以上）	6	3	6	4	6	4
打农药（3次及以上）	1	1	1	1	1	1
收获（含运输）	6	4	6	4	6	5
合计	18	10	15	10	17	13

另外，农户还认为土地托管效益更显著了，原因是托管的土地施肥较均衡，

除草也统一了，不仅效果好了，而且农产品产量和质量都提高了。由于数量多、品质好，收购商又不需要等待太长时间就能装车发货，这样售卖的价格可以比农户自己售卖略高，马铃薯每公斤高出 2—5 分钱，油菜和蚕豆可以高出 0.1 元左右。而合作社的负责人则认为一个主要原因是他们推广使用了有机肥和生物农药，产品质量更好，收购商更喜欢。合作社负责人提到，马铃薯每亩的有机肥为 8 袋，每袋 50 公斤；油菜每亩也要使用 4 袋；蚕豆每亩 2 袋。合作社也在政府的扶持下，购买了 200 多万元的机械设备，建盖了 500 平方米的冷库和 700 平方米的地窖，这些设施设备也可以适当延长农产品的保存时间。另外，他们的种子和农药都是农技推广部门帮采购或者补助的，质量能够得到保证。

三、农户就现有土地产权制度安排对环境影响的看法

为了进一步调查了解五十林财种养合作社以土地托管为主的土地经营对环境的影响，我们对合作社所覆盖的村庄进行了问卷调查。问卷调查随机抽取了 102 个样本农户，采取一对一或者一对几的方式现场调查。调查对象涉及 86 个男性（占 84.31%）和 16 个女性（15.69%），平均年龄为 50.65 岁，最长的 77 岁，最小的 20 岁。受教育程度主要集中在小学和初中两个阶段，分别为 55 人和 23 人，各占 53.92% 和 22.55%，另外有 12 人没有受过正规教育（占 11.76%），有 6 人获得过高中及中专教育，有 1 人获得了大专教育，无信息的有 5 人。他们大多主要从事农业，有 94 人，占 92.16%，有 2 人从事工矿业，有 3 人从事建筑业，有 2 人从事商业，有 1 人从事运输业。样本农户总人口为 455 人，户均 4.46 人，其中女性 212 人，占 46.59%。有劳动力 295 人，户均 2.89 人，其中女性 140 人，占 47.46%。在全部劳动力中，从事农业生产的有 173 人，占 58.64%，比互助县的平均水平（35.67%）略高，有 106 人常年外出务工，占 35.93%，比互助县的平均水平（50.21%）略低。

样本农户承包土地人口 345 人，户均 3.38 人，原因是第一轮承包结束时对土地进行过调整。总的耕地承包证上的面积为 1355.65 亩，户均 13.29 亩，人均 2.98 亩；目前实际经营的面积为 1239.74 亩，户均 12.15 亩，人均 2.72 亩；流转出去的耕地面积为 168.72 亩，涉及 31 个农户，流转出去的面积占实际耕种面积的 13.61%，与全县的平均水平接近；流转入的耕地面积为 23.99 亩，涉及 5 个农户，流转入面积仅占实际耕种面积的 1.94%；抛荒面积 26.28 亩，占实际耕

种面积的2.12%；开荒面积55.10亩，占实际耕种面积的4.44%。样本农户经营土地的收入占其家庭总收入的平均水平为43.19%，少数农户主要是土地收入，也有一些农户经营土地的收入不到家庭收入的10%；第二大项收入就是打工，占41.36%；第三项是各种补贴，占7.48%。样本农户对自家在村里的生活水平给出了较客观的评价，认为中上等的有3户，认为中等的有60户（58.82%），认为中下等的有31户（占30.39%），认为下等有5个农户。

样本农户对于“你们家种的土地，往年农家肥（含有机肥）的使用量情况”的回答是：“差不多”的有34个样本（占33.33%），“用量越来越多”的有12个样本（占11.76%），“用量越来越少”的多达51个样本（占50.00%），而“说不清”的有3个样本，回答“其他”的有2个样本，这说明农家肥的使用量在减少，究其原因，农户认为主要是牲畜少了，用有机肥不划算，所以多数使用化学肥料，尤其是尿素和二铵，每亩的使用量在15－40公斤之间，因为农户认为用多了也会赚钱。

样本农户对于自家承包的土地和租来的土地上化肥、农家肥和农药使用有无差别也做出了自己的判断。总体上来说，多数农户认为自家的地和租来的地化肥、有机肥和农药使用没有差别，分别占有效样本的50.00%、71.43%和69.44%。回答使用化肥有差别的农户认为主要原因是“土质情况不一样”，有10个样本，占有效样本的76.92%，另有3个样本认为是因为“距离家庭远近不一样”。但是，在回答使用农家肥有差别的7个样本农户中，认为租来的土地的农家肥使用量比自家承包的地要少一些，比例达到20—100%，平均每亩低了76.67%。而回答租来的地比自家的地使用农药有差别的5个样本农户认为，使用量要多些，平均高出了45.00%，最低为30.00%，最高为65.00%，详见表3－10。

表3－10：样本农户对自家土地和租来土地化肥、农家肥和农药使用有无差别的评判

	化肥		农家肥		农药	
	样本数量	百分比	样本数量	百分比	样本数量	百分比
有	13	38.24	7	20.00	5	13.89
没有	17	50.00	25	71.43	25	69.44
说不清	4	11.76	3	8.57	6	16.67
合计	34	100.00	35	100.00	36	100.00

与十年前相比，样本农户对自家承包的土地与租种的土地上化肥、农家肥及农药的使用变化也做了类似的表述。对于化肥来说，不管是承包地还是租种地，农户认为都增加了，认为承包地增加了化肥使用量的有 99 个样本农户，占 97.06%，平均增加量为 34.01%，最低 10%，最高 100%；认为租种地增加了化肥使用量的有 20 个样本，占有效样本的 62.50%，增加的幅度平均为 32.75%，最低为 10%，最高为 90%。多数农户认为使用的农家肥和有机肥减少了，程度略有差别，认为承包地农家肥和有机肥使用量减少的有 96 个样本，占 95.05%，平均减幅高达 66.83%，最少的 20%，最多的一点也没有用了；认为租种地农家肥和有机肥使用量减少的有 22 个样本农户，占有效样本的 64.71%，平均减幅高达 67.50%，最少的 10%，最多的一点也没有用了；也有 8 个农户认为差不多，占有效样本的 23.53%。不管是承包地还是租种地，农户大多数认为农药使用量增加了，认为承包地农药使用量增加的有 94 个样本农户，占有效样本的 94.95%，平均增加了 39.26%，幅度在 5%—150% 之间；认为租种地农药使用量增加的有 17 个样本农户，占有效样本的 53.13%，平均增加了 44.41%，幅度在 5%—100% 之间；另有 10 个样本农户认为差不多，占 31.25%，详见表 3－11。

表 3－11：与十年前相比样本农户对自家土地和租来土地化肥农家肥和农药使用的评判

		化肥		农家肥、有机肥		农药	
		承包地	租种地	承包地	租种地	承包地	租种地
增加了	数量	99	20	3	0	94	17
	百分比	97.06	62.50	2.97	0.00	94.95	53.13
减少了	数量	0	1	96	22	0	0
	百分比	0.00	3.13	95.05	64.71	0.00	0.00
差不多	数量	3	9	2	8	3	10
	百分比	2.94	28.13	1.98	23.53	3.03	31.25
说不清	数量	0	2	0	4	2	5
	百分比	0.00	6.25	0.00	11.76	2.02	15.63
合 计	数量	102	32	101	34	99	32
	百分比	100.00	100.01	100.00	100.00	100.00	100.01

农户已经认识到化肥农药使用量的增加，以及农家肥和有机肥使用量的减少导致的危害。对于自家承包耕地来说，有73个样本农户认为“土质越来越板结了”，占71.57%；且有19个样本农户认为“肥力越来越差”，占18.63%。对于租种的土地，认为“土质越来越板结了”的有20个样本农户，占有效样本的48.78%，另有19个样本农户认为“差不多”，占46.34%，详见表3-12。对于“土质越来越板结了”和“肥力越来越差”的原因，有66个样本农户认为是“化肥农药使用多了”，占64.71%；有26个样本农户认为是“没有轮换耕种”，占25.49%；有4个样本农户选择了“不知道”，有6个样本农户选择了“其他”原因。对于“化肥使用多了”的深层次原因，有98个样本农户认为是“没有养牲口，农家肥少了”，占96.08%；另外，分别有2个样本农户认为是“农家肥太耗劳动力”和“习惯了”。

表3-12：样本农户对自家土地和租来土地土质变化的评价

	自家地		租种地①	
	样本数量	百分比	样本数量	百分比
土质越来越板结了	73	71.57	20	48.78
土质越来越松软了	0	0.00	1	2.44
肥力越来越差	19	18.63	1	2.44
肥力越来越高	3	2.94	0	0.00
差不多	7	6.86	19	46.34
合计	102	100.00	41	100.00

而样本农户对于村内农户租来的土地与自家承包的土地的化肥、农家肥（有机肥）和农药使用有无差别的回答大致支持了上述观点。对于化肥来说，有32个样本农户认为有差别，占31.37%，比农户对自家承包的土地与租来的土地化肥使用有差别的比例低了6.81个百分点；对于农家肥来说，认为有差别的只有10个样本农户，仅占9.80%，比农户对自家承包的土地与租来的土地农家肥使

① 租种土地的样本数超过了有土地流转样本总数36户的原因，是因为一些农户曾经租种过土地，但现在没有租种了。

用有差别的比例低了7.74个百分点；而对于农药来说，认为有差别的有15个样本农户，比农户对自家承包的土地与租来的土地农药使用有差别的比例高出了6.09个百分点，详见表3－13。而对于“周边农户租进来的土地的化肥农药的使用量与其自家承包土地的化肥农药的使用量的比较”的问题，认为“多了”的有7个样本农户，只占有效样本的7.14%；认为“差不多”的有24个样本农户，占24.49%；回答“不知道”的多达67个样本农户，占68.37%。

表3－13：样本农户对村内自家土地和租来土地化肥农家肥和农药使用有无差别的评判

	化肥		农家肥		农药	
	样本数量	百分比	样本数量	百分比	样本数量	百分比
有	32	31.37	10	9.80	15	14.71
没有	50	49.02	53	51.96	64	62.75
不一定	18	17.65	5	4.90	5	4.90
不知道	2	1.96	34	33.33	18	17.65
合计	102	100.00	102	99.99	102	100.01

有意思的是，样本农户对“你们家不用化肥农药的产品跟用化肥农药的产品在市场上的卖价有无差别”的问题的回答很有分析价值，只有5个农户回答没有差别，有2个农户回答没有考虑过这个问题，而有87个（占94个有效样本的92.55%）样本间接回答“市场上没有不用化肥农药的产品”。而对于“当地政府对不用化肥农药的农产品有无支持政策”的问题的回答是，84人回答“没有”，占82.35%；11人回答“不知道”，占10.78%；7人（占6.86%）回答“没有听说过”。对当地政府对农户使用农家肥和有机肥有无支持政策的回答是：只有4户（占3.92%）回答“有”；有83户回答“没有”，占81.37%；有6户回答“不知道”，占5.88%；有9户回答“没有听说过”，占8.82%。4户回答有支持的是，他们听说政府对合作社使用有机肥提供过补助。

从老百姓对当地自然灾害的认知来看，主要集中在旱灾、病虫灾害和霜冻这三种真正的自然灾害上，而我们依据经验所关注的泥石流和洪灾却很少有人提及。认为第一位的灾害是旱灾的有91个样本，占有效样本的89.22%，另外还有9个样本放在了第二位，占第二位有效样本的8.82%，有1个放在了第三位，合计高达101个样本。认为第二位严重的是病虫灾害，有88个样本，占第二位有效样本的86.27%，同时还有9个样本（占8.82%）放在了第一位，有4个样本（占3.92%）放在了第三位，合计也多达101个样本。第三位较严重的是霜冻灾害，有95个样本，占第三位有效样本的93.14%，且分别有2个和3个样本放在了第一位和第二位，合计也高达100个样本，详见表3－14。

表3－14：样本农户对当地自然灾害的认知

灾害类型	第一位		第二位		第三位	
	频数	有效百分比	频数	有效百分比	频数	有效百分比
没有	0	0.00	0	0.00	1	0.98
风灾	0	0.00	1	0.98	1	0.98
病虫灾害	9	8.82	88	86.27	4	3.92
泥石流	0	0.00	1	0.98	0	0.00
旱灾	91	89.22	9	8.82	1	0.98
霜冻	2	1.96	3	2.94	95	93.14
洪灾	0	0.00	0	0.00	0	0.00
其他	0	0.00	0	0.00	0	0.00
合计	102	100.00	102	99.99	102	100.00

四、初步结论

1. 青海作为黄土高原的一个省份，尽管耕地资源较为丰富，但农业生产率水平较低。2016年，每亩农作物播种面积的农业产值为1847.02元，仅相当于全国平均水平的78.14%，且多数耕地只能一年一熟。第一产业从业人员的劳动生产率为19207.19元，仅为全国平均水平的68.45%。土地作为一半多（2016年农牧渔业劳动力占乡村从业人员的55.53%）农村劳动力的重要生存依靠，守着没有多大前景，弃之又难以割舍。

2. 青海省农业生产率水平较低，最重要的原因是其气候等自然因素导致的土地资源与其他农业生产条件的匹配性较差。一方面，由于气候等因素，可以生长的作物都是常规品种，不仅没有品种优势，而且供给较为充足，受市场影响较大；另一方面，家庭经营仍然是主体，规模效益难以体现。更为严重的是，家庭经营还限制了农业机械的使用，导致劳动力成本过高，更影响了农业生产率水平的提高和竞争力的提升。

3. 较低的农业生产率水平，还导致经营者、特别是小农户主要依靠简单再生产维持基本的产出水平。不仅农业机械化水平较低，而且水利化水平难以提高，现代农业生产要素的投入也较少。2016 年，按照农作物播种面积计算，每亩的化肥使用量（折纯）为 10.40 公斤①，只相当于全国平均水平 23.94 公斤②的 43.44%。2016 年，青海省的化肥使用量比 2015 年减少了 13.52%③，而全国平均只减少了 0.64%④。2016 年，青海省每亩农作物播种面积使用的农药量为 0.23 公斤，只是全国平均水平 0.70 公斤⑤的 32.86%。

4. 以上初步结论得到了来自于互助县巴洪村 102 个样本农户问卷调查结果的支持。这 102 个样本农户的化肥使用量为每亩 15—40 公斤的实物量，大概与青海全省每亩 10.40 公斤的纯量相当。但值得注意的是，与十年前相比，95% 左右的农户认为化肥农药的使用量增加了，化肥平均增加了 1/3，农药增加了近 2/5。而更值得注意的是，90% 以上的样本农户认为农家肥使用量减少，平均减少了 2/3 以上。这是 2/3 以上样本农户认为土壤越来越板结，肥力越来越差的主要原因。

5. 面对这种尴尬局面，黄土高原地区的农业可以通过传统的以土地承包经营权流转带动的规模经营获得突破，但前提还是这个区域农业的比较效益。在当前国家提倡把提高农业发展质量效益和竞争力作为重要方向的时代背景下，由于这一区域可种植作物的有限性和低效性，通过土地承包经营权流转实现规模经营

---

① 根据青海省统计局编：《青海统计年鉴 2017》表 12－5 计算，北京：中国统计出版社 2017 年版。

② 根据国家统计局编：《中国统计年鉴 2017》表 12－1 计算，北京：中国统计出版社 2017 年版。

③ 根据青海省统计局编：《青海统计年鉴 2017》表 12－5 计算，北京：中国统计出版社 2017 年版。

④ 根据国家统计局编：《中国统计年鉴 2017》表 12－1 计算，北京：中国统计出版社 2017 年版。

⑤ 根据国家统计局农村社会经济调查司（编）的《2017 中国农村统计年鉴》表 3－13 和表 7－4 计算，北京：中国统计出版社 2017 年版。

的道路可能很难，因为新型农业经营主体需要以获得一定的利润为前提。通过降低劳动力成本固然可以提高效益，但空间很小。而要做到这一点，就需要增加现代投入要素，包括化肥农药，但结果不仅会导致农业质量的下降，而且会影响农业安全，需要非常慎重。

6. 与此相对应的是互助县五十林财种养合作社的土地托管经营方式。这不仅降低了新型农业经营主体的生产成本，提高了他们的收入水平，而且提高了小农户的收益水平，是一种利益连接很直接，能够实现共赢的有效经营方式。在这种经营方式下，新型经营主体还可以通过使用现代农业投入要素如有机肥和生物农药、推广较好的种植方式等，提高农产品品质，打造农产品品牌，增强市场竞争力。实践证明，这种方式不仅符合现实发展要求，受到广大农民和新型经营主体的欢迎，而且为国家推动经营方式变革提供了有益尝试和现实样本。

7. 更重要的是，这种方式还保持了土地产权制度的相对稳定，对提高农业安全，提升农业发展质量效益和竞争力，增强农业发展的持续性都具有重要意义。从理论上讲，还为我们丰富农地产权有效实现方式。拓展规模经营的内涵提供了实践样本。而从实践角度讲，对于丰富 2018 年中央一号文件提出的“统筹兼顾培育新型农业经营主体和扶持小农户”等政策举措具有示范意义。

农业共营制的产权安排及其对环境的影响

——四川省崇州市耕地产权与环境状况研究案例

为了有效解决“地碎、人少、钱散、缺服务”四个制约和“谁来经营”“谁来种地”“谁来服务”三个难题，四川省成都市下辖的崇州市，通过建立“土地股份合作社+农业职业经理人+农业综合服务”为核心的、“三位一体”的“农业共营制”新型农业经营体系，不仅推动了农业适度规模经营，实现了“藏粮于地”；而且提升了农业社会化服务水平，实现了“藏粮于技”，还提高了农业生产力水平，实现了多元主体“共建、共营、共享、共赢”。在这一新型农业经营制度背后，核心是坚持了土地的集体所有制和农户的承包权不变，通过组建土地股份合作社，引入职业经理人，强化社会化服务，从而有效激活了经营权，实现了“三权分置”基础上的“三权共享”和“三权共赢”，当然，作为一种新生事物，农业共营制背后的环境影响也需要给予高度重视，这不仅是完善这一制度的内在要求，同时也是实现质量兴农、绿色兴农和农业可持续发展的客观要求。

一、问题倒逼出来的新型农业经营体系

崇州市是四川省成都市下辖的县级市，位于成都平原西部，距离成都中心城区25公里，毗邻都江堰青城山和双流国际机场。全市幅员面积1089平方公里，

辖18个镇、6个乡、1个街道办事处，2016年底总户数256222户，总人口670293人[①]，其中农业人口46.2万人，占总人口的68.93%，耕地面积39115公顷（折合586725亩）[②]，地形地貌呈“四山一水五分田”特征，素有“西蜀粮仓”美誉。近几年，通过“农业共营制”的探索与实践，成为全国新增千亿斤粮食生产能力建设县、全国新型职业农民培育示范县、全国首批基本实现主要农作物生产全程机械化示范市、国家现代农业示范区“以奖代补”试点县、全国农村承包土地经营权抵押贷款试点县、全国土地经营权入股发展农业产业化经营试点县。连续四年获四川省“三农”工作先进县，2015年、2016年获四川省农民增收先进县。2016年，全市实现地区生产总值2540435万元，其中一产增加值336422万元[③]，占13.24%，实现农牧渔业总产值583079万元[④]，粮食总产量273085吨[⑤]，农村常住居民人均可支配收入达到了17896元，比2011年的9084元增加了97.01%[⑥]，年均增速为11.96%，每年快于成都市平均水平0.86个百分点[⑦]，快于四川省平均水平1.38个百分点，快于全国平均水平1.96个百

---

① 成都市统计局编：《成都市统计年鉴2017》，北京：中国统计出版社2017年出版，第293页。

② 成都市统计局编：《成都市统计年鉴2017》，北京：中国统计出版社2017年出版，第293页。

③ 成都市统计局编：《成都市统计年鉴2017》，北京：中国统计出版社2017年出版，第300页。

④ 成都市统计局编：《成都市统计年鉴2017》，北京：中国统计出版社2017年出版，第302页。

⑤ 成都市统计局编：《成都市统计年鉴2017》，北京：中国统计出版社2017年出版，第307页。

⑥ 成都市统计局编：《成都市统计年鉴2017》，北京：中国统计出版社2017年出版，第315页。

⑦ 成都市2011年为9895元，2016年为18605元，年均增速为11.10%，见成都市统计局编：《成都市统计年鉴2017》,，北京：中国统计出版社2017年版，第314页。

分点①。

崇州市“农业共营制”是对改革开放近40年来农村土地制度的实践探索，是一个自我革命和不断完善的过程。同全国许多地方一样，崇州市通过农村土地制度改革所建立的以“集体所有、均田承包、家庭经营”为特征的农业经营体系，实现了土地与劳动力和资本的有效结合，对推动农业农村发展发挥了重要作用。但随着工业化与城镇化的深入推进、农村土地与劳动力快速流动，产生了土地与劳动力和资本的分离，农业经营格局正在发生重大变化，“弱者种地”“差地种粮”等问题越来越突出，以家庭承包经营为基础、统分结合的双层经营体系，已难以继续有效推动农业农村发展，农业发展面临的问题和挑战日益严峻，市农发局等部门总结了以下几个方面：

一是面临“土地细碎”“服务缺失”的问题。崇州市户均耕地3.5亩左右，平均每户拥有5—7块土地，最大田块面积不超过2亩，最小的仅0.1亩，经营规模小、土地细碎等问题，不仅难以适应现代农业发展要求，而且一家一户的传统分散经营，很难实现规模集约经营，极大地制约了农业现代装备水平的使用和新技术的推广。同时，随着土地的细碎化，传统服务体系难以提供有效技术服务，直接导致农业技术服务的缺失。

二是面临“无农种地”“种粮断代”的问题。随着经济的快速发展，大多数农民选择外出打工，越来越多的农民离开土地转移到城镇进行非农就业，不仅减少了农村劳动力的总量，而且改变了农业就业人员的结构，农业大军是真正意义上的“三八六一九九”部队，给农村经济特别是种植业的持续发展带来重大影响。崇州市农业人口46.2万人，从事农业生产的劳动力14.9万人，转移就业13.6万人，分别占农业人口的32.25%和29.44%。尤其值得注意的是，70后不愿种地，80后不会种地，90后不谈种地，农村务农大多都是60岁以上的“高龄农民”。农业“谁来种地”、农村“谁来经营”“谁来服务”等问题日益突出，特别是农村“无农种地”“种粮断代”等严峻问题，实实在在摆在了崇州市委、市人民政府面前。

---

① 四川省2011年为6128.55元，2016年为11203.1元，年均增速为10.58%；全国2011年为6977.29元，2016年为12363.4元，年均增速为10.00%，见国家统计局编：《中国统计年鉴2012》表10－21、《中国统计年鉴2017》表6－29，北京：中国统计出版社。

三是面临“传统经营”“懒人农业”的问题。随着工业化与城镇化的深入推进和农村土地与劳动力的分离，农户兼业化、劳动力弱质化、农业副业化、生产非粮化的趋势日益明显，尤其是农民举家进城居住，农民放弃种田，精耕细作逐渐被“懒人农业”所取代（过去种田是绿肥铺底，农家肥当家，如今绿肥不见，省时省力的化肥当了家，田地越来越瘦），农业生产进度和产量受到影响，农业劳动力素质、农业经营规模等已不能满足现代农业发展的底线需求，与之相关的农业现代设施装备、科技应用、产品质量、务农收益与务农热情等，越来越难以为继，最终将危及粮食安全乃至整个农业农村现代化建设步伐，这些都成为崇州市委、市人民政府的当务之急。

四是面临农业“两个天花板”“两道紧箍咒”的问题。这些年，崇州与全国一样，提高价格和增加补贴这两个政策工具，对农业连续增产发挥了关键作用。但目前国内主要农产品价格已高于进口价格，继续提高粮食价格遇到“天花板”；农业补贴中有的属于“黄箱”政策范畴，受到世贸组织规则限制，部分补贴继续增加也遇到“天花板”。而另一方面，农业生产成本还处在上升通道，包括人工、农机作业、土地流转等费用上涨很快，种子、化肥、农药等价格也不便宜，“地板”在抬升。除了两个“天花板”外，生态环境和资源条件这两道“紧箍咒”也严重束缚着农业的长远发展，生态环境严重受损、承载能力越来越接近极限；资源开发利用强度过大，农业资源约束日益增强。面对农产品价格“天花板”封顶，生产成本“地板”抬升，资源环境“硬约束”加剧等多重挑战，崇州市委、市人民政府认真思考，并进行了一些积极探索。

一是鼓励农户流转土地。1998 年，市委、市人民政府出台有关措施，鼓励生产大户进行农地流转，也取得了一些成绩，但由于生产大户缺乏资金、信息、服务等要素，土地流转进程缓慢。后来通过引进农业龙头企业租赁农地，进行粮食规模化经营，也由于缺乏生产技术和管理经验，利益联结不紧密，生产成本居高不下等原因，多数企业步履维艰，有的农业龙头企业被迫向“非粮化”“非农化”转型，甚至发生了租地企业毁约退租，农户又不愿收回被退承包地，转而要求政府承担责任等现象。2009 年鹰马龙公司租赁桤泉镇 3000 余亩农地就出现了毁约退租的情况。

二是发展订单农业。2003 年，崇州市委、市人民政府尝试引进农业龙头企业，发展“农业企业 + 生产基地 + 农户”的订单种植模式，但由于没有建立紧密的利益连接机制，以及受市场价格、生产成本等因素的制约，当市场价格高于订单价格时，农业龙头企业面临收不到加工原料的尴尬局面；而当市场价格低于订单价格时，常常出现农民排长队销售农产品，企业反过来压级压价甚至毁约退出的情况，结果导致农业龙头企业和农户之间相互不信任。

三是扶持农民专业合作社。2005 年，崇州市委、市人民政府尝试扶持发展农民专业合作社，但由于缺乏紧密利益联接机制和产权模糊等原因，各个农户有着各自的利益诉求和行为选择，理事会和监事会无法统一社员的生产经营活动，农户仍然在自己的土地上耕作，各自为阵，形不成规模，合作社的组织化程度仍然偏低，甚至名存实亡。

正是在探索中不断思考，在思考中不断实践，2010 年年初，市委、市人民政府思考能否运用农村产权制度改革成果，尝试成立土地股份合作社，并寻找能人从事农业专门生产的办法。经过近半年的准备，2010 年 5 月，隆兴镇黎坝村 15 组 30 户农民以 101.27 亩土地承包经营权入股，率先在全国探索成立了第一个土地承包经营权股份合作社——杨柳土地股份合作社。土地股份合作社聘请懂技术、会经营的种田能手担任农业职业经理人，负责合作社土地的生产经营管理。这一探索实践取得了很大成功，不仅受到入社农户的普遍欢迎，而且在全市 25 个乡（镇、街道办事处）迅速推广，并带动了社会化服务体系的发育和不断完善。

随着土地股份合作社、农业职业经理人以及农业综合服务等规模化、专业化与组织化运行机制的不断完善，得到越来越多高层领导、专家学者和新闻媒体的充分肯定与认可。2014 年 4 月，国务院发展研究中心、华南农业大学、四川省社科院有关专家，把崇州市发展粮食适度规模经营的方式，总结提升为“土地股份合作社 + 农业职业经理人 + 农业综合服务”三位一体的“农业共营制”，即以农户为主体自主自愿组建土地股份合作社推进农业规模化经营，以培育农业职业经理人队伍推进农业专业化生产，以强化现代农业服务体系推进农业专业化服务。这种“三位一体”的“农业共营制”，对于完善农业经营制度具有特殊功能：

一是推进土地股份合作经营，破解“谁来经营”农业难题。土地股份合作经营坚持农村土地集体所有权、稳定农户承包权、放活土地经营权“三权分置”的基本方向，按照“入社自愿、退社自由，利益共享、风险共担”原则，引导农户以土地承包经营权折资折股入社，制定符合自身特点的《合作社章程》，工商注册成立土地股份合作社，选举产生理事会、监事会，建立健全合作社规范运行管理制度。理事会根据当地作物常年平均产量、入社土地的位置、地力状况等因素，在充分调查的基础上，结合社员的意见，以产定股，确定适宜的股权份额。如集贤涌泉土地合作社以上等田为基数，每亩土地折合100股，中等田折合90股，下等田折合80股，建立成员登记册，记载成员入社的土地股数，由社员签字确认，作为股权分红和对农业职业经理人奖惩的依据。在完成了土地股份合作社的运作模式和管理制度后，借鉴现代企业管理制度的基本做法，土地股份合作社通过农村产权交易所、张贴招聘公告等方式，对外公开招聘农业职业经理人，面积较大的土地股份合作社一般按照300—500亩为单元划分经营小组，确保农业适度规模经营，如隆兴镇青桥土地股份合作社入社土地面积1636亩，按区域划分为4个经营单元，招聘4个农业职业经理人经营管理。农业职业经理人的招聘坚持公开、公平、公正的原则，采取现场竞争性谈判协商方式，由成员（代表）大会民主投票决定，并明确双方的责权利和利益联结机制，构建以农业职业经理人（农业CEO）为生产管理核心的“理事会+职业经理人+监事会”运行机制。

这一运行机制具有以下鲜明特点：（1）以社员为主体，确保农民是主人。入社社员是土地股份合作社的经营主体，生产决策、农业职业经理人聘用、分配方案等全程参与，重大事项有直接决定权。理事会代表全体社员负责决策“种什么”；农业职业经理人负责“怎样种”，并提出具体生产实施意见、生产成本预算、产量指标等，交由理事会讨论通过后执行；监事会代表全体成员监督理事会和农业职业经理人工作。

（2）成本分摊方案共同协商，财务公开透明。土地股份合作社生产成本一般按照3∶7比例筹集，即农业职业经理人筹集30%作为质保金，合作社通过土地经营权抵押贷款筹集70%。这种成本分摊办法，既增强了农业职业经理人种好田的责任心，也提高了农民参与合作社管理的积极性。生产支出由农业职业经理人提出申请，理事长和监事长共同审签列支入账；农资和农机具的放置、申领、使用和处理，实行专人负责。建立社务公开制度，实现公开事项、方式、时间、地点的制度化。

（3）以利益联结为保障，确保大家有钱赚。土地股份合作社利益联结机制和分配方式灵活多样，由农业职业经理人与社员（代表）大会共同协商决定，实践中主要有三种分配方式：一是纯收入按比例分红，如隆兴杨柳土地股份合作社采取纯收入1∶2∶7比例分配（纯收入的10%作为公积金、风险金和工作经费，20%用于职业经理人的佣金，70%用于社员土地入股分红）；二是保底二次分红，如桤泉千丰土地股份合作社采取600元/亩·年保底，二次分红采取2：3：5比例分配（20%作为公积金、风险金和工作经费，30%用于社员土地入股二次分红，50%作为职业经理人的佣金）；三是对职业经理人采取基本工资+超奖短赔办法，如江源邓镍土地股份合作社，采取农业职业经理人50元/亩·年的基本工资，并规定水稻目标产量1100斤/亩，小麦目标产量650斤/亩，根据目标产量实行50%超奖短赔，即超产或减产，职业经理人都要承担50%的责任，合作社承担另外50%的盈余或亏损，而保底部分扣除成本和公积金外，则归土地入股农户。

（4）建立风险防范机制，确保基本收益。崇州市委、市人民政府出台专门政策举措，鼓励土地股份合作社积极开展政策性农业保险，扩大政策性农业保险参保面，不断增强农业生产抗御自然灾害和价格变动的能力，全市土地股份合作社政策性农业保险覆盖面达到了100%，对有效化解自然灾害等风险起到了很大保障作用。在政策性农业保险的基础上，目前正积极推进土地流转履约保证保险制度。

二是构建农业职业经理人培育体系，初步破解“谁来种地”难题。为解决“不愿种地、不会种地、低效种地”等问题，崇州市的“农业共营制”以培育新型职业农民和提高农业技能为核心，建立认定管理、教育培训、政策扶持“三个体系”，培养了一支以农业职业经理人为骨干的新型职业农民队伍。

（1）构建认定管理体系。采取自愿报名与乡（镇）推荐相结合、农业部门审查的办法，选择有志于农业的大学毕业生、返乡农民工、退伍转业军人、农机农技能手等为对象，建立农业职业经理人人才库。对农业职业经理人实行初、中、高“三级贯通”证书等级评定制度，根据其经营规模、生产技能、管理能力和经营水平等，每年评定一次，对符合条件的颁发相应等级的《农业职业经理人证书》，并与扶持政策挂钩。获证的全部纳入人才资源信息库进行分类管理，采取准入和退出动态管理机制，建立考核制度，两年考核一次，根据考核结果给予维持、提升或降低等级等处理。采取优先推荐、公开竞聘等方式，鼓励农业职业经理人在市域范围内自由流动，实现规模经营主体与农业职业经理人双向选择。到2016年底，崇州市已有农业职业经理人1883人，其中获得初级、中级、高级《农业职业经理人证书》的分别达到了342人、116人和19人。

（2）构建教育培训体系。建立了农业职业经理人培训中心，配备现代化多媒体教室，建成了2个农业职业经理人实训基地；通过建立专家学者、农技推广人员互为补充的教学师资队伍，优化整合培训资源，培训生产经营型、专业技能型、社会服务型人才，把原来单一的农业技术培训拓展到产品营销、农村金融、品牌打造等领域，培育产、加、销复合型人才，培养了一批懂技术、会经营、善管理的农业职业经理人。在农业职业经理人带动下，创新职业农民“双培训”机制，市级教师依托培训中心和实训基地，对农业职业经理人和在合作社务工的职业农民开展技能培训；农业职业经理人在生产经营管理过程中，对在本合作社务工的职业农民进行“面对面”指导、“手把手”示范，让职业农民在“干中学、学中干”，打造为现代农业服务的“农业职业经理人+职业农民”专业化生产队伍。到2016年底，全市培育新型职业农民7329人。

（3）构建扶持政策体系。崇州市委、市人民政府制定实施了农业职业经理人享受粮食规模种植补贴、城镇职工养老保险补贴、信用贷款贴息扶持等办法，建立健全产业、社保、金融等配套扶持政策体系。农业职业经理人以个人身份参加城镇职工养老保险的，个人缴费8%，财政补助12%；初级、中级、高级农业职业经理人可分别获得10万元、20万元、30万元的信用贷款，并享受银行同期贷款基准利率50%的贷款利息补贴；毕业5年内的高校毕业生取得农业职业经理人证书的，首次受聘或领办新办农民专业合作社、农业企业、家庭农场6个月以上的，给予1万元的一次性奖励；对参训合格并上岗的职业农民，每年给予80元/人的人身意外伤害保险补贴等。

三是推进农业社会化综合服务，破解“谁来服务”农业难题。崇州市坚持“政府引导、市场参与、多元合作”的发展思路，从完善服务保障入手，构建新型农业科技、农业全产业链、农村金融等服务，为土地股份合作社提升效益、实现可持续发展提供有效保障，已初步形成公益性服务与经营性服务相结合、专项服务与综合服务相协调的新型农业社会化综合服务体系。

（1）建立农业科技创新体系。依托“一校两院”（四川农业大学、四川省农科院、成都市农林科学院），建成集农业科技成果转化、农业项目合作、农村人才培养为一体的综合性农业专家大院，聘用农业专家105名。建立农业科技成果转化基地，加快农业科技成果转化。已经实施了农业科技项目63项，推广农业科技成果59项，引进新品种204个，申报专利成果3个，通过四川省科技成果鉴定3项，获得成都市科技成果进步奖2项，已经成为国家级现代农业专家服务基地。组建农业科技推广服务团队225人，采取“专家大院专家+农技人员+粮食规模经营主体”的技术服务模式。构建农业专家团队、职业经理人、职业农民上下互通的农业科技推广体系，促进农业科技“产学研用”一体化发展，初步实现了农业科研成果从实验室到田间地头的无缝对接，已经同119家农业企业、农民专业合作社签订科技服务协议。被省科技厅授予“省级农业科技园”，被省农科院列为“四川省农科院科技成果转化中试基地”，被川农大列为“四川农业大学科研和成果转化基地”，被市农林科学院列为“成都市农林科学院科技推广基地”。

（2）建立农业全产业链服务体系。坚持主体多元化、服务专业化、运行市场化的原则，引入社会资金参与建设集公益性、专业化、信息化、产权交易等服务为一体的农业综合服务中心。依托基层农业综合服务站，根据产业布局和服务半径，搭建农业社会化“一站式”服务平台——“农业服务超市”，提供农业技术咨询（基层农技服务站公益性服务）、全程农业机械化、农资配送、专业育秧（苗）、病虫害统治、粮食代烘代储等全程农业生产“一条龙”专业化服务。服务主体将服务项目、内容、质量、价格等公开公示、明码标价，服务对象根据农业生产的实际需要进行“点菜”，签订全程或者单项服务协议，实行“菜单化”管理，形成“公益性+社会化”融合的农业服务新业态。积极探索农业社会化服务“O2O”线上线下融合发展模式，按照“覆盖全程、综合配套、便捷高效”的服务理念，实现足不出户即可满足农业适度规模经营主体对耕、种、管、收、卖等环节的多样化服务需求。目前，全市建成农业综合服务中心（站）17个、“农业服务超市”10个。以全年种植粮食为例，种子、肥料、农药、机耕、机收通过农业服务超市“订单”服务，每亩每年直接节约生产成本150元以上。推动“互联网+农业”创新创业，发展农村电子商务+，引入社会资金搭建“西蜀粮仓·崇州味道”农村电商平台，采取O2O销售方式，同淘宝、京东等电商合作，建成线上供销、线下体验的“崇州农特馆”、土而奇体验馆，培育“稻虾藕遇”等电商品牌，推出“土而奇”、五星大米等一批特色农业品牌，促进农业产业链和价值链延伸。目前，加盟公共电商平台的农业经营主体120多家，优质粮油、肉蛋、蔬果等20多个农产品实现上线销售。

（3）强化粮食产后服务体系建设。针对多数土地股份合作社以粮食生产为主的特点，重点突出粮食产后服务体系建设，核心是破解粮食规模化经营“晒粮难”“储粮难”等问题。全市建设粮食烘储中心20个，每个烘储中心按照日烘干200吨粮食、周转2000吨粮食的标准配置，可烘干1万亩、仓储4000亩的粮食；开展财政补助资金形成资产股份量化工作，壮大粮食产后服务主体经济实力，白头镇五星土地股份合作社粮食烘储中心的总投入为498万元，其中：财政补贴资金398万元，社员自筹资金100万元，按照1∶1∶8比例配置集体经济股、扶贫优先股和社员筹资股，2016年实现经营性收益36.77万元，社员户均分配1428元。目前，全市已有9家土地股份合作社，通过量化财补资金形成资产股1800万股、社员自筹资金形成资产股719万股，入社社员成为财政补助项目的股东，获得稳定收益。

（4）建立农村金融服务体系。建立农村产权交易服务、抵押融资担保、价值评估、抵押风险防控、金融服务、政策扶持六大体系，探索建立农村产权指导价格评审机制；构建农村产权风险化解机制，建立500万元农村产权抵押风险基金和持续补充机制，市财政注资5270万元，成立蜀兴农村产权抵押融资担保公司，开展政府收储；探索组建村级互助担保合作社，开展自治组织收储；引进农业产业化企业参与，开展企业收储，构建“政府+互助合作社+企业”三位一体的农村产权抵押贷款担保收储体系。市人民政府、人民银行、相关涉农金融机构等共同搭建“农贷通”平台，发挥人民银行支农再贷款撬动作用。2016年，向符合条件的金融机构共投放1亿元，撬动2亿元涉农信贷资金投放。构建抵押融资政策扶持机制，从培育“全产业链”上抓突破，灵活运用担保费补贴、利息补贴等政策。开展农村土地经营权、生产设施所有权、林木竹果权、林地经营权等抵押贷款，促进农村产权、资源盘活变现，降低融资成本，让农户贷得到、贷得起。依托农村电子商务平台，建设以“数据库+网络”为核心的农村金融服务和信用信息平台，助推农村信用对接与服务平台下沉落地，为农村经营主体提供贷前咨询、贷款申请等服务，为金融机构提供线上初审、通知放款等服务，发挥“服务政府、辅助银行、惠及三农”的作用。到2016年底，全市开展农村产权抵押贷款1062宗、17亿元。建立政银保担联动机制，健全土地流转风险防范机制，推动一二三产业融合发展、生态田园旅游发展、特色农业发展，如农村产权抵押贷款直接用于第一产业发展的，按人民银行同期贷款基准利率的50%给予贴息，用于第二、三产业发展的，按人民银行同期贷款基准利率的30%给予贴息；农场产权通过担保贷款的，给予实际贷款额1.5%的担保费补贴。

（5）强化农产品质量安全。大力推进农业标准化、规模化、集约化、商品化、品牌化经营，对全市农产品质量监管实行网格化管理，开展农产品“三品一标”认证面积68万余亩，其中有机农产品基地面积1.25万亩、绿色农产品基地面积16万亩、无公害农产品基地面积51万亩、地理标志保护产品3个，建设基层站和合作社农残标准化检测室 7 个、农业物联网信息化示范基地 6 个、农产品示范基地视频综合监控监管平台 10 个，基本实现农产品质量从田间到餐桌的全程质量控制和可溯源。

崇州市"农业共营制"的探索实践，初步构建了多元主体"共建、共营、共享、共赢"的经营体系，不仅有效解决了"谁来种地""谁来经营""谁来服务"三个难题，而且缓解了"地碎、人少、钱散、缺服务"四个根本制约，既推动了农业经营体系的创新发展，也促进了农业的健康发展。

一是实现农业经营主体的"共建共营"。土地股份合作社的组建，农业职业经理人的引入，应运而生的农业专业服务组织，不仅培育了新型农业经营主体、稳定了农村土地承包关系、促进了土地经营权流转、发展了适度规模经营、提高了农民的组织化程度，而且构建了以农户家庭经营为基础、合作与联合为纽带、社会化服务为支撑的立体式复合型现代农业经营体系，培育了农业职业经理人与农业专业服务组织，前者培育了农业企业家与新型职业农民群体，让农民实现职业化，提高了农业经营效率；后者培育了农业专业化服务组织，让农业服务实现专业化和产业化，提高了农业生产效率。目前，崇州市已有土地股份合作社 246 个，入社面积达 31.6 万余亩，占全市耕地面积的 61%[①]；入社农户 9.26 万户，占全市农户的 61%。2017 年，土地股份合作社应用测土配方施肥等节本增效技术面积 30 万亩以上，农机化率 90%[②]。2016 年，崇州市都市型现代农业产业工人达 4.2 万人，占全市从事农林牧渔业劳动力 16.11 万人的 26.07%，农业产业工人收入达 7.56 亿元。2017 年，全市农业适度规模经营率达 71%，其中粮食规模经营率达 75%，水稻单产 552 公斤、生产粮食 28 万吨，分别比 2012 年增加了 19 公斤和 5200 吨[③]。

二是实现经营收益的"共营共享"。"农业共营制"，最核心的是实现了土地的集中、现代生产力要素的聚集，优化了农业资源配置，破解了家庭经营应用先

---

① 如果按现有耕地 586725 亩计算，也达到了 53.86%。

② 成都崇州"共营制模式"引关注，探索乡村振兴发展新路径，http://finance.newssc.org/system/20180123/002352743.html.

③ 王成龙：崇州农业"共营制"解决现代农业发展三大难题，http://www.farmer.com.cn/wszb2018/fz2018/xwjb/201802/t20180225_1358780.htm.

进科技和生产手段的瓶颈，实现了现代物质技术装备、企业家能力等先进生产要素与经营方式的高效对接，提高了土地产出率、资源利用率和劳动生产率，促进了现代农业经营的集约化、专业化、组织化和社会化，极大地改善了农业的规模经济、分工经济与合作剩余分享机制，形成“共营共享”利益共同体。2016 年，崇州市土地股份合作社水稻单产达到了 583 公斤，比农户未入社前每亩增产 52 公斤。多数农业职业经理人经营的水稻每亩平均增产 10%，约 110 斤；生产资料投入与机耕机收成本下降 15%左右，约 90 元。特别是广大农民，不仅土地股权能分红，在家务农的可以在土地股份合作社打工挣钱，大部分家庭则能够从对小规模土地分散经营的依附中解脱出来，促进了农民向职业农民与产业工人的专业化分工。同时，“农业共营制”还延伸了农业产业链，创造了新的生产力，促进了农业信息、金融信贷、生产资料以及现代农业物流业的发展，推动了农业服务手段的现代化，实现了整体规模经营和效益的提升。

三是实现了经营目标的“共营多赢”。“农业共营制”立足于农村基本经营制度，落实了土地集体所有权、稳定了农户承包权、放活了土地经营权，实现了真正意义上的所有权、承包权、经营权的“三权分置”，保证了各个权能主体的权益，调动了各方面的积极性。村集体获得了公积金收益，入社社员实现了稳定增收，农业职业经理人实现了创业增收，专业化社会化服务组织实现了服务增收，政府实现了保护耕地、推进土地适度规模经营、保障粮食安全的社会责任。可以这样说，“农业共营制”兼顾了农户、专业组织、集体与国家等各方面的利益，各方权益得到有效保障，农业生产力水平及健康发展能力显著增强，创造了微观经营主体发展目标与国家宏观政策目标的“激励相容”与“合作共赢”局面。

二、农业共营制对农业环境的影响

农业究其本质来讲，离不开对自然力的可持续利用。这也是农业区别于其他经济部门特别是工业部门的最大特点，更进一步讲，农业是对特定地域的土壤、降水、光照、积温等自然力的利用和再利用，其生产对象是具有生命力的物质。土壤等物质不仅决定了特定区域农产品的种类和品质，而且直接影响到农业自身的可持续性。健康的农业不仅仅取决于土地与劳动力、资本和科技的结合程度和结合方式，而且从根本上来说，受制于土地本身的质量和生产力。土地的质量和生产力反过来与土地的利用方式紧密相关。在现代农业语境下，土地的利用方式在很大程度上取决于土地的产权制度安排。以崇州市为代表的“农业共营制”，实现了土地与劳动力、资本和农业社会化服务体系的有机结合，对于提高土地的利用效率以及农业劳动生产率具有重要意义，实践证明这也是较为有效的一种基本制度，尤其是在中国特殊的国情和农情下。

从一般意义上讲，“绿肥铺底，农家肥当家”是中国传统农耕文明的高度概括。这种农耕文明不仅有利于维护耕地的质量和生产力，而且也有利于提高农产品的质量。在中国的农业文明史上，这种农耕文明与小农户生产形成了天然的共同体，支撑了中国农业的较长历史时期。但是，随着人口的持续增加和农业生产方式的变革，这种农业文明越来越受到挑战，甚至被人诟病，慢慢地被以化肥农药为代表的新的石油农业所代替。这些化肥农药等现代农业投入品的利用，推动了农业经营方式的变革，使规模经营成为现代农业的标志之一，对于提高土地产出率和劳动生产率作出了重大贡献。换句话说，化肥农药等现代农业投入品与规模经营形成了一种新的结合体，越来越成为主导的农业发展方式，尤其是在现代农业的话语体系下。“农业共营制”在某种意义上也是这种话语体系的最好诠释。一方面使小农户生产变成了规模化大生产，另一方面也提升了农业社会化服务的层次和水平，使农业生产更具效率和竞争力。

但是，这种具有现代农业特征的农业生产方式，是否有利于提高农产品质量和农业的可持续性却需要给予高度关注，尤其是当中国农业进入到了质量兴农和绿色兴农的新阶段。质量兴农和绿色兴农从一般意义上讲，都强调农业的生产质量和农产品的质量。没有农产品质量，就不可能有农业的生产质量，农产品的质量是结果，农业的生产质量是过程。而反过来讲，没有农业的生产质量做保证，也不可能有农产品的质量。一句话，农业的生产质量和农产品质量都需要以农业安全为前提。这里的农业安全，不仅仅是农产品的数量和质量安全，还包括农业资源安全和农业生产环境安全。而农业资源安全和农业生产环境安全，又是农产品质量安全的重要基础，没有农业资源安全和农业生产环境安全，就不可能有农产品质量安全，也就不可能有农业生产安全，当然也就谈不上质量兴农和绿色兴农。

毫无疑问，“农业共营制”确实带来了农业效益的全面提升，形成了共赢的局面。但从质量兴农和绿色兴农或者农业安全的角度来讲，还有进一步完善和提升的空间，而且这种完善和提升不仅不会降低现行经营方式的效率，甚至还可以提升效率。对此，我们通过重点调查，了解了“农业共营制”的现行生产体系特点。从对乡（镇）农技推广部门负责人的调查发现，“农业共营制”最主要的贡献就是标准化生产，以及通过标准化和机械化带动的生产成本的降低。一位站长对比了“农业共营制”和小农户经营的主要差别，详见表4-1。

表4-1：农技推广站站长对“农业共营制”和小农户经营差别的看法

	“农业共营制”	小农户经营
肥料使用水平	复合肥60公斤（45%含量，氮磷钾比例为15:15:15）	复合肥：120公斤（多数是25%含量的）
	尿素：20公斤	尿素：30公斤
	钾肥：10公斤	钾肥：一般情况下不用
	农家肥：500公斤	农家肥：750公斤，约20担
肥料施用方法	测土配方定施	农户自己凭经验施
肥料价格	比小农户自己买便宜约20%	价格高，且质量不一定有保证
农药	政府采购免费使用，每亩约70元	农资店劝用，尤其是助苗剂，每亩约100元
种子	批发，稻种4.5-5.0元/公斤×9公斤≈45元，麦种3.5-6.5元/公斤×25公斤≈110元	水很深（情况很复杂），批发和零售价格可以差一倍，稻种单价约为5.5-6.0元/公斤，麦种8.5-9.0元/公斤
劳动力	请工5个：80元/工	请工5个，平时不计成本
农机使用费	犁地：大春60元，小春30元 收粮食：大春65-70元 小春40-45元	犁地：大春70元，小春如果使用国家禁用的“一扫光”可以不犁 收粮食：大春75-80元 小春50-55元
烘干	200元/吨，政府补助20元/吨	230元/吨，没有补贴
粮食产量	水稻550公斤，小麦350-400公斤	水稻350-600公斤，小麦300公斤
产值	2400元左右	2100元左右
成本	约870元	1000元左右
毛收入	约1500元	约1100元

从这位镇农技推广站负责人的比较中不难看出，“农业共营制”比小农户经营最大的优势就是标准化生产，这不仅可以保证获得合格的农业投入品，而且价

格便宜约10—20%。另外一个优势是可以广泛使用农业机械，从而降低劳动力的投入，这确实能够很好地解决“谁来种地”的问题。当然，生产成本降低直接带来的一个好处就是收益增加了，每亩的毛收入高出了约400元。这位负责人还分享了另外一个重要差别是农技服务质量。一般来说，一个乡镇的农技服务人员大约是8—10人，过去服务的对象超过了5000个，可以想象服务水平和质量都无法保障；而现在的直接服务对象不超过20个，且受教育程度和知识技能较高，从而使他们在提供农技服务时交流沟通更有效，服务内容可以更加全面和细致，质量和效果也就更好。他以自己所在的镇为例，全镇117个村委会，5700多户，其中农业户4000多户；现在种地的只有10个合作社，2个农场，2个专业大户和1个粮食储备库。服务对象大大减少，一般情况下，1个小时可以到达现场，最长不超过半天。

随后，我们与一个合作社的理事长进行了重点交流，话题还是“农业共营制”与小农户经营的差别。得到的信息有一定出入，尤其是肥料的施用情况及土地的经营管理等方面，详见表4－2。

表4－2：合作社理事长对“农业共营制”和小农户经营差别的看法

	“农业共营制”	小农户经营
水稻用肥情况（单位为亩）	复合肥：50公斤	复合肥：60公斤
	尿素：10公斤	尿素：不用（因为用了农家肥）
	钾肥：10公斤	钾肥：10公斤
	农家肥：多数不用	农家肥：50－60担
小麦用肥情况（单位为亩）	复合肥：40－50公斤	复合肥：40－50公斤
	尿素：8－10公斤	尿素：8－10公斤
油菜用肥情况（单位为亩）	复合肥：40公斤	氮肥：40－50公斤
	尿素：15公斤	尿素：15公斤
	磷肥：50公斤	磷肥：50公斤
	硼肥：15公斤	硼肥：15公斤
	农家肥：不用	农家肥：20担
肥料施用方法	测土配方定施	农户自己凭经验施

续表

	"农业共营制"	小农户经营
农药	政府采购，有技术保障	使用量和成本高出20%以上，多数农户担心效果不佳，用量大
种子	批发：稻种4.5－5.0元/公斤×9公斤≈45元；麦种3.5－6.5元/公斤×25公斤≈110元	水很深（情况很复杂），批发和零售价格可以差一倍，稻种单价约为5.5－6.0元/公斤，麦种8.5－9.0元/公斤
水稻劳动力使用成本	放水：35元；育秧＋运输：50元；挑秧：50元；栽秧：150元；打药：50元；施肥：75—80元	节约40%左右，因为有些环节可以顺带进行
粮食产量	水稻650公斤，小麦300公斤，油菜籽150公斤	水稻600公斤，小麦250公斤，油菜籽185－190公斤
产值	2400元左右	2200元左右
直接成本	1000元左右	1100元左右
毛收入	1400元左右	1100元左右

这位理事长本人原来也是一个小农，过去自己种了1.15亩土地，由于没有精力好好管理，也不是很重视，每年只能产水稻500公斤（产值约1250元），产小麦250公斤（产值600元）。他认为"农业共营制"和小农户经营最大的差别是肥料使用不同，农户不管怎样，都要使用一些农家肥，而农业职业经理人基本只用化肥，但由于用心管理，所以粮食单产比小农户的还要高些，一般高出约10%，但如果小春是种油菜的话，反过来比小农户要低10%以上，原因是没有用农家肥。

另外，这位理事长也比较了两种经营方式的生产体系。"农业共营制"下，水稻田的水排得晚，也不容易排干，地因此含水量大，杂草较多，尽管水稻和小麦秸秆留得高（我们观察到的水稻秸秆留下了50公分以上），但不仅需要增加破碎的工序和成本（每亩50—60元），而且地比较难耕种，一是杂草多，二是秸秆不易腐烂，加之很少用农家肥，土地已经出现板结的情况。相反，小农户自家经营，水稻田的水排得早、排得干，不仅不容易长杂草，而且经过一段时间的翻晒，有利于提高土壤肥力。作物秸秆留得矮些，杂草少了，也不需要破碎麦地的工序，且由于使用了农家肥，土壤不易板结。

这位理事长认为，“农业共营制”每亩的产值每年比一般小农户经营能够高出200元左右，但对于土地股份合作社和农业职业经理人来讲，这不是收入的主要来源。对于农业职业经理人来讲，最主要的收入还是政府的规模化种粮补助。他告诉我们，2015年，四川省每亩补助100元，成都市每亩补助400元；2016年，四川省的补助每亩减为60元，但成都市的没有变。也就是说，规模种粮经营主体2015年每亩获得的补助是500元，2016年为460元，已经比他们种粮的纯收益还高了。这位理事长告诉我们，他本人作为村委会的书记，每月的补助是2400元，但他们村委会的干部还经营着400多亩土地，尽管多数是不连片和不便经营的，2016年得到的省市补贴就是18.6万元，人均分得36800元，还不包括收益分成。当然，对于普通农户来讲，除了获得入股分红收益外，也可以获得国家的各种农业补助，每亩约450元。

从以上讨论不难看出，目前崇州市“农业共营制”下的农作物及其生产体系大多还都是传统品种和生产技术。尽管由于农业职业经理人的引入，管理更加规范和标准，但很明显，农家肥的使用量减少了或者不用了，而化肥的使用量也并没有减少。这不仅会对土壤有机质的再生产产生影响，而且会影响到产品和产业的质量。当然，在“农业共营制”下，通过留长作物秸秆，使大部分作物秸秆还田，既可以提高土壤的有机质，也可以减少作物秸秆焚烧带来的环境污染。崇州市有关部门通过使用秸秆腐熟剂，验证了作物秸秆还田对土壤改良和培肥的效果。但大面积推广的效果如何还需要更多试验。这一试验采用的原料是有机物料腐熟剂，其有效活菌数（枯草芽孢杆菌+纤维素链霉菌+黑曲霉）≥0.5亿/克。试验设计了三个处理方案：无小麦秸秆还田+常规施肥（CK1）、小麦秸秆还田+常规施肥（CK2）和小麦秸秆还田（每亩300公斤）+秸秆腐熟剂+常规施肥（CK3），每个小区面积为30平方米（5米×6米），三次重复，随机排列，秸秆腐熟剂施用量每亩2公斤。试前水稻单产500公斤，试验品种为辐优838，基肥每亩施45%（15-15-15）复合肥25公斤，水稻返青后，追施尿素7.5公斤、氯化钾5公斤，其他田间管理完全相同。试验结果表明，采取小麦秸秆还田+秸秆腐熟剂+常规施肥处理的粮食产量最高，达560公斤/亩，比CK1的每亩490公斤高出了14.29%，比CK2的每亩520公斤高出了7.69%。从每亩水稻有效穗数、每穗实粒数、千粒重产量等指标来看，施用秸秆腐熟剂对水稻质量有明显影响，有效穗数达到了每亩14.8万穗，比CK1增加了0.55万穗，比CK2增加了0.3万穗。土壤有机质达到了3.82克/公斤，比CK1和CK2分别增加了0.59和0.07克/公斤。同时，每亩水稻的纯收入达到了948元，比CK1和CK2分别高出了22.80和10.75个百分点，详见表4－3。但从试验到大面积推广能产生的效果如何还有待时间的检验。

表4－3：施用秸秆腐熟剂对水稻生物性状影响的试验结果

	无小麦秸秆还田＋常规施肥（CK1）	小麦秸秆还田＋常规施肥（CK2）	小麦秸秆还田＋秸秆腐熟剂＋常规施肥（CK3）
亩产量（公斤）	490	520	560
株高（厘米）	94.1	95.7	96.2
有效穗数（万穗/亩）	14.3	14.5	14.8
穗粒数（粒/穗）	142.3	143.5	143.7
实粒数（粒/穗）	123.5	128.5	135.7
结实率（%）	86.8	89.5	94.4
千粒重（克）	28.0	28.0	28.2
有机质（克/公斤）	3.23	3.75	3.82
全氮（克/公斤）	1.83	1.96	1.98
速效磷（毫克/公斤）	23.1	23.3	23.4
速效钾（毫克/公斤）	118.8	135.7	137.5
产值（元/亩）	1372	1456	1568
投入（元/亩）	600	600	620
纯收入（元/亩）	772	856	948

资料来源：根据崇州市农发局提供的资料整理。

三、问卷调查提供的支撑

为了进一步调查了解村民对“农业共营制”所导致的耕地利用方式，及其对土壤生产力影响的基本看法，调研组选择了黎坝村和顺江村进行了问卷调查。两个村共完成了113份问卷，其中黎坝村55份，顺江村58份。调查对象的平均年龄为52.22岁，其中年龄最大的为81岁，最小的为27岁，年龄在60岁及以下的有34人，占30.09%，说明多数年轻人都外出务工了。在受访的113人中，男性61人，占有效样本数的53.98%，女性52人，占46.02%。受访者的受教育年限主要集中在小学和初中两个阶段，分别占49.56%和26.55%，另有22.12%的受访者没有受过任何教育；有2人获得了高中及以上教育，占1.77%。受访者的职业以农业为主，共有53人，占有效样本的46.90%，另外有1人从事工矿业，有13人从事建筑业，占11.50%；有6人从事商业，占5.31%；有2人从事餐饮业，占1.77%；有多达38人选择了其他，主要是在家养老或因病不能劳动。样本农户总人口462人，户均4.09人，其中女性人口231人，刚好占一半；劳动人口293人，户均2.59人，其中女性141人，占48.12%。

样本农户承包农地人口达到了407人，占家庭人口数的88.10%，原因是人均土地面积有限，土地多次调整，因此所有样本农户都分到了土地。由于地处成都平原，农地以水田为主，证上水田面积为435.06亩，户均3.85亩，最多的有8.40亩，最少的只有0.65亩；按承包人口计算人均1.07亩；按现有人口计算人均0.94亩，但户与户之间差别较大，人均最多的有2.50亩，最少的只有0.22亩。人均0.50亩及以下的有11户，占9.73%；人均在0.51—1.00亩之间和1.01—1.50亩之间的各有44户，分别占38.94%；人均1.51—2.00亩之间的有10户，占8.85%；人均2.01亩及以上的也只有4户，占3.54%。

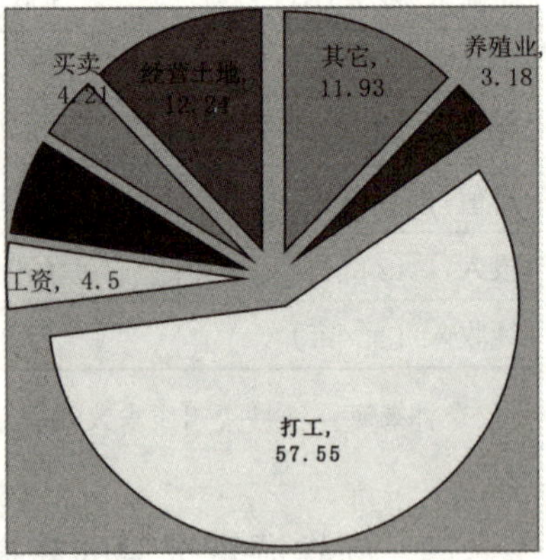

图4－1

在全部劳动力中，仍然在家从事农业的只有87人，占29.69%；在家从事其他劳动的有8人，占2.73%；有198人常年外出打工，占67.58%。由于人均占有农地面积很少，且大多劳动力常年外出务工，加之土地股份合作社的成立，有107户人家把所有水田都入了社（即转出面积），面积达422.59亩，占承包农地面积的97.03%。保留土地自己经营的只有7个农户，且其中3户是农业职业经理人或者专业大户。这3户人家实际经营的农地面积为483.90亩（最大的270.00亩，最少的82.00亩，中间的131.90亩），他们转入的农地面积达479.00亩，占其实际经营面积的98.99%，即只有4.90亩是自己的承包地。剩下4户还经营着农地的农户，实际经营面积为7.57亩，户均1.89

亩，最多的4.80亩，最少的只有0.12亩。这也说明土地股份合作社实实在在起到了作用，绝大多数农户都把自己的承包农地入了社。另外，还有2户分到了果园，面积为2.02亩，其中分到2亩的农户还转包了80亩，也已经成为专业大户；还有30户人家拥有菜园，总面积为6.93亩，户均0.23亩，最多的0.80亩，最少的只有0.02亩。

尽管多数家庭的农地都入了社，但样本农户平均仍然有12.24%的收入来自于土地经营，有54个农户没有土地经营收入，占47.79%；有30个样本农户的土地经营收入不过也在10%以下，占26.55%；有22个样本农户的土地经营收入在10—50%之间，占19.47%；有8个样本农户经营土地的收入占到了其家庭收入的50%以上，占7.08%。换句话说，有84个样本农户从土地经营得到的收入不超过其家庭收入的10%，占有效样本的74.36%。相反，在113个样本中，没有打工收入的只有18个样本农户，仅占15.93%；打工收入不超过家庭收入10%的也只有4个家庭，占3.54%；打工收入占其家庭收入10—50%的家庭有20个样本，占17.70%；而打工收入占其家庭收入超过50%的多达71个样本，62.83%。另外，农户还有11.93%的收入来自于“其他”，这实际上就是农地入股分红的收入，几乎相当于经营土地的收入所占份额，详见图4－1。样本农户对自家在村里的生活水平也给出了较客观的表述，认为属于上等的有1户，占0.88%；认为是中上等的有12个样本，占10.62%；认为是中等的多达69个样本，占61.06%；认为是中下等的有26个样本，占23.01%；认为是下等的也只有5个样本，占4.42%。

由于多数农地入社了，绝大多数农户对土地化肥农药的使用情况不是很掌握，认为“差不多一样”的有22个样本，占19.47%；认为“越来越多”的有11个样本，占9.73%；认为“越来越少”的有28个样本，占24.78%；而认为“说不清”的有52个样本，占46.02%。而对于农家肥（含有机肥）的使用情况，认为与往年“差不多一样”的有44个样本，占38.94%；认为“越来越多”的有19个样本，占16.81%；认为“越来越少”的有9个样本，占7.96%；认为“说不清”的有29个样本，占25.66%；而有12个样本农户选择“不知道”，占10.62%。对于承包地和租来地化肥农药使用有无差别的问题，有26个样本回答“有差别”，占103个有效样本的25.24%；有39个样本回答“没有差别”，占37.86%；有38个样本回答“说不清”，占36.89%。对于回答有差别的样本农户来说，有19个认为是“土质情况不一样”，占21个有效样本的90.48%；

认为“租来的不是自己的”和认为“其他”的各有1个样本，分别只占4.76%。而样本农户认为村里其他农户对于自家承包农地和租来农地化肥农药使用情况的回答，出现了与上述回答不太一致的情况，认为“差不多一样”的有28个样本，占104个有效样本的26.92%；认为“越来越多”的有40个样本，占38.46%；认为“越来越少”的只有10个样本，占9.62%；而认为“说不清”的有26个样本，占25.00%。

对于自家承包农地农家肥的使用情况来说，认为与往年“差不多一样”的有27个样本，占96个有效样本的28.13%；认为“越来越多”的有39个样本，占40.63%；认为“越来越少”的也有30个样本，占31.25%。但选择了“越来越多”的样本农户，只有4个给出了增加的比重，且只有10—30%；而选择了“越来越少”的农户，也只有4户给出了具体的比例，减少了20%和80%的分别有2户。对于村里其他农户承包地和租来地农家肥使用有无差别的问题，有31个样本回答“有差别”，占101个有效样本的30.69%；有46个样本回答“没有差别”，占45.54%；有8个样本回答“说不清”，占7.92%；有16个样本回答“不知道”，占15.84%。对于自家承包地和租来地农药使用情况的回答，有20个样本农户回答“有差别”，占97个有效样本的20.62%；有61个样本回答“没有差别”，占62.89%；有16个样本回答“说不清”，占16.49%。

对于不使用化肥农药与使用化肥农药的产品在市场上卖价是否有差异的回答很有意思，有41个样本回答“有差别”，占98个有效样本的41.84%；认为“没有差别”的有14个样本，占14.29%；认为“说不清”的有15个样本，占15.31%；认为“没有考虑过”的有9个样本，占9.18%；认为“市场上没有不用化肥农药的产品”的有19个样本，占19.39%。而对于认为“有差别”的41个样本农户来说，认为不超过10%的有11个样本，占有效样本的26.83%；认为高出10—30%的有25个样本，占60.98%；认为高出30%的只有5个样本，占12.20%。而认为要高出10%才划算的只有1个样本，占28个有效样本的3.57%；认为要高出30%才划算的有6个样本，占有效样本的21.43%；认为要高出40%才划算的有3个样本，占有效样本的10.71%；而认为要高出50%才划算的有18个样本，占有效样本的64.29%。

对于政府对不用化肥农药的农产品有无支持政策的回答是：53个样本农户回答“有支持”，占112个有效样本的47.32%；有28个回答“没有支持”，占有效样本的25.00%；有16个回答“不知道”，占有效样本的14.29%；有15个回答“没有听说过”，占有效样本的13.39%。对于回答了“有政策支持”的农户来说，11人认为是“项目优先”的，占46个有效样本的23.91%；有21人回答是给“补贴”的，占有效样本的45.65%；有14人回答主要是“科技培训”，占有效样本的30.43%。相应地，对于当地政府对农户使用农家肥和有机肥有无支持政策的回答是：53人回答“有支持”，占106个有效样本的刚好一半；有22个回答“没有支持”，占有效样本的20.75%；有17个回答“不知道”，占有效样本的16.04%；有14人回答“没有听说过”，占有效样本的13.21%。对于回答了“有政策支持”的农户来说，12人认为是“项目优先”，占40个有效样本的30.00%；分别有13人回答是“补贴”和“科技培训”，分别占有效样本的32.50%；另有2人回答是“市场推广”，占有效样本的5.00%。

以上初步结论与3个农业职业经理人或专业大户访谈时反映的情况基本一致。这3户的农地经营收入分别占家庭收入的50%、90%和40%。他们都认为近些年的化肥使用量增加了，分别为40%、20%和10%；而农家肥的使用量却减少了，分别为50%、20%和10%；农药的使用量也增加了，分别为30%、15%和20%。但对于土质变化情况，有2个农户认为“越来越松软了”，而另外1个农户认为“越来越板结了”，详见表4－4。

表4－4：3个农业职业经理人或专业大户问卷调查主要信息

	农业职业经理人甲	农业职业经理人乙	农业职业经理人丙
被访者年龄（岁）	41	60	30
被访者性别	男	男	男
被访者受教育程度	高中毕业	初中毕业	大专毕业
经营农地面积（亩）	82.00	270.00	131.90
其中自家承包面积	5.25	7.50	3.90
农地收入占家庭收入%	50	90	40
每亩化肥使用量	+40%	+20%	+10%
总的农家肥使用量	-50%	-20%	-10%
每亩农药使用量	+30%	+15%	+20%
土质状况	越来越松软	越来越松软	越来越板结

崇州市的“农业共营制”发端于2010年，对比当前与2010年的情况，可以看出样本农户对于自家承包土地与租种土地化肥农药和农家肥使用情况的变化。问卷调查结果显示，样本农户对自家承包土地和租种土地化肥农药和农家肥使用的判断，出现了较为复杂的情况，既有认为增加的，也有认为减少的，多数认为差不多或者说不清，且自家承包土地和租种土地没有太大差别。对于自家承包的土地来说，有28个样本农户认为化肥使用量增加了，占113个有效样本的24.78%，平均增幅为23.75%，最低5.00%，最高100.00%；但同时认为减少的也有29个样本，占有效样本的25.66%，平均减幅为31.72%，最低10.00%，最高60.00%；有32个样本农户认为“差不多”，占有效样本的28.32%；有24个样本农户陈述了“说不清”，占有效样本的21.24%。而对于租种地样本农户来说，认为增加的也只有23个样本，占106个有效样本的21.70%，平均增幅为28.40%，最低10.00%，最高80.00%；而认为减少的也有20个样本，占有效样本的18.87%，减幅为18.93%，最低10.00%，最高50.00%，详见表4-5。

表4-5：与10年前相比农户自家承包土地和租种土地的化肥使用变化

	自家承包土地			租种土地		
	样本数	占总样本%	占有效样本%	样本数	占总样本%	占有效样本%
增加了	28	24.78	24.78	23	20.35	21.70
减少了	29	23.75	23.75	20	17.70	18.87
差不多	32	28.32	28.32	28	24.78	26.42
说不清	24	21.24	21.24	35	30.97	33.02
无信息	0	0.00		7	6.19	
合 计	113	99.99	99.99	113	99.99	100.01

在农户改变了化肥使用量的同时，农家肥（包括有机肥）的使用也发生了变化，但并不是增加化肥使用量就减少农家肥使用量；也不是减少化肥使用量，再增加农家肥使用量，且在自家承包土地和租种土地上有些差别。对于自家承包土地来说，认为农家肥使用量增加的有34个样本，占112个有效样本的30.36%，平均增幅为27.35%，最少为15.00%，最多为80.00%；而认为减少的有25个样本，占有效样本的22.32%，平均减幅高达69.20%，最少为

20.00%，最多达100.00%；另有26个样本认为“差不多”，占有效样本的23.21%；陈述了“说不清”的有27个样本，占有效样本的24.11%。而对于租种土地的样本农户来说，认为增加的为22个样本，占104个有效样本的21.15%，平均增幅也高达24.55%，最少为10.00%，最多达100.00%；认为减少的有25个样本，占有效样本的24.04%，平均减幅为60.40%，最少为30.00%，最多达80.00%，详见表4-6。

表4-6：与10年前相比农户自家承包土地和租种土地的农家肥使用变化

	自家承包土地			租种土地		
	样本数	占总样本%	占有效样本%	样本数	占总样本%	占有效样本%
增加了	34	30.09	30.36	22	19.47	21.15
减少了	25	22.12	22.32	25	22.12	24.04
差不多	26	23.01	23.21	29	25.66	27.88
说不清	27	23.89	24.11	28	24.78	26.92
无信息	1	0.88		9	7.96	
合 计	113	99.99	100.00	113	99.99	99.99

农户对农药使用量变化的认知上表现出与对化肥使用量变化的认知基本相近的情况，既有认为增加的，也有认为减少的，多数认为“差不多”，但在自家承包土地和租种土地上没有显著差别。对于自家承包土地来说，认为农药使用量增加的有18个样本，占110个有效样本的16.36%，平均增幅为18.89%，最少为10.00%，最多为50.00%；而认为减少的有24个样本，占有效样本的21.82%，平均减幅达30.83%，最少为10.00%，最多达70.00%；有43个样本认为“差不多”，占有效样本的39.09%；陈述了“说不清”的有25个样本，占有效样本的22.73%。而对于租种土地的样本农户来说，认为增加的有17个样本，占106个有效样本的16.04%，平均增幅为14.24%，最少为2.00%，最高的为30.00%；认为减少的有22个样本，占有效样本的20.75%，平均减幅为21.36%，最少为20.00%，最多达50.00%，详见表4-7。

表4－7：与10年前相比农户自家承包土地和租种土地的农药使用变化

	自家承包土地			租种土地		
	样本数	占总样本%	占有效样本%	样本数	占总样本%	占有效样本%
增加了	18	15.93	16.36	17	15.04	16.04
减少了	24	21.24	21.82	22	19.47	20.75
差不多	43	38.05	39.09	40	35.40	37.74
说不清	25	22.12	22.73	27	23.89	25.47
无信息	3	2.65		7	6.19	
合 计	113	99.99	100.00	113	99.99	100.00

上述初步结论还可以从他们了解的对周边农户自家承包、自家经营土地与租出土地化肥农药使用变化情况得到进一步支持。被调查农户认为，村里出租出去的土地化肥农药使用量比自家承包经营地高的有18个样本，占98个有效样本的18.37%；认为比自家低的也有12个样本，占有效样本的12.24%；认为差不多的有多达40个样本，占有效样本的40.82%；而选择“不知道”的有28个样本，占有效样本的28.57%。认为高的样本农户的平均水平高出了11.39%，最低为5.00%，最高为30.00%；而认为低的低出了44.58%。

正因为农户对化肥农药及农家肥使用情况出现了很分散的看法，所以他们对土地基本状况的判断呈现出较乐观的结论。对于自家承包的土地来讲，认为“土质越来越板结了”的只有10个样本，占113个有效样本的8.85%；认为“土质越来越松软了”的有多达54个样本，占有效样本的47.79%；认为“差不多”的有45个样本，占有效样本的39.82%。对于租种土地来说，认为“土质越来越板结了”的也只有11个样本，占111个有效样本的比重为9.91%；而认为“土质越来越松软了”的也有40个样本，占有效样本的36.04%；认为“肥力越来越差”的有17个样本，占有效样本的15.32%；认为“肥力越来越高”的有27个样本，占有效样本的24.32%，详见表4－8。认为土质发生变化的主要原因是农家肥和有机肥使用多了的有44个样本，占104个有效样本的42.31%；认为是化肥农药使用多了的只有13个样本，占有效样本的12.50%；认为是没有轮换耕种的有7个样本，占6.73%；选择了“不知道”的多达30个样本，占有效样本的28.85%；还有8个样本选择了“其他”，占7.69%。而对于化肥农药使用多了及农家肥使用少了的原因，有多达35个样本认为是“没有牲口，农家肥少了”，占98个有效样本农户的35.71%；有10个样本认为是“农家肥太耗劳动力”，占10.20%；有6个样本认为是“习惯了”，占6.12%；有多达33个样本选择了“其他”，占有效样本的33.67%。

表4-8：农户认为自家承包土地和租种土地的土质变化情况

	自家承包土地			租种土地		
	样本数	占总样本%	占有效样本%	样本数	占总样本%	占有效样本%
板结了	10	8.85	8.85	11	9.73	9.91
松软了	54	47.79	47.79	40	35.40	36.04
差不多	45	39.82	39.82	17	15.04	15.32
其 他	0	0.00	0.00	27	23.89	24.32
说不清	4	3.54	3.54	16	14.16	14.41
无信息	0	0.00		2	1.77	
合 计	113	100.00	100.00	113	99.99	100.00

从老百姓对当地自然灾害的认知来看，主要集中在病虫灾害和风灾上。认为第一位是病虫灾害的有32个样本，占107个有效样本的29.91%；同时还有20个样本把病虫害放在了第二位，占第二位有效样本的54.05%。认为第一位是风灾的有31个样本，占有效样本的28.97%，另外还有3个样本把风灾放在了第二位，占第二位有效样本的8.11%，有2个放在了第三位，详见表4-9。

表4-9：样本农户对当地自然灾害的认知

灾害类型	第一位		第二位		第三位	
	频数	有效百分比	频数	有效百分比	频数	有效百分比
没有	42	39.25	0	0.00	0	0.00
风灾	31	28.97	3	8.11	2	11.76
病虫灾害	32	29.91	20	54.05	0	0.00
泥石流	0	0.00	0	0.00	0	0.00

续表

灾害类型	第一位		第二位		第三位	
	频数	有效百分比	频数	有效百分比	频数	有效百分比
旱灾	1	0.93	0	0.00	0	0.00
霜冻	0	0.00	4	10.81	10	58.82
洪涝灾	1	0.93	10	27.03	5	29.41
无信息	6		76		96	
合计	113	99.99	113	100.00	113	99.99

四、初步结论

1. “农业共营制”作为一种新的土地产权制度配置方式和新型农业经营体系，坚持了土地所有权归集体、承包权归集体经济组织成员、经营权归农业职业经理人的“三权分置”原则，既让集体所有权通过公积金形式得以部分实现，也通过股份分红保护了承包农户的基本收益，还让农业职业经理人能够从农业经营中获得较好收益，由土地产权的共营达到了收益的共享，最终实现整个经营方式的共建、共营、共享和共赢。其核心是“土地股份合作社＋农业职业经理人＋农业综合服务”。土地股份合作社是一种新的土地产权配置方式，农业职业经理人是农业专业化的新型经营主体，而农业综合服务则是新的农业社会化服务体系。

2. 从示范和推广意义来讲，“农业共营制”最重要的是找到了从根本上缓解“地碎、人少、钱散、缺服务”四个制约和解决“谁来经营”“谁来种地”“谁来服务”三个难题的有效途径。这实际上是中国农村改革发展面临的共同难题，只是不同地方的表现程度不同而已。“土地股份合作社＋农业职业经理人＋农业综合服务”三者“三位一体”，成为“农业共营制”这样一种新型农业经营体系的基本要素，既较好地实践了农地“三权分置”的基本理念，也很好地解决了谁来种地的难题，还找到了有效的农业社会化服务方式。

3. 作为一种新型农业经营体系，“农业共营制”在崇州市取得了很大成功，关键在于一方面使农民成为一个有吸引力的职业，把有能力、有意愿从事农业的人聚在一起，实现了土地与劳动力和资本以及科技的有效配置；另一方面又把大量无意从事农业的小农从分散的土地上解放出来，并让这些农村剩余劳动力能够全身心地投入到其他产业，实现劳动力与其他生产要素的有效结合。这是为什么尽管崇州市农民收入中土地经营收入只占到3%左右，但2011年以来，农民收入增速能够快于成都市、四川省以及全国平均水平的重要原因。

4. 这种新型农业经营体系，在提高了土地产出率的同时，提高了劳动生产率。土地产出率的提高既有农业产出水平提高的贡献，还有农业生产成本降低的贡献；而农业劳动生产率的提高，则主要是由于规模生产采用了大量农业机械，从而降低了劳动力的投入。土地产出率和劳动生产率的提高，是这种新型农业经营体系能够得到迅速推广的重要原因之一，也是能够保证“共营”和“共赢”的前提。当然，四川省和成都市对规模经营真金白银的支持也是一个重要因素，毕竟每亩的补助达到了460—500元。

5. 当然，这种新型农业经营体系的土地产出率和劳动生产率水平都还有很大提升空间，因为目前大多农业职业经理人和专业大户采用的还是原有的生产技术和模式，大肥大药还是重要的投入要素和典型的生产方式。这种生产方式一定程度上能够提高产出率，但不一定能够提高效率，关键是如何利用国家质量兴农和绿色兴农的有利政策机遇，探索更高质量和更高效率的生产方式，从而提高竞争能力，实现可持续发展。

6. 适应于质量兴农和绿色兴农的时代要求，也需要进一步总结“农业共营制”如何持续提高土地生产力这个大问题。从本质上讲，是如何保持农业的固有属性的问题，即农业必须以维护和持续提高土地的生产力为基本前提，因为农业本身就是对有机物的生产和再生产过程。成都平原地区传统的农耕文明基础是“绿肥铺底，农家肥当家”。

7. 重点访谈和问卷调查获得的资料进一步表明，“农业共营制”下依靠的主要是化肥农药，进一步降低了农家肥的使用，这不仅不利于提高农业质量，而且可能导致环境问题，尤其是化肥农药过量使用导致的残留和农地污染问题。农业职业经理人和专业大户所主导的生产方式，化肥农药使用量总体上在增加，而农家肥的使用量则总体上在减少。这一增一减意味着土壤需要付出的多了，而获得补充的少了，这不仅不利于提高农业质量，而且可能导致环境问题，尤其是化肥农药过量使用导致的农地力下降和土壤污染问题。尽管这一问题目前在崇州市还不是很突出，因为调查结果也显示，通过当地作物秸秆还田和稻田养殖等方式，在一定程度上补充了土壤营养，控制了农地污染，但长久来看，维护和提高土地自身生产力水平都是一个严峻问题，需要引起高度关注。

加强农业服务体系建设
推动粮食生产优质高效发展

——湖南省湘阴县土地产权与环境状况研究案例

粮食安全是国家安全的重要组成部分。在“大国小农”的特殊国情下，我国保障和强化粮食安全除了依托规模化生产以外，不能忽视小农生产所起的重要作用。在种粮成本攀升、比较效益持续下滑的当下，大量青壮年劳动力离开土地、离开粮食生产，不仅直接威胁到国家粮食安全，而且对农业生态环境的改善造成越来越大的危害。湖南省岳阳市湘阴县的案例研究发现，随着去农化倾向的加剧，土地实现了适度规模经营，但不是集约化基础上的规模化，而是粗放式的规模化，其特征就是低投入、低产出。这种农业经营方式，尽管没有导致高强度的化肥农药使用，但离质量兴农和绿色兴农有相当大的距离，需要引起政策制定者的高度关注。

一、调查点基本概况

湖南省是我国重要粮食主产省份之一。2017 年粮食种植面积 4862.4 千公顷，比 2016 年减少了 28.2 千公顷，其中水稻种植面积 4048.8 千公顷，占粮食种植面积的83.27%①。湘阴县地处湖南省的东北部，不仅是湖南省重要的粮食基地，也是“长株潭”的“大码头”和“桥头堡”，具有重要的资源和区位优势，对粮食生产形成了“双刃剑”。

（一）自然资源状况

湘阴县，古称罗城。位于东经112°30′—113°02′，北纬28°30′—29°03′之间，南北长61公里，东西宽51.3公里，国土面积1581.5平方公里，隶属于湖南省岳阳市，地处湖南省东北部。县城南距湖南省省会长沙市38公里，处于“长株潭”半小时经济圈内。湘阴县还是“长株潭”地区沿湘江、过洞庭湖、经长江出海的必经通道，既是“长株潭”城市群沿江北上在洞庭湖的“大码头”，也是岳阳和武汉城市圈对接“长株潭”城市群的“桥头堡”，区位优势十分突出。全县下辖4乡10镇，419个行政村，2016年末总人口78万人。

县内地势东南高，西北低，形成一个微向洞庭湖盆中心的倾斜面。湘江自南向北贯穿全境，把全县分为东西两部，东部为丘陵岗地，西部为滨湖平原，形成“一山四水三分田，二分道路和庄园”的格局，是一个名副其实的“鱼米之乡”。土壤以水稻土、红壤、潮土为主，土地适种作物很多。境内河湖交汇，水域广阔。湘资两水在县内流经长度达260余公里，内江流经长度70余公里，有外湖81个，内湖78个，塘堰3372个，水坝2249座，水域面积98.6万多亩，可利用率在55%以上，为养殖、捕捞、灌溉、航运、工业用水提供了十分充裕的水源。

湘阴县属季风湿润气候区，四季分明，光照时间长，降水集中在春夏暖热季节，年平均气温为17℃，全年无霜期为223—304天，年日照1399.9—2058.9小时，年均降雨量1392.62毫米。全县有山林面积24万多亩，林业用地占陆地面积的16%，森林覆盖率为12.5%，主要分布在东部低山岗地。2017年全县有耕地面积63.3万亩，其中水田面积56.09万亩。全年粮食作物播种面积154.82万亩，其中稻谷播种面积131.73万亩；油料作物播种面积16.17万亩，棉花播种面积0.51万亩。年末农田有效灌溉面积119.4万亩，农业机械总动力达105.55

① 湖南省统计局、国家统计局湖南调查总队：湖南省2017年国民经济和社会发展统计公报，http://www.hntj.gov.cn/tjfx/tjgb/jjfzgb/201803/t20180313_4970734.html.

万千瓦①。

湘阴县有以水稻、红薯为主的10多种粮食作物，有以茶叶、棉花、荞头为主的15种经济作物，有以芦苇、湘莲为主的10余种水生经济作物，有以松、杉、樟、柳为主的228个树种，有以青、草、鲢、鳙、鲤和湘云鲫（鲤）为主的114个鱼类品种，有以猪、牛、山羊、鸡、鸭、鹅为主的9个畜禽种类②。农业资源可谓十分丰富。

（二）经济社会发展

改革开放以来，湘阴县的经济社会得到了持续快速发展，2016年，全县完成地区生产总值338.89亿元，比上年增长7.9%，其中第一产业增加值52.76亿元，增长3.1%；第二产业增加值185.48万元，增长7.5%；第三产业增加值100.65亿元，增长11.5%。一、二、三次产业分别拉动GDP增长5.96、3.11、3.58个百分点，一、二、三产业对GDP增长的贡献率分别为47.1%、24.6%和28.3%，其中第三产业的贡献率比上年下降了个11.7个百分点。一、二、三产结构比为15.57 ：54.73 ：29.70，与2015年比较，第一产业所占比重上升了2.87个百分点，第二产业比重下降了2.77个百分点，第三产业比重上升了0.1个百分点，其中高新技术产业增加值75.11亿元，占GDP比重的22.16%。

2017年，全县完成地区生产总值360.6亿元，比上年增长5.1%，其中第一产业增加值56.43亿元，增长4.6%；第二产业增加值190.83万元，增长4.7%；第三产业增加值113.35亿元，增长6.2%。三次产业结构为15.65 ：52.92 ：31.43。与2016年比较，第一产业比重又提高了0.08个百分点，第二产业下降了1.81个百分点，第三产业提高了1.73个百分点。按常住人口计算，人均GDP49928元③。

---

① 岳阳市统计局：湘阴县2017年国民经济和社会发展统计公报，2018年4月10日发布，http：//www.hntj.gov.cn/tjfx/tjgb/xqtjgb/yygxsq/201803/t20180330_4987128.html.

② 百度百科湘阴县 https：//baike.baidu.com/item/%E6%B9%98%E9%98%B4%E5%8E%BF/10369324？fr = aladdin

③ 岳阳市统计局：湘阴县2017年国民经济和社会发展统计公报，2018年4月10日发布，http：//www.hntj.gov.cn/tjfx/tjgb/xqtjgb/yygxsq/201803/t20180330_4987128.html.

比较发现，尽管近年来湘阴县工业、服务业发展较快，但是以农业、渔业为主的第一产业的生产总值仍占较大比重，并出现了回升势头。2016年，全县完成农林牧渔业总产值76.48亿元，同比增长3.24%，其中，农业产值33.04亿元，同比增长0.7%；林业产值2.55亿元，同比增长6.11%；牧业产值18.28亿元，同比增长2.72%；渔业产值21.38万元，同比增长7.17%；农林牧渔服务业产值1.24亿元，同比增长10%。2017年，全年实现农林牧渔总产值86.15亿元，增长4.84%。

2016年末，全县粮食产量59.92万吨，同比下降了2.04%，其中水稻总产量51.63万吨，同比下降5.6%；全年蔬菜种植面积24.96万亩，比上年增加1.33万亩，蔬菜产量6.42万吨，同比增长13.8%；茶叶产量2396吨，同比增长1.5%；水果产量6.85万吨，同比增长2.8%。全年出栏肉猪94.94万头，同比下降2.2%。肉类总产量7.46万吨，基本持平①。2017年，湘阴县粮食总产量60.75万吨，其中稻谷产量54.83万吨；棉花产量503.42吨，水果总产量4.11万吨。包括水稻在内的粮食产量有所增长，但水果产量大幅下降，降幅达40%。

二、粮食种植经营

湘阴县一直以水稻种植为主，粮食作物播种面积占农作物播种面积的80%以上，而水稻种植面积又占粮食作物种植面积的80%以上，但粮食生产主要依靠家庭经营为主的生产方式，因此，不仅受到了生产成本抬升和价格天花板的双重挤压，而且面临着资源约束加剧等多重制约，不仅危及粮食安全，也对环境造成了挑战。

（一）粮食产业规模

湘阴县的农业产业主要以水稻种植为主。湘阴县自古就是农业大县，是全国重要的商品粮生产基地县、全国农业标准化示范县，多次被评为“全国粮食生产先进县”和“全省粮食生产先进县”。农业种植以双季水稻、玉米、豆类、薯类等粮食作物为主。“十二五”期间，湘阴县粮食生产延续了“十一五”稳定增产

---

① 岳阳市统计局：湖南省湘阴县2016年国民经济和社会发展统计公报，2017年4月18日发布，http：//www.yueyang.gov.cn/tjj/22777/22781/content_705217.html.

的态势，连续丰产，创下了十一年连增的记录。“十二五”期间粮食总产的年平均增长速度为2.45%，粮食单产的年平均增长水平为1.08%，水稻单产的年平均增长水平为1.38%。2016年，全县粮食作物播种面积126.51万亩，其中稻谷面积109.86万亩，稻谷占粮食作物播种面积的86.34%。总产53.06万吨，平均每亩单产419.48公斤，尽管播种面积比2010年的145.2万亩减少了18.7万亩，但是总产仅比2010年的54.76万吨减少1.6万吨，平均单产比2010年的377.14公斤提高了42.34公斤①。2017年，水稻每亩单产为416.23公斤，比2016年略有下降。这大概可以观察到湘阴县粮食产业走向粗放化的一些端倪。

（二）粮食产业发展特点

调查分析发现，湘阴县以水稻为主的农业产业主要有以下几个鲜明特点：

1. 自然条件优越，非常有利于水稻种植。湘阴县属亚热带季风性湿润气候，四季分明，土壤肥沃，气候温和，雨量充沛，阳光充足，农田生态系统稳定。西部滨河平原，包括城西镇、新泉镇、岭北镇、湘滨镇、杨林寨乡、南湖洲镇等，位于洞庭湖畔，湘江贯穿全境，境内蓄水湖泊密布，水利资源较为丰富，农田水利设施配套完整，适宜机械化耕作，有利于双季稻的高产栽培，水稻以一年两季为主。而东部多丘陵、山岗地貌，土壤贫瘠，地势崎岖，灌溉水源不足，机械化程度低，水稻种植效益差，人们往往只为自家口粮在夏天种上一季。

2. 仍以家庭经营为主，缺少规模化的大户经营。湘阴县水稻种植仍以家庭经营为主，大部分家庭经营几亩到十几亩耕地，少部分经营面积在20—30亩之间，超过五十亩的很少，过百亩的规模经营户更是屈指可数。根据2014年的统计数据，湘阴县承包耕地面积达25.35万亩，全县30亩以上的种植大户4877户，其中100亩以上大户95户，几乎95%的都是小农户生产。尽管粮食生产基本形成了以“公司+协会+基地+农户”的产业化经营模式，龙头企业加基地连农户的订单农业模式不断壮大，但是，这些新型经营主体对小农户的带动作用很有限。目前，大米加工企业每年与农民订单收购面积达60万亩以上，只约占水稻作物种植的一半。

3. 农业机械化程度较高，形成了一批以农机生产服务为主的协会和合作社。湘阴县西部平原地区水稻种植已基本实现机械化，从耕田、播种、灌溉、喷洒农药到收割等各生产环节都可实现机械化作业，与此相适应的是以农业机械化生产

① 《湘阴县“十三五”粮食生产及种植业发展规划》。

服务为主的协会和合作社的蓬勃发展，部分地方的农药喷洒甚至已经实现无人机作业。在此基础之上建立起来的农业综合服务体系，对家庭生产起到了很好的促进作用，小规模的家庭经营得以实现将播种、打药、收割等农业生产的主要环节和工序进行外包，大大减轻了家庭经营的负担。"一个家庭仅保留一个劳动力，即可种植管理十多亩田地。"但这种以推进社会化服务为方向的经营体系变革还需要进一步强化。

4．政府扶持力度持续加大，相应技术资源形成有力支撑。"十二五"期间，地方各级政府狠抓粮食生产，为发展粮食生产奠定了坚实的基础。一方面，政府加大投入力度，积极改善水稻优势产业的发展条件。不仅依托农业综合开发、国土整理、高标准粮田建设、水稻标准化生产基地建设等项目，加大对产业优势区基础设施条件的改善力度，采取多种措施改造中低产田，实施了薄弱堤垸改造、病险水库除险加固、大中型泵站改造、"小农水"建设等各类农田水利工程千余项，全面提升了全县农业的防灾抗灾能力，而且大力推广集中育秧生产模式，在优势主产区形成水稻生产的品种、育秧、播种、生产管理、收割和销售的统一，大大提升了粮食生产的效率，增加了种粮效益。另一方面，政府通过创新服务机制，按照"以点带面、无缝覆盖"的思路，完成了乡镇农技站改革，优化了乡镇农技队伍；健全了以县农技推广中心为主体、以乡镇农技站和专业合作组织为依托、以科技示范户为基点的农技推广服务体系，将220多名基层农技推广人员工资津贴全部纳入县级财政预算，在一定程度上调动了农技推广人员的工作积极性。稻草还田、频振式杀虫灯等绿色生态农业技术得到普遍的推广应用；测土配方施肥技术实现全覆盖，每年为农民节约用肥成本1000万元以上；落实水稻病虫专业化防治面积20万亩，扶持和引进专业化防治组织7个，防治效果达98%以上。此外，县财政对种粮农民的直接补贴、良种补贴、农资综合直补、农机补贴等惠农补贴资金，以"一卡通"的形式及时足额打卡发放到农民手中，也在一定程度上使农民的种粮积极性得到进一步保护和提高。

5．粮食生产结构逐步优化。"十二五"期间，湘阴县的粮食平均产量水平稳步上升，粮食品种结构进一步优化，高产优质稻种植面积由12%提高到90%，基本实现了由低、中档优质稻向中、高档优质稻的转变。已建立15万亩全国绿色食品原料水稻标准化生产基地，2016年粮食高产创建面积接近60万亩。

（三）粮食产业发展存在的问题

尽管政府投入了大量资金、人力和物力对水稻产业进行积极扶持，但湘阴县以水稻产业为主的农业发展仍然存在一些突出问题。

1. 比较效益偏低，导致农民总体种粮意愿不高。近几年来，随着劳动力工价、机械作业费、农资价格的全面上涨，粮食生产成本持续上升，种粮效益大幅下降，农民的总体种粮意愿偏低。实地调查中，当地农民以 2016 年的水稻生产为例，为我们算了一笔账：如果种植双季稻，按照亩产 800 公斤计，成本大约 1000 元，产值大约 1100 元；如果种植一季稻，按照亩产 500 公斤计，成本大约 550 元，产值大约 800 元。即使有各种农业补贴，平均亩产值也就在 1200 元左右。显然，这样的经济效益不足以吸引青壮年劳动力回归农业，因此，农业的老龄化也就不可避免。调查中，很多农户表示，如果不是因为自家的农田被划成了基本保护农田，他们宁可抛荒也不会继续种植。不过 2016 年以来，出现了许多农业生产机械化服务的协会和合作社，只要交钱，就能把从育秧到收割的所有耕种工序都交给他们帮忙做，尽管成本会高些，利润会低些，但不需占用家里的主要劳动力，只要老人在家随便管着点就行。而一些既没有劳动力，又不愿全部请机械帮助生产，也不愿抛荒的家庭，则选择回归一种更加粗放的经营方式，即直接撒播、中间基本不加管理、后期随意收割的粗放生产经营模式。

2. 农业基础设施薄弱，总体抗风险能力依旧偏弱。尽管近年来政府对农田基础设施建设加大了投入力度，但是湘阴县基本农田建设任务重，农业基础设施陈旧老化，抵抗自然灾害能力不强仍是不争的事实。政府近年的基础设施建设投入主要侧重在边远山区或贫困地区，对城郊和经济条件好的地区反而没有投入，而这些地方恰恰是粮食生产的主要区域。以调查走访的学园村、杨红村一带为例，村民们都反映，当地几乎所有的农田基础设施都是三十多年前依靠当地村集体或农户家庭自己筹资修建的，大多数排灌设施普遍存在标准低、失修严重、使用效率衰减等问题，达不到旱能灌、涝能排的高产农田水利设施标准，抵抗自然灾害能力弱，尤其对经常性的洪涝灾害基本没有抵抗能力。

3. 农业生态环境较为脆弱，面源污染问题依旧严峻。长期以来，由于农药、化肥等的大量使用，湘阴县的农业面源污染问题较为严重。尽管近年来政府加大了治理力度，大力推广使用有机肥和低毒低残留农药，但是农业生态环境并没有得到根本的改善。加之渠道淤塞，水草疯长，水质恶化，水体富营养化进一步加剧，农业生态环境进一步恶化的问题依旧存在。另外，重用轻养的耕种方式，使耕地地力下降，全县的中低产田比例达到 60% 以上，耕地资源可持续发展的能力受到威胁。

4. 农业产业化、规模化、组织化水平仍有待提高。一方面，政府在农业生产的总体布局和规划上仍需要加强，粮食生产区域性布局还有待更进一步优化。县内缺乏龙头企业带动，整体产业化经营水平偏低。另一方面，随着农村青壮劳动力的大量转移，不仅农业生产从业人员数量减少，而且文化水平偏低、老龄化、女性化趋势严重，加上以家庭为主的小规模经营，导致生产成本总体偏高，农业效益较低，增收效果不明显，农民种植“口粮田”、粗放化等现象突出，先进的农业生产和发展理念以及科学种植技术接受、运用速度缓慢。

5. 政府农业生产综合服务体系有待进一步提高。尽管完成了乡镇农技站改革，建立了以县农技推广中心为主体、以乡镇农技站和专业合作组织为依托、以科技示范户为基地的农技推广服务体系，但总体来说，农技服务仍然面临诸多难题：一是农技推广经费投入基本只能保证农技人员的工作经费，推广经费短缺；二是服务人员专业化水平得不到补充提高，有些技术人员在实际农业生产技术方面甚至赶不上老百姓，于是也就出现农业技术推广服务体系不足以解决农业生产经营中出现的新问题和新挑战、并且面临各种技术难题的现象；三是很多农技推广中心和服务站沦为单纯的生产资料销售网点，服务层次、服务水平和服务能力都很落后，有待大幅度提高。

三、问卷调查发现

为进一步调查了解当地农户对农业产业发展（尤其是粮食生产）及农业生态环境的基本看法，并揭示其与土地产权的相互关系，调研组在湘阴县新泉镇的杨红、魏家、学园村对主要仍在当地社区生产生活的农户进行了小规模的问卷调查。三个村共完成了 106 份问卷，其中杨红村 51 份、魏家村 35 份、学园村 20 份。

从参与问卷调查的对象来看，男性占据了主导地位，有 102 个样本，占总样本数的 96.23%，女性只有 4 人，尽管我们一再强调希望能够有更多的妇女参与调查，但由于年轻的女性基本已经外出务工，不在村里生活居住了，而年长的女性多数又不识字，加上语言沟通理解的障碍，无法参与问卷调查，因此，所收集的数据主要还是反映了男性的观点。从受访者的年龄分布来看，46.23% 的受访者（49 个样本）是 60 岁以上的老人，超过 65 岁的受访者占到了总样本数的 17.92%，而在 16—60 岁的劳动力中，45 岁以下的仅占 10.53%，而超过 45 岁的接近总样本的2/3（64.15%），详见表5－1。参考国际老龄化标准，当地农村社区的人口老龄化现象十分严重，甚至达到了深度老龄化的水平。这些接近调查对象总数一半的老龄人口，尽管不是统计意义上的劳动力，但实际调查中我们得知，他们一样是当前农业生产的主要承担者。

表5－1：样本农户的性别及年龄分布

	性别		年龄				
	男	女	16－45	46－60	61以上	其中65岁及以上	平均年龄
样本量	102	4	8	68	30	19	56.61
占百分比	96.23	3.77	7.55	64.15	28.30	17.92	－

从受访者的受教育程度来看，只有3人没有接受过任何正规教育，有27人只上过小学，而71.70%的受访者至少具有初中以上的受教育程度，详见表5－2。这对于农业产业的发展来说，是一个相对良好的基础。但结合上面提到的主要农业生产群体的年龄特征看，这一群体在农业生产中也会更趋于选择平稳、保守的经营模式。这也在一定程度上解释了当地相对单一的水稻生产经营模式较为盛行的原因。换言之，经营主体对新的农业农村相关政策、技术、乃至新的经营发展理念等新鲜事物，从理解角度来说不是问题，但从接受程度来说可能需要突破年龄和固有观点的禁锢。

表5－2：样本农户的受教育程度

	文盲	小学	初中	高中/中专	合计
有效样本	3	27	65	11	106
占百分比	2.83	25.47	61.32	10.38	100.00

从家庭人口结构来看，样本农户家庭的平均人口接近6人，相较上世纪80年代初期土地承包时的人口，户均至少增加了一个人口。而在106户样本农户中，在家务农劳动力和外出务工劳动力比例基本持平，户均在家和外出劳动力均为1.75人，外出务工人口占到总人口的31.10%，详见表5－3。

表 5－3：样本农户的家庭人口及土地变化

人口状况	当前总人口	598
	户均	5.64
	包产到户人口	486
	户均	4.58
家庭劳动力	全部劳动力	371
	户均	3.50
	其中：在家从事农业	185
	户均	1.75
	外出务工	186
	户均	1.75

对 101 个有效样本的资料分析表明，尽管农业收入仍然以 44.41% 的比例占据家庭收入比重的第一位，但务工收入已经超过家庭收入的三分之一，达到了 39.30%。而在农业收入占比中，土地经营收入仍占家庭总收入的 38.69%，养殖收入仅占到总收入的 5.72%，由此也可以看出，家庭养殖已不再是家庭收入的主要来源，但土地经营收入仍是家庭收入的基本构成部分，详见表 5－4。

表 5－4：家庭收入结构

有效样本	经营土地	养殖	打工	经商	补贴	劳务工资	其他
101	38.69	5.72	39.30	4.73	5.95	2.00	3.62

在经营土地方面，样本农户普遍以水田为主，兼顾旱地。分析结果显示，106 个样本农户中，仅有 6 户人家还兼营着 24.6 亩旱地，户均耕种旱地 4.10 亩，主要种植玉米，多数用于牲口饲料，少部分出售。也有 3 户已经不再经营土地，变成了离地农户。剩下的 103 户都还继续耕种水田。与包产到户时土地承包面积相比，当前样本农户实际经营的面积扩大了 3 倍。户均经营面积从过去的 5.60 亩增加到 17.44 亩，详见表 5－5。分析结果还表明，实际经营土地面积的扩大主要是通过流转实现的，而流转主要发生在村庄内部，由此可知，这些社区内人均耕种面积较之过去有明显增加的现象，主要原因既不是包产到户时面积测量不准

确，也不是在过去近四十年的时间里，不断通过开荒或水改田增加的，而主要是一些农户全家外出，把自家的承包土地交由在村里生活的农户耕种造成的。

表 5－5：水田经营面积

证上面积（亩）	有效样本	106
	合计	593.56
	户均	5.60
转出面积（亩）	有效样本	8
	合计	28.40
	户均	3.55
转入面积（亩）	有效样本	86
	合计	1220.53
	户均	14.19
实际经营面积（亩）	有效样本	103
	合计	1785.69
	户均	17.44

调查中我们还发现，当地外出务工人口的增加，并没有出现大面积土地抛荒的现象，而是通过土地流转实现了土地的相对集中经营。在调查的 106 户农户家庭中，有 81.13% 的家庭流转进了土地，而在他们实际经营的 1785.69 亩田地中，68.35% 的面积是通过流转来的，自家承包的面积仅占 33.24%，不到 1/3。在发生流转的有效样本农户中，43.33% 的家庭，其土地流转发生在亲朋好友之间；53.33% 的家庭，其土地流转发生在村内普通农户间；跨村流转的只占 3.33%。流转方式中转包占 33.33%，租赁占 66.67%。除了 7.78% 的流转是无偿的以外，其余流转都是有偿的，或以现金方式或以实物方式支付，其中现金有偿方式又占 83.13%，详见表 5－6，但是土地流转的租金并不高，每亩平均价格大约是 200—300 元。

表 5-6：土地流转情况

	土地流转方向			流转方式		交易方式		
	亲朋好友	村内其他农户	外村农户	转包	租赁	无偿	有偿	实物
有效样本	39	48	3	30	60	7	69	14
占百分比	43.33	53.33	3.33	33.33	66.67	7.78	76.67	15.56

调查发现，与大规模土地流转相对应的，并不是大户的规模化集中经营，而是仍然以家庭为主的小规模经营。问卷分析结果显示，户均从事农业劳动力仅1.75人，即人均经营管理面积接近10亩（9.97亩）。得益于农业的高度机械化，一个人就能完成10亩土地从育秧、犁田、播种、打药到收割等主要经营活动，尽管每亩平均400元左右的机械生产成本相较于更大规模的集约化经营仍然偏高，一个人管理10亩土地也没有办法实现精细化管理，但受访农户都表示，这样相对粗放的经营管理基本能够保证每亩的纯收入在1000元左右，即使再扣除300元的地租，每亩的经营纯收益也有700元。以户均经营面积17.44亩计算，每年土地经营纯收益是12208元，按在家务农人口来说，每人每年的纯收入达到7000元左右，已是一笔可观的收益。

由于调查区域存在大面积土地流转现象，那么不同产权关系是否会对农户经营土地的方式和爱惜程度产生影响呢？调查结果显示，96个有效样本农户在自家承包土地上的化肥施用总量高达36066公斤，亩均化肥用量达65.95公斤，而72个有效样本农户在流转入土地上的化肥施用总量则为64798公斤，亩均化肥用量达到了60.45公斤，自家承包地上的化肥用量和家庭租来地上的化肥用量差别不显著，如果折算成纯量，应该与全国平均水平的每亩23.94公斤基本接近。在有机肥使用方面，所有样本农户中只有9户人家在承包地上使用了有机肥，只有5户在租种地上使用有机肥，平均每亩的有机肥施用量分别是22.75公斤和14.63公斤，无论从有机肥选择比率还是用量来说，都远远低于化肥的使用。而从每亩耕地的农药花费来看，承包地和租来土地的差别同样不明显，分别是亩均71.79元和74.36元，详见表5-7。

表 5－7：不同产权土地的化肥农药和有机肥投入情况

投入品	承包地			租种地		
	有效样本	总量	亩均	有效样本	总量	亩均
化肥（公斤）	96	36066.00	65.95	72	64798.00	60.45
有机肥（公斤）	9	1160.00	22.75	5	1090.00	14.63
农药（元）	90	36316.00	71.79	68	74361.00	74.36

对有效数据进一步的分析也显示，超过 90% 的样本农户都认为对自家承包地和租种地的经营，化肥、有机肥或农药的使用并无明显差别。仅有 5 个样本认为在化肥使用量上承包地和租种地有差别，而只有 1 个样本认为农药使用上二者有差别，详见表 5－8。从具体原因来看，主要还是承包地和租种地土质、肥力差异造成的，部分样本农户租种地地块本身地力条件差些，所以化肥使用量大些。

自 20 世纪 80 年代后期开始，由于农业比较效益低和人地矛盾紧张等各种因素的综合影响，当地的青壮劳动力呈现净流出趋势，主要前往上海、广东、江苏、浙江等沿海发达省市务工，尽管近年受实体经济下滑影响，外出务工收入有所下降，但农民返乡从事农业的意愿并不高。加上当地除了水稻产业外，缺乏其他比较效益更高的产业，因此在社区形成了实际上的地多人少局面，土地流转价格也长期在低水平徘徊。在这种情况下，农户在流转土地时并不担心土地经营的时限问题，种植作物也主要限于水稻，投入的化肥、农药等农资也就基本没有差异了。

表 5－8：家庭内不同产权土地的化肥、有机肥和农药使用差别比较

	有差别（%）		无差别（%）		说不清楚（%）		合计（%）	
	家庭内	社区内	家庭内	社区内	家庭内	社区内	家庭内	社区内
化肥	6.17	2.25	91.36	94.38	2.47	3.57	100.00	100.00
有机肥	0.00	1.67	95.71	95.00	4.29	3.33	100.00	100.00
农药	6.17	2.25	91.36	94.38	2.47	3.57	100.00	100.00

对比有效样本农户最近十年不同产权土地上的化肥、有机肥和农药使用情况

来看，有 53.13% 的样本认为家庭承包地上的化肥用量是增加的，但只有 44.19% 的样本农户认为租种地上的化肥用量是增加的。在增加的比重上，前者比起十年前大约增加了 24.31%，而后者的增加量只有 16.53%。在有机肥和农家肥的使用上，仅有 4.62% 的样本农户认为家庭承包地上的有机肥用得比以前多，36.92% 的样本农户认为现在的有机肥比以前用得少，大概减少了 57.08%。认为租种地有机肥用量减少的比例虽然不如承包地上的多，只有 33.87%，但是其减少幅度更大，减少了62.86%。农药使用上，认为承包地上农药开支增加的占 19.15%，减少的占 21.28%；租种地上的也基本接近，分别占有效样本的 20.00% 和 21.28%，但是在开支增减量上二者有明显差异，选择承包地上农药开支增加的农户平均增加了 12.22%，而选择租种地上农药开支增加的农户认为增量达到了 21.76%；选择承包地上农药开支减少的农户认为减少了 19.00%，而选择租种地上农药开支减少的农户认为减少了 22.78%，详见表 5－9。

表 5－9：近 10 年来不同产权土地化肥、有机肥和农药使用情况比较

		化肥		有机肥		农药	
		承包地	租种地	承包地	租种地	承包地	租种地
增加	有效样本	51	38	3	4	18	17
	占有效样本（%）	53.13	44.19	4.62	6.45	19.15	20.00
	平均增量（%）	24.31	16.53	5.00	20.00	12.22	21.76
减少	有效样本	10	8	24	21	20	18
	占有效样本（%）	10.42	9.30	36.92	33.87	21.28	21.18
	平均减量（%）	31.40	42.75	57.08	62.86	19.00	22.78
差不多	有效样本	34	38	34	34	54	47
	占有效样本（%）	35.42	44.19	52.31	54.84	57.45	55.29
说不清	有效样本	1	2	4	3	2	3
	占有效样本（%）	1.04	2.33	6.15	4.84	2.13	3.53

但同时我们也注意到，有超过三分之一的样本农户认为，无论家庭承包土地还是租种土地，在化肥、有机肥和农药的使用上，最近十年的变化不明显，这与当地近十年来以水稻种植为主，农药化肥使用量本身就不多有直接关系。进一步

的调查发现，尽管不同产权土地上农药、化肥和有机肥使用十年来的实际情况，比我们能够调查统计到的情况要复杂得多，但总体趋势是，化肥使用量在增加，而以农家肥为代表的有机肥用量普遍在减少。在农药开支方面，超过一半的样本农户认为过去和现在没有明显差别，即使有差别，认为是减少的也比认为是增加的要多，也就是说，认为农药使用开支比过去减少的比例高于认为比过去增加的比例，但这种减少主要是指绝对开支上的减少，但从使用品种和频次上来说，还是大大增加了的。受访农户就最近十年不同产权土地土质变化的判断，进一步支持了上面得出的分析结论。对于自家承包的土地，有 61.29% 样本农户认为“变差了”，只有 2.15% 的样本农户认为土地质量有所好转，而剩下 34.44% 的样本农户表示“差不多”或“说不清”。而对于租种土地来说，同样有 59.57% 的样本农户认为土地质量在劣化，但也有 12.77% 的样本农户认为土地质量有所改善，见表 5－10。

表 5－10：近 10 年不同产权土地质量变化情况

	承包地		租种地	
	频数	有效百分比（%）	频数	有效百分比（%）
土质变差	57	61.29	56	59.57
土质变好	2	2.15	12	12.77
差不多	28	30.11	18	19.15
说不清	4	4.30	6	6.38
其他	2	2.15	2	2.13
合计	93	100.00	94	100.00

在 75 个有效样本中，54.67% 的样本农户认为，土质变差的主要原因是近年来农药化肥的大量使用，但其中 24.00% 的样本农户也表示，尽管土壤质量整体来说在走下坡路，但得益于适量使用农家肥和有机肥以及自己对土壤进行的一些改良措施，如适当粗放经营恢复地力等，从而使耕地劣质化速度有所减缓。而在对于农药化肥使用的依赖性上，65 个有效样本中有 67.69% 的认为现在之所以多用化肥，主要还是家庭不再养殖后失去了免费肥料来源。但是也有 21.54% 的样本农户认为农家肥使用起来比较费劲，而使用化肥简单省力，以现在实际务农的

人群来看，即使真的有养殖，也不一定会愿意使用农家肥，因为那样的话，劳动力成本太高，不划算。

在当地农业生产所面临的主要灾害中，最主要的是洪涝灾害、风灾，其次是病虫害和旱灾。在排名第一严重的灾害中，有59.43%的样本农户选择了洪涝灾害，18.87%的样本农户选择了风灾。在次严重和第三严重的灾害中，洪涝灾害的出现频率高达33.33%和53.85%，风灾也高达36.67%和30.76%。也就是说，有80个样本农户认为洪涝灾害是比较严重的灾害，列第一位的有63人，第二位的有10人，第三位的有7人。第二严重的是风灾，共有35人次，详见表5－11。而洪涝灾害频发，除了自然因素以外，同时也反映出农田水利基础设施建设薄弱的问题。

表5－11：主要农业灾害

灾害类型	第一位		第二位		第三位	
	频数	有效百分比	频数	有效百分比	频数	有效百分比
没有	6	5.67	3	10.00	0	0.00
风灾	20	18.87	11	36.67	4	30.76
病虫灾害	7	6.60	5	16.67	0	0.00
泥石流	1	0.94	0	0.00	0	0.00
旱灾	7	6.60	1	3.33	1	7.69
霜冻	2	1.89	0	0.00	1	7.69
洪涝灾	63	59.43	10	33.33	7	53.85
合计	106	100.00	30	100.00	13	99.99

四、初步结论

1. 以湘阴县为代表的这类基本农田保护区域，广大农民群众通过大量的土地流转，出现了土地大户规模化经营和仍以家庭为主的小规模经营并存的状况。这两种土地经营活动都在一定程度上实现了土地的适度规模经营，从而大大提高了土地的利用效率和土地产出率，同时也很好地保障了国家的粮食安全。这在我国粮食主产区并不少见，是“大国小农”的客观体现。

2. 尽管农业的比较效益低，但是机械的普及、政府的补贴和农业生产性服务组织的兴起，在很大程度上保障了水稻产业的正常发展。同时，相对粗放的家庭经营模式，还使得老而不衰的劳动力能够和相对充裕的土地资源找到有效结合点，在很大程度上避免了因大量劳动力外流而产生的抛荒现象，满足了留守老人对土地的情怀。这些老人使用的较为传统的耕作方式，尽管生产力水平低些，但食品的安全性也因此得以提高。

3. 村庄空心化、老龄化问题严重，农业发展的后备人力资源严重不足，使得农业发展呈现兼业化态势。水稻生产对于绝大多数家庭而言，更像一种维持性生产，即使是在家以水稻生产为主的农民，在条件允许的前提下也都还在附近做一些非农兼职，例如建筑、工厂计件活计等。超过 60 岁以上的老人依旧经营管理着十亩左右、甚至数十亩的土地，更多情况下是出于对土地难以割舍的情结，不愿意土地被抛荒，而不是以生计或经济目的为主。多数年轻人不意愿继续从事农业，他们要么是已经不会务农，要么是觉得农业太辛苦而且收入太低。

4. 农村农业生态环境持续恶化，农户对生态环境改善意愿高，但实现难度大。尽管规模化的水稻种植在农药化肥使用上比规模化经济作物种植要低很多，但长期单一化的种植和持续大量的农药化肥使用仍然使得当地农业生态环境呈现出劣化趋势。而由于水稻种植收益偏低，缺乏劳动力，也就造成农户在生产中不愿意增加成本进行土壤改良。必要生产环节外包给生产服务性组织，在实现便利性的同时，也在一定程度上牺牲了生态安全。一些农户反映，地里“只要有病就上药，只要有草就上除草剂”，部分田地都已经板结到“机械翻耕都困难了”。尽管农业生态环境还在持续恶化，但农户对尝试不用农药化肥的农产品生产并不十分感兴趣，因为他们一方面觉得太耗费时间和劳力，更重要的是不知道会不会有市场。

5. 调查发现，地方政府对产业发展缺乏指导性规划和建议，也使得家庭农业生产禁锢在传统思路之下。加之农业基础设施陈旧老化和不足，阻碍了当地发展更加高效、生态农业的通道。尽管地方政府近年来已经实施了一些农业项目，推动粮食品种结构改良和绿色化生产基地建设，但是在投入扶持力度方面还有待增加，农户的参与度和积极性也还有待提升。

6. 生产服务性组织的快速发展，大大减轻了农户家庭土地经营中劳动力和时间成本上的压力，同时也大大降低了生产成本。但绿色生产相关的技术普及运用不足，尤其是家庭的小规模生产，主要还是传统的农业生产方式。生产性服务组织重点帮助解决了农村缺人种地的问题，但是还没能很好解决种好地的问题，即还没有实现让土地高产、生态、高收益的难题。因此，依托优质资源，加快土地流转，推动农业综合服务体系建设，大力发展观光农业、生态农业，促进土地可持续经营，延长产业链，全面提升农业附加值，是基本农田保护区保障粮食安全和生态安全，促进农民增收的有效途径。

7. 当今市场对生态农产品有着旺盛的需求，以市场需求倒逼生产方式向特色化、绿色化、品质化、品牌化、规范化、高效化转变势在必行。一方面可以大力发展观光农业，提升农业附加值；另一方面通过改善农业生产方式，瞄准高端市场，大力发展有机、生态大米，既能提高农业产值，同时也能有效改善农业生态环境。在此过程中，政府一方面需要在农业基础设施上加大投入力度，减少自然灾害对农业生产造成的损失。另一方面也要加大对农药化肥等农资生产企业的监控和管理，从源头切断高毒、高危害农业生产资料用于农业。同时还要加大对农业生产技术推广和服务体系建设的支持力度，尤其是对环境友好型农业在生产技术研发、推广及应用中的资金和项目支持，鼓励社会力量参与可持续农业经营管理，给予政策和项目、资金的支持，如对返乡青年或大学生创建生态农场给予政策、贷款优惠，及联系相关科研机构提供相关服务等。

优化农产品结构需要以质量兴农为基本方向

——湖南省澧县土地产权与环境状况研究案例

质量兴农是我国农业进入新时代的根本战略，其主要路径就是特色化、绿色化、品质化和品牌化。这已经写入了国家乡村振兴战略之中。湖南澧县尽管是粮食主产区，但适应农业供给侧结构性改革和农业提质增效的要求，近年已经着力产业结构调整，特别是利用当地适宜葡萄种植的资源优势，加大葡萄特色产业的培育，尤其是通过土地流转，带动新型经营主体加入葡萄产业的培育壮大，然而，由于该产业仍然以小农户经营为主体，低效的生产经营方式带动了规模的扩张，但代价是质量效益和竞争力的下降，使该产业面临诸多难题。同时，由于缺乏有效的政策引导和管理，化肥农药等生产资料的使用也使得农业生态环境受到越来越大的威胁，迫切需要以质量兴农和绿色兴农为根本方向，加大农产品结构的优化升级。

一、农业发展现状

澧县作为“九澧门户”，具有发展优质高效农业的区位优势和资源优势。为此，历届澧县党委政府高度重视以粮食为主的农业发展和农产品结构调整，除了保障必要的粮食作物种植面积外，加大具有优势的葡萄等特色产业的培育，已经取得了显著成效，不仅粮食产量稳定增长，而且特色经济作物发展较快，为农业转型升级做出了有益探索。

（一）县情简介

澧县，古为澧州，介于东经 111°12′30″—112°0′5″与北纬 29°16′—29°57′之间，位于湖南省西北部，洞庭湖西岸，与长江直线距离 80 公里，北连长江，南通潇湘，西控九澧，东出洞庭，自古就有“九澧门户”之称，是澧水流域和湖南省参与长江开发的一大战略要地。县域国土总面积 2075 平方公里，县城面积 149.67 平方公里。全县耕地面积 108.6 万亩。

县境内地势西北高，东南低，自西北向东南倾斜，形成山、丘、平、湖四个自然区。西北部为山区，最高海拔 1019.5 米；南部与北部属丘陵区，起伏不平；东部和西部为湖区，水网纵横；中部是全省著名的澧阳平原，面积达 4 万公顷。境内澧、涔、澹、道、松滋五水环绕，河网密布。澧县土壤种类繁多，以红壤土类、潮土类为主。森林植被主要是常绿阔叶林、常绿落叶阔叶混交林、灌丛以及分散的人工杉木林、果木林等。

澧县属于亚热带内陆季风气候，年平均气温 17.3℃，年极端最高气温 37.0℃，年极端最低气温 -1.7℃。四季分明，雨量充足，适应水稻、棉花、油料等多种作物生长。境内气候适宜，地貌多样，土质肥沃，水面广大。澧县农产品资源丰富，已经形成了粮、棉、油、猪、鱼五大农业支柱产业，正常年景每年至少可提供 10 至 15 万吨商品粮、2 万吨商品棉、1.5 万吨商品油、20 万头商品猪、1 万吨商品鱼，禽蛋、水果、茶叶、蚕茧、食用菌等生产也都具备一定规模，故澧县素有“洞庭鱼米乡”“稻油丰稔甲湖广、麻桑夙著震九州”等美誉，先后被评为全国商品粮基地县、优质棉基地县和产棉大县。

2015 年底，澧县实施乡镇行政区划调整。调整后辖澧西、澧阳、澧浦、澧澹 4 个街道和甘溪滩、火连坡、码头铺、王家厂、金罗、盐井、大堰当、梦溪、复兴厂、城头山、涔南、如东、小渡口、官垸、澧南等 15 个镇，共计 483 个村（居）委会（390 个村委会和 93 个居委会）。2016 年末，全县户籍人口 92.96 万人，常住人口 78.37 万人。在常住人口中，城镇居民 34.77 万人，农村居民 43.60 万人，常住人口城镇化率达到 44.37%。

2016 年，全县实现地区生产总值（GDP）308.4 亿元，城乡居民人均可支配收入分别达到 24872 元和 14055 万元，全县人均生产总值（按常住人口计算）39354 元。2017 年，澧县实现地区生产总值 350.5 亿元，比上年增长 9.6%。其中，第一产业增加值57.8亿元，增长3.8%；第二产业增加值120.4亿元，增长7.8%；第三产业增加值172.3亿元，增长13.2%。三次产业增加值比例由上年的18.6：35.8：45.6调整为16.5：34.4：49.1，服务业增加值占GDP比重比上年提高3.5个百分点。全县人均生产总值（按常住人口计算）44741元，比上年增长13.7%①。

（二）农业发展概况

1. 产业规模。澧县是湖南省重要的粮棉油生产基地县之一，2010～2015年连续6年荣获湖南省粮食生产先进县称号，2016年还被评为湖南省粮食生产标兵县。根据湖南省2016年统计年鉴公布的数据，澧县全年粮食作物种植面积136.86万亩，比上年减少4.14万亩，粮食总产量51.55万吨，下降2.24%；棉花种植面积14.51万亩，比上年减少2.8万亩，棉花总产量1.8万吨，减产13.5%；油菜籽播种面积63.15万亩，比上年减少1.35万亩，油菜籽总产量8.75万吨，减产1.33%；蔬菜种植面积22.5万亩，比上年增加3.6万亩，蔬菜产量37.18万吨，增产13.3%；水果产量17.03万吨，增产18.6%。2016年化肥施用量20.2万吨，增长1.25%，农药施用量2283吨，下降10.6%。

2017年，澧县粮食作物播种面积136.34万亩，比上年减少0.52万亩；粮食总产量51.69万吨，比上年增长0.3%，连续8年被评为湖南省粮食生产先进县。棉花播种面积14.11万亩，比上年减少0.4万亩；棉花总产量1.74万吨，减产3.3%。油菜籽播种面积63.57万亩，比上年增加0.42万亩；油菜籽总产量8.46万吨，减产3.3%。蔬菜种植面积21万亩，比上年减少6.54%；蔬菜产量35.74万吨，减产3.9%。水果产量18.22万吨，增产7.1%。全年完成农林牧渔业总产值101.7亿元，比上年增长4.5%；其中：农业产值44.1亿元、林业产值1.2亿元、牧业产值42.2亿元、渔业产值7亿元、农林牧渔服务业产值7.2亿元。实现农林牧渔业增加值62.4亿元，增长3.9%；其中：农业增加值31.2亿元、林业增加值1.1亿元、牧业增加值20.9亿元、渔业增加值4.6亿元、农林牧渔服务业增加值4.6亿元②。

---

① 澧县人民政府：澧县2017年国民经济和社会发展统计公报，2018年3月7日发布，http：//www.li－xian.gov.cn/zj/ShowArticle.asp？ArticleID＝45124.

② 澧县人民政府：澧县2017年国民经济和社会发展统计公报，2018年3月7日发布，http：//www.li－xian.gov.cn/zj/ShowArticle.asp？ArticleID＝45124.

2. 质量兴农主要技术措施。澧县多年实施超级稻“种三产四”① 丰产工程、南方粮油协同创新、测土配方施肥、病虫害绿色防控、耕地地力提升、农作物秸秆综合利用、粮油绿色高产高效创建、新型职业农民培育等工程和项目。2015年支持5个水稻全程机械化育秧、插秧专业合作组织，开展全程机械化服务。采取政府补贴和农民购买相结合，实行市场化、商品化、机械化育秧、插秧服务。全县早晚稻育秧面积达到3万多亩，已基本形成政府花钱买服务的现代农业新格局。一是推广早晚稻集中育秧，推广面积120.12万亩，其中早稻集中育秧115.12万亩。推行机械化大棚育秧和软盘育苗，推行机播叠盘保温出苗，小拱膜育秧方式；二是推广优良品种，早稻实现以早杂和常规优质品种相结合，提高单产和品质。三是推行水稻抛秧和机械插秧技术，全县早稻软盘抛秧16.32万亩，机械育插秧13.1万亩，分别比上年增加13.8%和18.3%。晚稻机插、抛秧34万亩，占总面积的77.3%。晚稻大力喷施“谷粒饱”，有效提高抽穗率和减少包颈，增加千粒重和结实率。

全县2015年病虫专业统防统治面积13.5万亩，其中水稻9.5万亩、葡萄1万亩、柑橘2.5万亩、其他0.5万亩，分布在14个乡镇。培育专业化统防统治组织8家，有6家从事水稻病虫统防统治，2家从事果树病虫害统防统治。拥有从业人员1468人，其中持证人员1401人，拥有担架式喷雾机120台，背负式喷雾机1190台，大型喷雾机5台。推广农作物病虫害绿色防控面积4.95万亩、专业化统防统治15万亩、水稻测土配方施肥面积79.5万亩、种植绿肥15万亩、施用有机肥3万亩。

3. 农业机械化水平。2016年，全县农业机械总动力达到81.03万千瓦，有各类农业机械12.57万台（套）、农机专业合作社29个、农机户2300多户。全县已配备水稻收割机810台、插秧机410台、水稻自动播种生产线15条，水稻机收面积109.5万亩，水稻耕种收综合机械化水平达69%以上。

2017年，共推广大中型拖拉机旋耕机201台套，联合收割机325台。目前全县拥有大中型旋耕机1640台，联合收割机1060台，完成水稻田机耕面积107万亩，机耕水平达98%，机收105万亩，机收率达96%，秸秆粉碎还田机械230

① 工程于2007年正式实施，由袁隆平院士提出，运用超级杂交稻的技术成果，用3亩耕地，产出用常规技术种植的4亩耕地的粮食，提高农民种粮的经济效益。

台，全县3/4的油菜秸秆以及1/3的水稻秸秆得到了及时粉碎还田。同时，推广13台无人植保飞机，实行专业化统防统治。

4. 产业化组织。澧县党委政府高度重视农民专业合作社的发展工作，高位推进农民专业合作社建设，通过大户示范带动和产业示范带动，呈现出一批依托特色农业发展起来的农民专业合作社。截至2016年年底，全县30亩以上种粮大户达到1567户，比2015年增加159户，全县以粮食种植为主的家庭农场达170家，各类农民专业合作社484家，其中国家级示范社5家、省级示范社11家、市级示范社15家、县级示范社42家，发展联合社3家、资金互助合作社1家。

（三）葡萄产业

1. 发展概况。在澧县近年来的农业发展中，最具特色的是其葡萄产业。澧县葡萄，又名澧州葡萄，是中国国家地理标志产品。澧县葡萄产业起步于20世纪80年代末期，品种以巨峰葡萄为主，是从优质葡萄欧亚种引种而来的。到20世纪90年代中期，澧县葡萄的生产面积就达到了5000多亩。到2009年，澧县已拥有终源、农康、黄河三家葡萄专业合作社，社员3100多名，涵盖了全县所有葡萄种植户和经营户；优质葡萄面积达到1.7万亩，其中欧亚种食用葡萄1.2万亩、酿酒葡萄5000亩；拥有年生产50万株优质种苗的繁育基地1个、年加工3000吨的葡萄酒厂一座、库容200立方米的预冷库2座，面积500亩的葡萄休闲庄园2个。

澧县葡萄主要分布在澧阳、张公庙、大堰当、小渡口等15个乡镇。随着市场规模的不断扩大，葡萄产业的不断升级，澧县葡萄产业发展由政府主导步入政府引导、农民自觉种植的良性发展阶段，产业规模稳步上升。到2011年，全县葡萄挂果面积近2.8万亩，其中鲜食葡萄2.4万亩，鲜食葡萄产量4.8万多吨，平均每吨售价5700元左右，鲜食葡萄总产值2.7亿元。2012年，澧县又扩种葡萄800亩，葡萄生产总面积达3万亩，2013年，濃县的葡萄种植面积达3.2万亩，年创收超5亿元。2017年，澧县葡萄面积达到了3.5万亩，加上结构调整等，每亩收益8000元。[①]

2. 主要特点。澧县葡萄产业经过近30年的发展，已经形成了集葡萄种植、

---

① 姜鸿丽："绿色葡萄"挂满枝——澧县推进农业支柱产业转型升级纪实，湖南日报·华声在线，见 http://hunan.voc.com.cn/article/201807/20180714141445 5821.html.

存储、科研、加工、销售等于一体的完整产业链条，产业发展主要呈现以下几个方面的特点。

一是产业技术含量高。自上世纪 90 年代末期以来，澧县神舟庄园葡萄酒业有限公司与湖南农业大学开展合作，引进国内外 200 多个优良葡萄品种和 20 多个砧木品种，进行新品种试验示范和无公害配套栽培技术探索，砧木研究居国内领先水平，攻克了红色品种不能在南方着色的难关。2003 年，由澧县人民政府、湖南农业大学、澧县农康公司共同完成的“葡萄引种及无公害栽培技术”获湖南省科技进步二等奖，该技术打破了欧亚种提子不能在南方种植的神话。目前，全县欧亚种葡萄种植均采用此技术，实行避雨设施栽培，标准化、无公害生产。

二是产业生产标准化。依托湖南农业大学等科研院校的科研技术力量支持，在参照国家有关质量生产指标的同时，澧县一直在探索自己的葡萄种植地方化生产标准。利用基层农技服务组织和各协会、合作社等，向全县普及标准化生产，鼓励广大果农在种植中采用“高、宽、垂”标准架势，选择抗逆性较好的品种，种植专用砧木嫁接苗，并积极推广统一整形方式、统一施肥管理、统一病虫防治的种植管理模式，以达到提高葡萄产品质量的同时降低生产成本的目的。通过标准化生产建设，澧县 2004 年通过无公害认证的品种就达 15 个。到 2007 年，先后又有 11 个葡萄鲜果产品通过了国家绿色食品认证。

三是产业服务体系相对完善。一方面，地方政府在葡萄产业发展的过程中提供积极的扶持政策和公共服务。不仅通过各类项目为葡萄产业的发展打牢道路、水电、通讯等基础建设，同时通过种植补贴、人才培养、贷款、经营服务组织（如协会、合作社等）建设等方面的大量推动工作，促进了产业的发展和升级。另一方面，政府在农村科技服务过程中，与以湖南农业大学为代表的高等农业院校和科研机构积极合作，搭建农业科技服务供需平台，提供配套的科技服务专项经费，促进农业科技成果的科学转化，大大促进了葡萄产业的可持续发展。

（四）农业的可持续发展

1. 产业融合。提高农业综合效益和竞争力，根本出路在于推进农业与二三产业的深度融合，延伸农业产业链条。澧县在农业与其他产业融合方面，主要做了三个方面的尝试，一是探索农业和旅游业的结合。利用“旅游＋”“生态＋”等模式，积极发展休闲农业、体验农业、养生农业和观光农业，建设富有乡村特色的餐饮民宿和养生养老基地，重点打造城头山彩绘稻田、澧州美丽山谷、涔槐湿地公园、天供山森林公园等乡村旅游精品线路。二是探索农业和物流产业的结合。对接现代农业"互联网+"，依托农村电商物流体系，助推订单农业生产，支持商贸、供销、邮政、电商互联互通，完善鲜活农产品直供直销体系。三是探索农业和加工业的结合。目前澧县农产品加工企业已达663家，实现总产值162亿元。全县九大农产品加工行业中，增幅较大的有粮食、果蔬、茶叶、水产，均增长20%以上。粮食行业实现销售产值15.6亿元。

2. 农业品牌建设。近年来，澧县坚持不懈地以"三品一标"示范县项目建设为抓手，示范带动全县"三品一标"标准化生产和行业管理，落实"三品一标"生产过程规范化、质量控制制度化、生产经营产业化和产品流通品牌化行动，不仅打造了一批特色农产品品牌，也大大提高了农业生产效率，增加了农民的收入。截至2016年，澧县"三品一标"认证总数192个，另外，正新公司还获得了欧盟有机农场认证。"澧县葡萄""复兴苹果柚"获得国家地理标志保护产品认证，"盈成"荣获中国驰名商标，"双上绿芽""太青""张公""述林""金洞庭春"获得省著名商标，"边山河"蔬菜在第17届中国绿色食品博览会上获金奖，区域优势农产品进一步叫响市场。

二、农业发展中的问题和挑战

尽管从统计数据和相关文献看，澧县的农业发展取得了长足进步，但实际调查发现，在澧县这样农业发达的平原地区，其农业的发展除了表现出在基础设施、区位、交通、机械化水平、种植管理技术、市场等方面的优势之外，也仍然存在一些难以解决的问题，面临诸多严峻挑战。

（一）低水平的规模扩张导致农民经营收益递减

澧县有30多年的葡萄种植历史，尽管如上文所述，在过去30年的发展过程中，形成了相对成熟和稳定的产业链，但低水平的盲目扩张也在一定程度上加剧了市场竞争，并带来一系列不良连锁反应，如农产品质量下降价格下跌等，最终导致农民利益受损，产业竞争力不能得到有效提升。一位葡萄种植大户告诉我们，最近两三年，澧县葡萄的价格从每斤3.5元下降到了1.5元左右，每亩的纯利润也从过去的1万元左右降到了5000—7000元不等。究其原因，一方面是整个片区都在大力发展葡萄，种的人多了，自然市场价格就便宜了。但更重要的是，种的人多了，质量就参差不齐、不好控制了，果品质量下降得比较厉害，所以收购价格也就直线下降了。更为关键的是没有形成品牌优势，生产者之间相互压价，形成恶性竞争。

在张公庙镇我们看到，除葡萄产业之外，也有外地老板通过调整种植品种，开始尝试桑葚、无花果、火龙果等新的水果产业。但高额的投资、技术的屏障和不可控的自然灾害和市场风险，不是多数小农户能够承受的。以桑葚和无花果为例，每亩的生产成本高达6000—7000元，尽管最终产品售价能够到20—25元/斤，亩产量可达4000斤左右，但种下到挂果一般三年左右，市场前景并不可控。一位陈姓老板也告诉我们，她们2015年开始在张公庙镇租地投资农业，租了40亩土地种火龙果、桑葚和无花果，先期已经投了120万，主要用于基建和地租，本来预计3年内能够收回成本，但种了一年后，发现当地属于洪水泛滥的高频地区，洪灾发生率高，一旦洪灾爆发，将土地淹没，就会造成重大的经济损失。另外，她们听说有特色农业的补贴，所以本来打算申请试试，但去了农业部门却被告知并没有这种补贴。

（二）土地规模流转并没有完全实现土地的高效规模化经营

2000年农村税费改革后，澧县大量农村劳动力外出务工，农业抛荒现象比较严重。后来随着葡萄等经济作物价格的攀升，农业经营效益提高，加上良种补贴等惠农政策的实施以及国家鼓励土地规模化经营，2013年后土地被大量流转，在一定程度上形成了土地规模经营之势。但调研组发现，由于市场因素、流转不规范、流转面积较小、流转期限短、流转主体意愿不强等原因，流转的土地并没有完全实现高效规模经营的预期效果。以张公庙镇的土地流转为例，2014年开始，当地政府鼓励大户、公司和合作社等新型农业经营主体从农户手中流转土地，发展葡萄产业。但由于近年葡萄市场相对低迷，土地的规模经营效益并未彰显，反而许多流转土地的老板还因此亏了钱，土地租金无力支付，农户利益得不到保障。

老板们为我们算了一笔账，对于30亩以上的规模化经营，如果每亩的纯收益在1000元以上，那么会有人愿意投入，但如果每亩收益只有500元，就不太会有人投资了，因为投入产出比太低，不划算。另一方面，对于流转土地进行规模化生产的经营主体来说，土地的经营管理和市场开辟可能不是他们最大的挑战，最大的挑战在于，一旦市场好了，跟风种植的小农急剧增加，产品价格下跌得厉害，而出让土地的农户也会坐地起价，调高地租，从而使经营成本上升，收益减少；而一旦市场不好，地租就成为最大的负担。

（三）经营理念落后和高素质劳动力缺失成为农村农业发展的最大挑战

正如前文所述，劳动力的外流造成严重的土地抛荒，同时也引发严重的农村、农业的空心化、老龄化现象。尽管近年来随着各种涉农补贴的发放、土地流转鼓励政策的出台和农业投资环境的改善，农业效益得以显现，各类经营主体积极投入到农业发展中来，土地重新得到开发利用。但是，当地农业经营理念相对落后和高素质劳动力缺失的问题也逐渐暴露出来。

从规模化经营来说，在整个葡萄种植产业中，前期投资进入这个行业的老板确实赚到钱了，但是后期进来的就不一定了。很多老板赚不了钱，其实并不是经营面积没有形成规模，而是没有形成规模经营的理念。比如说，一般的规模经营，人均管理 3 亩葡萄地，但如果实施科学管理，可以达到人均管理 8 亩左右。落后的经营管理理念无形中大大增加了生产成本。以当地一个尹姓老板的葡萄园经营为例，他目前承包经营的是一个 40 亩的果园，是从另外一位老板手里接过来的。前一位老板因为市场不景气和管理不善，种了三年亏了 40 多万元。尹姓老板接手后发现，前一位经营者正是因为还沿袭传统经营理念和模式，才导致利润被高额的人工和管理成本挤压，最终造成亏损的。在果断调整经营模式，将葡萄管理的农业工人由原来的十多个减少到 5 个以后，顺利实现扭亏为盈。从家庭经营来说，由于缺乏高素质的青壮年劳动力，农业家庭经营一方面只能维持小、散、乱形态，经营成本高、市场抗风险能力弱，盈利水平有限；另一方面是以维持性经营和微利性经营为主，整个农业收益是保障性收益而非增收性收益。从家庭的整体收入结构来说，过去是农业兼营他业，现在是他业兼营农业，主次倒了个位，但呈现的状态完全不一样。

（四）传统经营方式对生态环境和农业可持续发展形成新的挑战

无论是规模化经营还是家庭型经营，农药化肥的广泛使用和过量使用使得农业生态环境压力越来越不堪重负，土壤质量退化越来越严重，随之而来的是病虫害种类增加、频率增快和损害程度升级，进而大大降低农产品产量和质量，拉低市场价格，减少农业收益，削弱农业竞争力。尽管最近两三年，随着国家对农业生态环境保护的日益重视和市场对安全食品需求的日益增加，部分规模化经营大户和一些小农家庭意识到过多的农药化肥施用不仅会破坏地力，影响产品质量，而且对提高经营收益并无益处，因此在一定程度上调整生产种植方式，尝试低毒高效农药、科学用肥、增施有机肥等手段来改善农业生态环境。但鉴于环境改善的高额成本和缓效性，相较于增收期望的急迫性，经营者往往无法坚持到产生明显效果就放弃了尝试，或者投资收益比不如预期而放弃尝试。其种种尝试结果都表明，要确保农产品的安全生产，必须要对农业生态环境加以保护，而这个工作不是单单依靠农业生产者或经营者就能够实现的，其中增加的生产经营成本其实是需要全社会和具体的消费者共同承担的。

三、问卷调查发现

为了进一步调查了解当地农户对农业产业发展及农业生态环境的基本看法，并揭示其与土地产权的相互关系，调研组以澧县张公庙镇和涔南镇为主，对当地主要从事农业生产的部分农户进行了问卷调查，结合一些小组和个人访谈，现将被访者视角下的当地农业农村现状及农业环境和土地产权的关系展现如下。

此次完成的有效问卷共 109 份，从受访者的基本情况来看，参与调查的仍然以男性为主，共 81 人，占受访者总数的 74. 31%。女性受访者有 28 人，占受访者总数的 25. 69%，此比例虽远远高于湖南省另一调查点湘阴县的女性受访人数的占比，但远低于我们在其他三个省的调查。从受访者的年龄分布来看，与湘阴县相仿，45 岁以下的受访者仅占总 12. 84%，45—60 岁的有 54 人，占总受访者的 49. 54%。28. 44% 的受访者是 60 岁以上的老人，其中 65 岁以上的老人占受访者的 19. 27%，详见表 6 - 1，这说明当地社区的人口老龄化程度十分严重。在社区的走访调查发现与问卷调查结果一样，村里几乎很难碰到年轻人。大多数留在村子里年龄比较轻的劳动力，多半是由于疾病、家里老人孩子需要照管或在外无法找到合适工作等原因才不得不留下来的。

表 6 - 1：样本农户的性别及年龄分布

单位：岁

	性别		年龄				
	男	女	16 - 45	45 - 60	60 以上	其中 65 及以上	平均年龄
有效样本	81	28	14	54	31	21	56. 61
占百分比	74. 31	25. 69	12. 84	49. 54	28. 44	19. 27	-

从受访者的受教育情况来看，只有3.67%的人不识字，但高中及以上的人数也仅占到14.68%，说明多数是小学和初中受教育程度，其中54.13%的受访者接受过初中教育，详见表6-2。结合上面受访者的年龄分布特征我们可以推断，在当地的农业生产中，传统的农业技术应该能够得到较好的推广运用，因为这些农户尽管年龄偏大，但文化程度相对较高，有很强的学习和接受能力。但是，对于是否能够适应互联网+时代的农业发展的新挑战，还需要进一步做更深入的调研。

表6-2：样本农户的受教育程度

	文盲	小学	初中	高中/中专	大学及以上	合计
有效样本	4	30	59	15	1	109
占百分比	3.67	27.52	54.13	13.76	0.92	100.00

从受访者的家庭人口结构来看，户均4.61人，相较上世纪80年代初期土地承包时候的户均人口（2.83人）来说，提高了62.90%。数据显示，家庭成员中，在家务农人口比外出务工人口大约高出了8个百分点，即37.65%的人在家务农，29.48%的人外出务工，详见表6-3。那么，这些在家务工的人是不是都是国家统计标准下的劳动力呢？问卷调查结果显示，109个受访家庭只有297个劳动力（16—60岁），其中女性160个，占53.87%。但是外出务工人口和在家从事农业人口总数却有337人，考虑到外出务工人口一般不可能超过60岁，所以保守估计至少有40个超龄"劳动力"仍在从事家庭生产经营活动，占到在家务工人口的21.16%。

表6-3：家庭人口变化

单位：人

土地承包人口	当前家庭人口	均值	在家从事农业人口	占家庭人口数的百分比	外出务工人数	占家庭人口数的百分比
308	502	4.61	189	37.65	148	29.48

土地资源是农业生产的重要基础。在被调查的109个家庭中，4.59%（5户）的家庭已没有土地资源，不再从事农业生产，而以其他产业为生。47.71%（52户）的家庭主要拥有水田，最小耕种面积1亩，最大耕种面积100亩；28.44%（31户）的家庭以旱地资源为主，最小耕种面积0.2亩，最大耕种面积89.5亩；19.27%的家庭两种耕地资源都有。以80年代的土地承包人口和面积计算，人均拥有水田1.82亩，旱地0.59亩，但是当前人均实际经营的水田面积达到了2.45亩，人均实际经营的旱地面积达到了1.17亩，人均耕种水田面积增加了34.62%，而人均旱地经营面积则增加98.31%，详见表6-4。

调查结果显示，家庭经营耕地面积的增加部分都是通过土地流转获得的。尽管在2000年以后经历过大面积抛荒，但随着主要劳动力的外流，人地矛盾缓解，加上农村税费改革、产业结构调整、机械化的普及等因素的综合作用，农业生产变得更高效、方便，土地经营也开始有利可图，那些出不去的劳动力也开始积极在土地上寻求发展机遇。对于他们而言，在劳动力没有更好变现途径的情况下，与土地资源结合哪怕利润偏低也是赚钱的。一位70岁的大爷告诉我们，其实以他的年纪，早就不应该再下地干活了，但是自家土地因为零散，又流转不出去，抛荒又可惜了，所以就坚持自己种种，赚个生活费和零花钱是没有问题的。

表6-4：家庭成员人均土地资源占有情况

单位：人，亩

土地承包人口	水田承包面积	均值	旱地承包面积	均值	当前人口	水田实际经营面积	均值	旱地实际经营面积	均值
308	559.8	1.82	181.9	0.59	502	1232	2.45	585.08	1.17

对96个有效样本的分析结果显示，土地经营性收入占到家庭总收入的46.92%，是家庭收入最主要的来源。其次是务工收入，占家庭总收入的37.79%；其余是养殖、经商、补贴、工资及其他收入，合计也只占总收入的15.29%，详见表6-5。土地经营以葡萄和稻谷为主，其中葡萄是收入增加的主要来源。上文已经提到，根据农户的测算，在大户规模化经营情形下，如果完全请工的话，亩均纯收入可以达到7000元左右，而如果家庭小规模分散经营不请工的话，亩均纯收益可以达到10000元以上。

调查中我们还发现，由于劳动力短缺，很多进行家庭经营的农户，在料理好自家的田地后还可以就近变身农业产业工人，为规模化经营主体打工增加收入。一般来说，女工工价在50—60元/天，而男工工价则可以到100元左右一天。一般葡萄园里只会请30%的男工，主要负责施肥、翻地等体力型活计，剩余70%则请女工，主要负责修枝、管理等相对要细心的活计。通常，这些收入会被农户以土地经营收入计算。

表6-5：家庭收入结构

单位：%

土地经营收入	养殖收入	务工收入	经商收入	补贴收入	工资性收入	其他
46.92	4.18	37.79	2.19	2.31	3.74	2.87

相较于土地承包之初，样本农户经营的水田面积从559.8亩扩大到1232亩，增加了1.20倍，旱地面积从181.9亩增加到585.08亩，扩大了2.22倍。这些增加的耕地都是通过土地流转获得的。那么，土地流转是否对他们经营土地产生影响以及产生什么样的影响呢？调查结果显示，在不同产权和类型的地块上，农户使用农药、化肥时表现出了一定的差异性。

首先，从不同类型地块看，水田和旱地相比，无论在化肥的使用量上还是农药的花费上，旱地都远远高于水田，旱地几乎是水田的6倍。这主要是由种植的作物种类和周期决定的。一般来说，水田种植稻谷等粮食作物，即使是双季稻，对肥料消耗和农药需求都不如旱地上的经济作物大。而样本农户旱地种植的多数是葡萄等经济作物，需要的化肥农药明显比水稻多得多。

其次，从同种类型不同产权的地块看，在水田和旱地的施肥对比中，承包地的亩均施肥量都高于租种地的亩均施肥量，承包水田的亩均施肥量比租种水田多了6.87公斤，承包旱地的亩均施肥量比租种旱地多了27.32公斤。但在农药开支上，承包水田和旱地都比租种水田和旱地少，每亩承包水田比租种水田少开支了19.17元，每亩承包旱地比租种旱地少开支了40.11元，详见表6-6。

表 6－6：不同产权土地投入情况表

单位：个，亩，公斤，元

内容			有效样本	面积	用量	亩均
水田	化肥	承包	63	468.40	30557.00	65.24
		租种	55	631.90	36881.00	58.37
	农药	承包	62	457.60	32363.00	70.72
		租种	48	611.80	54994.00	89.89
	有机肥	承包	6	84.40	16135.00	191.17
		租种	4	125.00	7444.00	59.55
旱地	化肥	承包	44	135.10	49598.50	367.12
		租种	26	414.88	163645.00	394.44
	农药	承包	37	98.50	39001.60	395.96
		租种	24	385.88	168270.00	436.07
	有机肥	承包	11	31.40	4700.00	149.68
		租种	11	312.68	42500.00	135.92

第三，同类型不同产权的土地，农户使用有机肥的量也有细微差别，承包地上的有机肥用量总体大于租种地上的有机肥用量，详见表 6－6。产生这样的差异，主要的原因可能在于农户的传统认知，即化肥使用过量比农药使用过量的危害要小得多，过量使用化肥导致的土壤板结和肥力下降，可以通过增加机械使用、追加更多的肥料或者进行有针对性的土壤改良得到解决，并不会马上对农产品出售产生直接影响。但是，如果农药使用过量，会更容易带来残留超标等产品质量下降等直观影响，会很快反应到价格上，农户对此更敏感，也就更留意此类问题。不过我们也要看到，同类型不同产权土地的农药化肥使用的差异是不显著的，在与农户的交谈中，他们大多也认为租种地和承包地在经营管理上其实没有本质差别，如果真的有，那也是地块自身地力和交通便利性等因素引发的，与产权的关系并不显著。

上面的推论在进一步的调查和资料分析中也得到了证实。对有效数据的进一步分析结果显示，超过2/3 的样本农户都认为无论是在农药、化肥还是有机肥的使用上，村里大部分人家都是没有很大区别的，详见表 6－7。也就是说，绝大多数受访者都认为产权并不影响他们在土地经营中的日常生产管理。对日常生产管理直接产生影响的主要还是土地本身的地力条件和交通便利程度。

表 6－7：家庭内不同产权土地的化肥、有机肥和农药使用差别

	有差别（%）		无差别（%）		说不清楚（%）		合计（%）	
	家庭内	社区内	家庭内	社区内	家庭内	社区内	家庭内	社区内
化肥	10.09	0.92	66.06	77.06	23.85	22.02	100.00	100.00
有机肥	0.92	5.50	69.72	88.99	29.36	5.50	100.00	99.99
农药	8.26	1.84	69.72	77.98	22.02	20.18	100.00	100.00

问卷调查过程中我们还发现一个有意思的现象，尽管文献和政府提供的相关资料显示，当地在鼓励农民采用更科学、绿色的方式进行葡萄生产，但实际调查中我们发现，绝大多数农户对不使用农药化肥生产既无心理准备也无心理预期。在问及对不用农药化肥农产品的市场预期时，109 个有效样本中，仅有 3 个认为产品市场价格会有差异，39.45%的样本农户都认为不会有价格差异，54.13%的样本农户认为当地并没有人生产不用农药化肥的产品。同时，有 73.39%的样本农户认为政府在这方面既没有出台过相关支持政策，也没有实际落实的项目。

在回顾最近十年家庭经营土地的农药、化肥、有机肥使用变化情况时，超过半数的样本农户认为，无论是承包地还是租种地，有机肥和农药用量总体减少，只有近 1/3 的样本农户认为农药增加了，而多数认为没有什么差别。在化肥用量的增减上，受访者的回答再次表明，他们对承包地和租种地上农药、化肥、有机肥用量差异的感受基本没有显著区别，但是对于各种生产资料使用量变化程度的感知有一定差异。以家庭承包地有机肥和租种地有机肥用量变化为例，分别有 8.89%和 10.00%的样本农户认为有机肥用量增加了，而分别有 57.78%和 53.75%的样本农户认为有机肥用量减少了，即认为承包地和租种地有机肥用量增加或减少的人差不多一样，但对于增加的量来说，就有一些差异了。在承包地有机肥用量上，认为增加的是增加了 40%，而租种地增加了 47%；承包地上认为减少的减少了 57.78%，但租种地上认为减少的减少了 53.75%，详见表 6－8。

需要强调的是，大多数样本农户认为农药用量减少了，但并不意味着病虫害少了，所以用药量少了，而是因为科技的进步，现在的农药种类更多、药效更高，相较于过去高毒、高残留的农药，用量上更少了而已。

表6-8：近10年来不同产权土地化肥、有机肥和农药使用情况

		化肥		有机肥		农药	
		承包地	租种地	承包地	租种地	承包地	租种地
增加	有效样本	35	32	8	8	10	7
	占有效样本（%）	32.11	36.78	8.89	10.00	10.00	8.24
	平均增量（%）	28.00	27.81	40.00	47.50	33.50	27.14
减少	有效样本	28	21	52	43	64	59
	占有效样本（%）	25.69	24.14	57.78	53.75	64.00	69.41
	平均减量（%）	35.07	29.05	91.44	84.65	36.80	37.37
差不多	有效样本	44	29	29	27	23	17
	占有效样本（%）	40.37	33.33	32.22	33.75	23.00	20.00
说不清	有效样本	2	5	1	2	3	2
	占有效样本（%）	1.83	5.75	1.11	2.50	3.00	2.35

但是，我们也发现一个有趣的情况，即尽管此前的问卷调查和访谈中，受访者都表示不同产权的土地在经营过程中的生产资料投入并没有本质区别，但是在最后问到承包地和租种地在过去十年中土地质量变化时，受访者的回答出现了明显的差异，多数样本农户和受访者认为在土地质量变差的过程中，承包地的土地劣变速度慢于租种地的土地劣变速度，即有32.99%的样本农户认为承包地质量变差了，但有53.41%的样本农户认为租种地的土地质量变差了，详见表6-9。

表6-9：近10年不同产权土地质量变化情况

	承包地		租种地	
	频数	有效百分比	频数	有效百分比
土质变差	32	32.99	47	53.41
土质变好	11	11.34	10	11.37
差不多	40	41.42	21	23.86
说不清	8	8.25	10	11.36
其他	6	6.19	0	0.00

调查发现，当地的农业灾害问题并不突出，影响较大的还是洪涝灾害、旱灾和风灾。在受灾排序中，洪涝灾害位列榜首，有 59.43% 的样本农户选择了洪涝灾害，18.87% 的样本农户选择了风灾。洪涝灾害严重主要是因为当地位于洞庭湖区，水灾危害比较严重，在次严重和第三严重的灾害中，洪涝灾害的出现频率也分别高达 33.33% 和 53.85%。但是让我们感到意外的是，除了洪涝灾害外，排在第二位的是干旱，有 13.76% 的样本农户排在了首位，另有 8.33% 的排在了次位。在湖区还遭受干旱困扰的唯一合理解释就是，农田水利基础设施未能充分发挥作用。在次严重和第三严重的灾害中，风灾分别高达 36.67% 和 30.76%，详见表 6-10。

表 6-10：主要农业灾害

灾害类型	第一位		第二位		第三位	
	频数	有效百分比	频数	有效百分比	频数	有效百分比
没有	43	39.45	1	8.33	0	0.00
风灾	8	7.34	8	66.67	0	0.00
病虫灾害	1	0.92	1	8.33	1	50.00
泥石流	0	0.00	0	0.00	0	0.00
旱灾	15	13.76	1	8.33	0	0.00
霜冻	2	1.83	0	0.00	0	0.00
洪涝灾	27	24.77	1	8.33	0	0.00
其他	13	11.93	0	0.00	1	50.00
合计	109	100.00	12	99.99	2	100.00

四、初步结论

1. 澧县的特殊地理位置和土地资源条件，决定了其在农业发展上具有天赋的自然资源优势。但是农业产业结构相对单一，加上基本农田保护对粮食生产的要求，使得农业的比较效益不够突出，无法形成竞争优势。

2. 调查问卷结果显示，尽管农业经营收入仍然是家庭经济收入的第一来源，占 46.92%，但由于农业经营效益有所下滑，而第二位的务工收入占比正日益上升，到 2016 年已占 37.39%，超过了三分之一。人口的严重老龄化，生产效率的下降，更将逐步降低农业在家庭经济收入中的占比。

3．葡萄产业发展遭遇市场低迷，围绕葡萄产业发展进行的规模化土地流转速度大大减缓，流转价格明显下跌。而已经流转的土地受市场影响，纠纷不断，并带来一系列经济、社会和生态问题。有些老板每亩1000元租进的土地，由于葡萄价格下跌、劳动力短缺、市场下滑等因素，亏损严重，无法继续经营，已经出现要么直接毁约走人，致使土地撂荒；要么降低租金，引起出租户不满，引发社会矛盾等问题。

4．葡萄种植面积无序扩大，且以家庭小规模分散经营为主，虽实现了县域内种植面积上的规模化，但未能实现经营管理上的规模化，更没有产生市场规模效应。主要原因是小农户经营求量不求质，降低了整个葡萄产业的市场档次和竞争力。加上留守农村参与农业发展的小农户老龄化严重，对互联网+背景下的新型市场需求和种植管理技术缺乏主动对接和学习的热情，产业发展缺乏活力。

5．以市场需求为方向，以质量提升为导向，以品牌建设为抓手，升级打造澧县农业品牌是促进当地农业发展、提升农业效益和竞争力、促进农民增收的可行之路，需要以县域为单位，政府主导，利用“澧县葡萄”等农产品已经具有地理标识产品等优势，认真对澧县农业品牌进行打造。工作的着力点是：因地制宜，充分进行资源和人力、资本优势分析，深入进行农业产业结构调整，真正发掘农业价值；加大农业和三产，如旅游业的深度融合；在尊重农民意愿的前提下，鼓励工商资本与土地有机结合，在政府主导、社区参与的有效监管下，进行土地资源的绿色开发，提升农业产业的附加值。

质量兴农配套土地经营制度探索

——四川省苍溪县耕地产权与环境状况研究案例

质量兴农已经成为中国农业发展的基本方向。2017 年中央一号文件强调：要“以提高农业供给质量为主攻方向，……促进农业农村发展由过度依赖资源消耗、主要满足量的需求，向追求绿色生态可持续、更加注重满足质的需求转变。”2018 年中央一号文件在质量兴农的基础上，进一步增加了绿色兴农，要求把特色化、绿色化、品质化和品牌化作为农业发展的根本途径。四川省广元市苍溪县作为我国红心猕猴桃的基地县，把提高质量作为产业发展的主攻方向，试图通过培育专业大户、规范化种植基地、产业园区等举措，提高产业的质量效益和竞争力。调查发现，质量兴农需要培植适度规模的经营主体，而适度规模的经营主体更需要有相应的土地经营制度作保障。实践证明，过分注重产业规模，不仅产品产业质量难以保证，而且对环境产生潜在影响，最终影响农业发展的质量效益和竞争力。

一、苍溪县猕猴桃产业基本经营模式

苍溪县隶属于四川省广元市，地处秦巴山脉南麓，四川盆地北缘，嘉陵江中游，东连巴中市巴州区、南江县，南邻南充市阆中市，西抵广元市剑阁县，北接广元市昭化区、旺苍县，因县城“树深夹岸，苍翠成溪”得名。县境呈狭长状，

南北宽 61.6 公里，东西长 70.5 公里，地跨东经 105°45′—106°28′，北纬 31°37′—32°11′。全县幅员面积 2330.22 平方公里，其中土地面积 348 万亩，可供开发利用的林地、疏林地面积 114 万亩。苍溪县现有 39 个乡（镇），718 个村委会，87 个居委会，2016 年年末户籍总人口 77.11 万人，其中非农业人口 11.68 万人，农业人口 65.43 万人，占 15.15%。年末常住人口 60.65 万人，其中城镇人口 20.34 万人，占 33.49%。全县 2016 年实现地区生产总值（GDP）124.88 亿元，其中第一产业增加值 29.17 亿元，占 23.36%；第二产业增加值 53.80 亿元，占 43.08%；第三产业增加值 41.91 亿元，占 33.56%。人均地区生产总值 20598 元，农村常住居民人均可支配收入 9939 元①。

苍溪属于以低山为主的低山深丘窄谷长梁地貌，地势由东北向西南倾斜。北部横亘着海拔 1000 米以上的黑猫梁、九龙山、龙亭山和龙干山。山脉呈北、北东弧形走向。最高九龙山主峰海拔 1377.5 米，最低八庙镇涧溪口海拔 353 米。境内江河纵横，切割剧烈，地形复杂，岭陡谷深，平坝台地、丘陵、低山、低中山及山塬地貌皆有，以低山为主。相对高度 100—500 米的低山面积 1685.56 平方公里，占全县幅员面积的 72.68%，海拔 500 米以下，相对高度 100—200 米的深丘面积 535.95 平方公里，占幅员面积的 23.11%。嘉陵江东河穿境而过，形成支流 12 条，溪沟 180 多条，呈叶脉状穿流山地。江河过境水流总量 228.96 亿立方米。嘉陵江为苍溪第一大河流，干流斜切西南一角，流经境内全长 103 公里，流域面积 619 平方公里；东河为苍溪第二大河流，切割东南部深丘长梁地带，流经境内全长 189.5 公里，流域面积 954.4 平方公里②。

苍溪县全境属中亚热带湿润季风气候，多年平均降雨量 1054.5 毫米，平均气温 16.8—17.4℃，极端最高气温 41.1℃，极端最低气温 -7.6℃，≥10℃积温 4500℃，无霜期 288 天，年日照 1560.5 小时，四季分明，冬长夏短、春花于秋，且有“高山寒未尽，谷底春意浓”的立体气候特征。县境内土壤分布由北至南为棕紫泥、黄红紫泥、紫色潮土、老冲积黄泥及灰棕潮土，土层由薄增厚，质地

---

① 苍溪县统计局：苍溪县 2016 年国民经济和社会发展统计公报，2017 年 2 月 27 日发布，http：//www.cncx.gov.cn/xhtml/articview.html？id = 20170405110040366.

② 苍溪县猕猴桃研究所：《苍溪县猕猴桃志》，未出版。以下除明确注明的，多数资料来源于该成果。

由沙至粘。北部中、低山区冲刷严重，土层薄、质地沙，为石骨子土、黄沙泥土及夹沙泥土等土种。西南部深丘地带为夹沙土、夹沙黄泥土、瘦沙石骨子土、沙土、黄泥土及大土泥等土种。嘉陵江、东河及12条较大溪河沿岸为潮沙土、白眼砂土、潮沙泥土、紫潮沙土、紫潮沙泥土等土种。土壤地以壤土为主，轻粘土次之，再次为紫砂土和砂壤土。

苍溪县境内土肥水丰，适宜多种动植物繁衍生长。粮、油作物以水稻、小麦、玉米、薯类、油菜、花生为大宗产品，其他副产品10类60多种。境内植被属亚热带落叶阔叶、常绿阔叶、针叶混交林。植物群落有乔木、灌木、草本及地被物层。海拔1100米山岭以栎类为主，组成落叶阔叶林带；海拔500—1100米中低山、丘陵地带山顶及山梁马尾松分布较广，山腰以柏树为主，山脚以柏树、青杠、桤木和经济林木的桑、桐为主，组成片状或带状林区；海拔500米以下部分山头、山腰以马尾松为主，或马尾松、柏树为主的混交林，其余则为柏树、桤木、青杠、刺槐、油桐等混交林。境内动物区系主要由亚热带及温带森林农田动物群组成，脊椎动物有7目16科115种，常见鸟类有24科52种，哺乳动物有13科21种。

千百年来，苍溪县境内的猕猴桃一直处于野生演替状态，直至20世纪70年代末到80年代初，全县首次开展猕猴桃资源普查工作后，猕猴桃才逐步由野生状态向人工驯化栽培转变。1980年代初的猕猴桃资源普查结果显示，苍溪境内约有野生猕猴桃4000亩，30000株左右，但挂果树仅2000株左右，占总株数的6.7%，年产果仅5000斤左右，存在普遍的株多果少现象，其主要原因是人为破坏所致，一是割叶喂猪，二是刨根入药，三是砍柴烧火，四是割藤舀纸，加之开荒种地、砍架采果等没有节制的资源利用方式，造成大量植株不能开花结果。

苍溪县独特的气候及土壤资源优势，是红阳猕猴桃的最佳生长环境。在各级政府的高度重视下，苍溪成为全国首批猕猴桃驯化栽培试点县。本县科研人员经过多年努力，已经选育出川猕1号、川猕2号、川猕3号、川猕4号，不仅填补了四川省猕猴桃自育品种的历史空白，而且带动了猕猴桃产业的发展。1986年，苍溪县东溪乡英明村2组乡水果技术员李兴德与县农业局农艺师吴伯乐合作，在猕猴桃品比实验中发现3株红肉猕猴桃，于是又高接30株观察和实验，1989年挂果后初评，性能风味特别好，当时命名为“苍猕1-3”。再经过3年的观察和实验，选育的植株生长正常，品质稳定。1993年11月，吴伯乐总结了这一发现的经过，撰文“猕猴桃耐贮藏新品系——红阳”一文，发表在《中国果树》杂志第四期，1994 年 8 月先后被美国、英国等同行刊物摘登。1995 年 11 月，四川省自然资源研究所正式成立课题组，评定“红阳（红肉）”猕猴桃新品种选育成功，因红肉猕猴桃横切有 30 多条红色射线，像初升的太阳，十分美丽，经专家商议后，正式定名为“红阳猕猴桃”。随后，苍溪县又选育出了红华、红美、红昇等一大批红心猕猴桃新品种，在 61 个国家和地区申请品种登记，成为全球第三代猕猴桃首选换代品种。

苍溪红心猕猴桃平均单果重 90 克左右，表面无毛，果芯呈放射状心型图案，果肉绿中带黄（或红）。苍溪红心猕猴桃每年 9 月初才成熟，生长期长，上市较晚，味道独特；果肉细嫩，香气浓郁，酸甜适中，多汁爽口，有“神奇美味果之称”，其营养丰富，富含多种维生素及 P、K、Ca、Mg、Fe、Cu 等多种矿物质和 18 种氨基酸，每百克鲜果肉含维生素 C100—420 毫克，比柑橘高 5—10 倍，比柠檬高 11—13 倍，比苹果高 20—80 倍，且含钙量为果中之首，营养价值属果中之冠，具益智、美容、排毒等功效，被盛赞为“人间仙果”“水果之王”“维 C 之冠”。近年来，随着研究的深入，发现苍溪猕猴桃鲜果中含有大量能够有效阻断亚硝基吗啉在人体中合成的因子，为治疗和预防癌症找到了新的途径。

近来年，苍溪县将红心猕猴桃作为全县“1 + 3”优势特色产业的领头羊、作为农业发展的领军产业和农民增收的支柱产业进行培育。经过不懈努力，猕猴桃已经成为苍溪县的支柱产业，目前从业人员达到 22 万人，先后建成猕猴桃基地乡（镇）37 个，猕猴桃种植专业村 445 个，以红心猕猴桃为主导产业的万亩现代农业园区 11 个，1000 亩以上园区 66 个，500 亩以上的标准化生产示范园 125 个，猕猴桃种植面积达到了 35. 2 万亩，年产猕猴桃鲜果 12 万吨，行业综合产值 30 亿元，已经形成了红心猕猴桃规模化种植、标准化生产、产业化经营的发展格局。全县有猕猴桃协会 1 个，猕猴桃专业合作社 127 个（其中省级示范合作社 4 家，市级示范合作社 9 家），社员 76500 户，覆盖面达 90%；引进培育四川华朴、香港日升、四川毅力、广元果王等猕猴桃种植、销售与加工龙头企业 7 家（其中省级重点龙头企业 2 家，市级重点龙头企业 3 家），研发猕猴桃果酱、汁、酒、果脯、酵素、含片等 30 多种产品，并进入国内大型超市，鲜果远销欧盟、日本、美国、香港、中国台湾等 10 多个国家和地区。建成总建筑面积 10 万平方米的猕猴桃交易中心、京东苍溪馆、猕猴桃展览中心、猕猴桃检验检测中心、猕猴桃产业工作会议中心、猕猴桃精深加工中心、猕猴桃采后处理中心，引进国际一流猕猴桃分选系统以及红外线质量检测系统，打造了国际领先的猕猴桃分选车间；建设了猕猴桃资源圃，保存1600个品种单株，成为全国最大的猕猴桃基因库；成立了猕猴桃研究所，建成了猕猴桃脱毒良种繁育中心。产业链条涵盖基地种植、产品加工、物流运输、存储保鲜、市场开拓、科技研究等各个环节。苍溪红心猕猴桃已经取得国家地理标志证明商标，被评为省著名商标、中国驰名商标；苍溪县先后被授予中国红心猕猴桃第一县、国家现代农业猕猴桃示范区、全国绿色食品标准化原料生产基地、全国安全健康食品供货基地、全国猕猴桃生态原产地保护产品、国家出口猕猴桃质量安全示范区，获得绿色食品标识和国家出口基地认证、欧盟认证、质量安全体系认证，多次获得国际农产品交易会金奖，被评为"2016年全国名优果品区域公用品牌"，被列为"广元七绝"之首。

苍溪县把防止公害污染、保护天然绿色，作为红心猕猴桃资源保护和产业发展的关键措施。早在2002年，就成立了发展优质无公害猕猴桃领导小组及办公室，颁布实施了发展无公害猕猴桃的意见，各基地乡（镇）成立了发展无公害猕猴桃领导小组，并从县到乡（镇）、村、组完善配套猕猴桃无公害生产服务体系，提供系列化配套服务。2003年，经中国绿色食品发展中心审核，苍溪猕猴桃符合绿色食品A级标准，许可使用绿色食品标志。2010年，制定实施了《四川省（区域性）地方标准绿色食品红阳猕猴桃生产技术规程》。2011年，在全县开展猕猴桃品牌保护，严格生产环节投入品管理，制止早采、早售，提升果品质量。与此同时，为了推动绿色无公害猕猴桃生产，提高产品和产业质量，苍溪县还采取有效措施，引导猕猴桃的规模化发展，主要有以下几种模式。

一是培植大户。自人工栽植猕猴桃开始，苍溪县就把培育种植专业户作为工作重点。20世纪80年代末，石马乡青山村五组何德全、田菜乡康寨村杨义和、永宁镇兰池村刘国培等专业户种植猕猴桃5亩以上，产量高、效益好，对推进全县猕猴桃产业发展起到了示范带动作用。到90年代后期，全县62个乡（镇）或多或少都有农户栽植猕猴桃，县委政府重点规划了25个基地乡（镇），要求每个乡（镇）建设1个规模100亩以上集中连片、优质高产的示范片，每个示范片内至少培植栽培猕猴桃面积5亩以上，园地建设规范、配套设施完善、年收入2万元以上的种植大户。1998年，全县形成栽植猕猴桃重点户、专业户、示范户1050户。2000年，猕猴桃种植大户通过土地流转，扩大种植规模，由专业户、重点户发展成为引领产业发展的种植大户。2001年，田菜乡10个村都种植猕猴桃，种植大户遍布各村，全乡共栽植红阳猕猴桃33万株，面积3000亩，年产鲜果600吨，收入400万元。2007年，全县形成栽植规模50亩以上的大户28户，100亩以上的19户，200亩以上的9户，500亩以上的3户。2010年，全县猕猴桃种植户65000户，户均增加纯收入4800元，人均增加纯收入1600元，100亩以上的业主大户38户，300亩以上的18户，500亩以上的4户。2012年，全县猕猴桃种植户82000户，户均增加纯收入7000元，人均增加纯收入2000多元。2013年，全县猕猴桃种植户85000户，户均增加纯收入7800元，人均增加纯收入2100元。

二是基地建设。1983年，苍溪县召开了猕猴桃生产动员大会，并决定建立雍河等7个猕猴桃基地乡（镇），基地乡（镇）的最低标准是栽植猕猴桃10万株以上。1985年，全县第一批猕猴桃基地乡（镇）初具规模。到1990年，各基地乡（镇）猕猴桃栽植普遍初见成效。1991年，石马乡猕猴桃鲜果产量达到30万公斤，成为全县之最。1995年，县委、县人民政府提出把海拔800—1200米，土壤肥沃、植被较好的山区，作为全县猕猴桃发展的重点区域，并把东溪等26个乡（镇）列为猕猴桃基地乡（镇）。到1995年底，猕猴桃种植面积达到5.03万亩，总株数为408.1万株，鲜果产量145.1万斤。1997年底，猕猴桃基地乡（镇）增加到25个，面积达到34250亩，种植416万株，其中挂果116万株，产量2964吨。2000年底，全县猕猴桃基地乡（镇）达到26个，各基地乡（镇）和三溪口林场、耕之灵公司共计栽植猕猴桃89000亩，形成了种植猕猴桃500亩以上的村25个，50亩以上的组98个。2005年，全县行政区划调整，乡（镇）建制由65个调整为39个，猕猴桃基地乡（镇）也由26个调整为14个。到2005年底，基地乡（镇）成片栽植猕猴桃6150亩，形成100亩以上规范化基地29个。2008年以来，县猕猴桃产业化专业办公室不断探索完善猕猴桃产业推进机制，普遍推广"公司+专业合作社+社员、公司+基地+农户、公司+业主+基地"等运行机制，引导龙头企业、专业合作社、业主大户参与猕猴桃产业发展，通过建核心示范基地辐射带动农户发展产业，县委政府把猕猴桃产业发展纳入了对乡（镇）党委、政府年度工作目标考核。猕猴桃种植基地建设得到了快速推进，2008年新增12808亩，2009年新增基地22298亩，2010年新增28796亩，2011年新增20665亩，2012年新增61600亩。2013年，全县形成猕猴桃基地乡（镇）25个，基地村250个，总面积达到25万亩。2015年，县委、县人民政府《关于全面深化农村改革、加快发展现代农业，统筹推进"三农"工作的意见》要求，坚持专业化、规模化、集约化、品牌化经营，积极争创国家级出口猕猴桃质量安全示范区，目标是新增红心猕猴桃标准化基地2万亩。年底检查验收，新建标准化基地2.2万亩，超额完成年度计划。

三是园区建设。1996年，苍溪县委、县人民政府做出决定，在猕猴桃发展基础较好的五龙片区实施百亩示范园建设方案，并得到了基地乡（镇）的积极响应。1997年底，26个基地乡（镇）各建起了100亩以上的示范园一个，鸳溪、双石、龙洞的示范园面积都达到500亩以上，浙水乡改造非耕地612亩，建成了玄都—花庙千亩猕猴桃示范园，种植猕猴桃106400株，共1520亩。同时，全县成片建成猕猴桃“三高（即高规格、高质量、高效益）”示范园区33个，加上园区内的示范大户2500户，园区面积达到10800亩。1998年初，县科委、猕猴桃研究所租用伏公乡古子村四组50亩土地建立猕猴桃试验示范母本园。园内主要栽培红阳、新观2号及其他猕猴桃品种10个。2001年底，全县建立猕猴桃科技示范园250个。2005年底，15个基地乡（镇）共建立猕猴桃核心示范园4646亩。在核心示范园带动下，幅射周围乡（镇）、村社建园6420亩。歧坪镇盐井村结合小康示范新村建设，建成猕猴桃示范园1400亩。2008~2012年，苍溪在实施新农村建设试点项目、科技扶贫项目、产业扶贫项目、秦巴山区连片扶贫项目及西部大开发重点项目中，累积投资3566.4万元用于五龙等16个乡（镇）的新建、续建猕猴桃园区建设，园区面积达到了18167亩。2010年，全县形成猕猴桃特色产业园32个，2011年达到83个。2012年，四川省农业厅认定苍溪县柳池现代农业（猕猴桃）万亩示范区、三九现代农业猕猴桃万亩示范区、玉女现代农业（猕猴桃、柑桔）万亩示范园区为第二批“四川省现代农业万亩示范区”，全县形成100亩以上猕猴桃产业园150个，其中500亩以上产业园区80个，1000亩以上产业园区40个，万亩产业园区6个。2015年，新建猕猴桃产业园区55个。2016年，苍溪县提出进一步探索“大园区+小庭院”模式，按照“一业多园四万六化”思路，重点打造猕猴桃产业园区①。按照此思路，规划未来5年每年新植3万亩，5年共计15万亩，从而使苍溪县的猕猴桃面积达到50万亩以上，

① “一业多园四万六化”：一业指的是一县一业；多园从层次上指核心园、示范园、产业园；从数量上指由多个园区集聚形成产业化；四万指每个园区规模1万亩以上，每亩建设投入1万元，每亩产值1万元，园区农民人均收入1万元；六化即产品国际化、装备现代化、园区景观化、生产可控化、农民工人化、管理合同化。

综合产值超过100亿元，成为真正的支柱产业。

二、质量与规模之辩

质量与规模在许多经济部门是可以很好统一的，尤其是在工业和商业部门。因为规模可以提高全要素生产率，通过创新等方式提高要素的集聚水平，进而提高产品和产业质量。而对于农业来说，却未必如此。规模可以充分提高土地与资本、科技以及管理方式的配置水平和档次，实现某种意义上的高质量发展，但是，农业从根本上来说是一个离不开自然要素的产业，因此具有很强的地域性。地域性不仅意味着资源的稀缺性、产品的唯一性、品质的独特性和不可复制性，而且是形成区域比较优势和竞争优势的基础，正所谓“橘在淮南生为橘，生于淮北则为枳”。“特定地域的土壤、降水、光照、积温等生态环境，直接决定着农产品的品种和品质。正是农业生产的这种自然选择属性，决定了农业生产的地域分工。中国的品牌农产品，无一不是具有特定地标符号的产品，包括特定的地域品种、特定的地域环境、特定的地域种养方式、特定的地域文化历史传承、特有的营养价值。如东北的大米、新疆的棉花、河北的鸭梨等，正因千百年来与地域农业资源相匹配、与地域种植习惯相适宜、与地域生态环境相适应而为世人所青睐。”① 换句话说，传统的土地、劳动力和资本在任何条件下，都是农业发展的基本要素，是第一性的生产要素，先进的科学技术和管理方式作为第二性的生产要素，能够提高土地、劳动力和资本的配置效率，但无法取代这些要素的基础性作用。

而回到现实中来，规模不仅意味着土地、劳动力和资本在空间上的集聚和集中，而且更重要的是经营方式的变革与创新，从而使土地与劳动力和资本等农业第一性生产要素获得可持续的利用和有效组合。即便硬要把现代农业的本质特点归纳为规模化、集约化、标准化、生态化、产业化和国际化，其基本发展路径也依然是2018年中央一号文件所强调的绿色化、优质化、特色化和品牌化。这实际上也是高质量农业的根本要求。从中国农业的具体情况来讲，小农化在相当长一段时期还是基本特征，即习总书记所强调的，“大国小农”是本源性制度。因

① 陈文胜：《农业供给侧结构性改革：中国农业发展的战略转型》，《求是》2017年第03期。

此，如何在小农户与品质化之间找到有效接口，是中国现代农业必须认真思考和采取有效措施解决的难题之一。

从对农业本身属性及中国农业基本特征的分析不难发现，农业的规模化不是中国农业的根本出路，更不是唯一出路，与小农户有机结合的适度规模农业，不仅能够有效利用中国传统农耕文明的优秀成果，而且是实现农业高质量和可持续发展的可行路径。结合苍溪县猕猴桃产业的发展来看，追求一定的规模无可非议，但不是目的，最终目的是产品和产业的高质量和可持续发展。具体分析其大户模式、基地模式和园区模式，可以简单划分为农户家庭规模经营和新型经营主体规模经营两种基本形式。从一般意义上来讲，农户家庭规模经营的基本规模是10—100亩，当然也有几百亩的；而新型经营主体的基本规模都在几百亩，上千亩，甚至上万亩。但从效益上来讲，并没有产生规模越大效益越高的结果。究其根本原因，与猕猴桃本身的技术特征有直接关系。

苍溪红心猕猴桃与全国多数猕猴桃一样，是个劳动密集型产业，而且许多生产环节无法通过机械的引入而降低劳动力的投入。猕猴桃属于多年生植物，种植环节的投入最大，每亩除去土地租金也需要8000—10000元，主要是改土、培肥、种苗、架杆、架线等。喻晓杰2014年引用了苍溪县猕猴桃产业化专业办公室提供的资料显示，种植环节需要的劳动力约为15个，主要是栽苗和搭架方面的，改土、田型调整、培肥等环节都可以辅助使用机械，劳动力投入只占到15%左右（不含土地租金），详见表7-1。但生产和管护阶段的劳动力投入就很多了，喻晓杰的研究得出的结论是，每亩每年需要30个劳动力，大致成本是3400元，其中劳动力成本为2400元，占70%以上；而化肥等投入品每年需要1000元左右，只约占30%①，即使加上土地租金，每亩约800—1000元②，劳动力成本也超过了50%，且许多环节是机械无法替代的。

---

① 喻晓杰：《苍溪县猕猴桃产业发展研究》，硕士论文，2015年，第18页。

② 根据喻晓杰的研究，苍溪县2010~2014年的土地租金从每亩300元上涨到每亩600元（见喻晓杰：《苍溪县猕猴桃产业发展研究》，硕士论文，2015年，第19页表4-7），而我们2017年10月实地调研时，土地租金已经涨到了每亩800—1000元。

表 7－1：苍溪猕猴桃建园每亩投资概算

投入项目	投入方式	单位	单价	数量	金额（元）
改　土	机械改土、田型调整	亩	2500 元/亩	1	2500
培　肥	生物肥	吨	650 元/吨	3	1950
种　苗	实生苗	株	1.5 元/株	120	180
架　杆	主杆	根	20 元/根	60	1200
	地桩	个	4 元/个	15	60
架 线	副线	米	0.35 元/米	800	280
	主线、围线、拉线	米	1.2 元/米	600	720
劳动力	栽苗、架杆	个	80 元/个	15	1200
合计（元）	8090				

资料来源：喻晓杰：《苍溪县猕猴桃产业发展研究》，硕士论文，2015 年，第 19 页。

我们通过与农户及园区技术人员的座谈了解到，生产和管理主要分翻地（3 个工）、施肥（3—4 次，需要 3—4 个工）、修枝（4 个工）、人工授粉（本地人不做，3 个工）、打农药（半个月一次，多数情况下每季需要打 8 次，共需要 5—6 个工）、除草（每季至少 2 次，共 5 个工）、疏花疏果（5 个工）、套袋（8000 个/天，需要 2 个工）、以及采摘（2 个工）等基本环节，共计 32—34 个工。这些工序很难使用机械，或者使用效果不佳。

之所以机械用不上或者效果不佳，还是与苍溪红心猕猴桃的生产技术有很大关系。苍溪猕猴桃根系较浅，除草很难用机械，否则会伤到根系；而施肥又要求深挖和掩埋，也很难使用机械。而如果为了提高品质施用有机肥，还必须使用钉耙，这既可以挖深一点，以便肥力能够到根部，而且不会伤到根系。如果挖浅了，有机肥太细，很难到根部；而如果使用板锄，能够挖深，但会伤到根系。这无形之中增加了劳动力的使用量。

既然通过发展新型经营主体而实现规模经营不能减少劳动力的使用，那这种意义上的规模经营就值得认真思考了。因为从根本上讲，规模经营的核心就是在解决谁来种地的基础上，提高其劳动生产率和土地产出率。而要提高劳动生产率，关键在于通过土地集中，充分利用机械和科学技术，降低单位面积的生产成本。从苍溪猕猴桃生产现实来看，这一目的显然难以实现，因为一是无法从根本上降低劳动力的使用，二是必须为土地集中支付额外的生产成本。更重要的是生产成本提高的同时不一定能保证提高产品和产业的发展质量。剩下的就只有提高科技利用水平和降低流通费用这些方面提高效率。但实地调研也发现，通过新型经营主体带动的规模经营不一定能够更加充分地利用科学技术，因为规模扩张了，做到了过程的标准化和统一经营，但结果并没有充分利用新技术。当然，基层干部和村民还认为，要做到这两个方面，农户经营也可以通过社会化服务得以实现。

为此，调研组在与基层干部和村民座谈时重点比较了这两种经营方式各自的优势和不足：对于新型经营主体通过基地或者园区建设来发展规模经营来说，对农户的好处是他们可以获得土地租金、放心从事劳务经济、就地为新型经营主体打工增加收入，每亩的土地租金加上劳务，一般在 3000 元左右；对于新型经营主体来说，可以通过规模经营实现土地与资本的更好结合，并带动全要素生产率水平的提高，但关键问题是发展不平衡，效益没有最大化。

对于农户经营模式来说，最大的好处是增加了收入，对比原来种植粮食作物，每年的收入大概是 2000① 元（水田种水稻的产量是 600 公斤谷子，收益 1440 元，250 公斤小麦，收益 500 元；旱地种玉米的产量是 500 公斤，收益 1100 元，加上一季其他作物，产值 600—800 元），而种植猕猴桃第一年的投入约为 8000 元，第三年挂果 750 公斤，收益在 10000 元左右，以后每亩的收入可以稳定在 15000 元左右。二是市场风险小，好经营，因为单个农户可以依据行情变化，灵活应对市场。三是容易实现精细管理，减少病虫害的发生。因为可以实行间套种，既降低猕猴桃的杀手——溃疡病的发病几率，减少损失，还可以施用农家肥，降低生产成本，提高产品质量。一位园区负责人更直接地告诉我们，农户使用的农家肥颗粒粗，肥效比有机肥更容易渗透到根部，且农户广泛使用钉耙，也不会大面积伤到猕猴桃树的根部。而农户到基地或园区打工，多数使用的是板锄，因为他们的工资多数是按棵计算，每棵树施肥是 4 元钱，围绕树根要开挖 2 米的沟，随后施上肥料，而用板锄可以提高工作效率。当然，农户经营模式也有两个问题：一是难以做到规范化和标准化生产，二是发展也很不平衡。

一位镇里的农业技术人员还对比了这两种模式的果品质量。农户经营方式下，如果管护得好，标准果（每颗重量在 70—120 克）可以达到 80% 以上，一

① 似与括号内数字不符。

般情况下也可以达到60%以上；但园区和基地最好的只能达到60%，一般只能达到50%左右。而从每亩的效益来看，农户经营最好的产值可以达到4—5万元，一般的可以在2—3万元，差的可以保证1万元左右；而园区和基地经营模式，最好的也可以达到2—3万元，但多数只能达到1.5—2.0万元。一些基层技术人员还解释了猕猴桃溃疡病的发病原因：一是伤口，冬天风很大，很容易折枝导致伤口感染；二是细菌传播，主要是通过土壤；三是用肥不当，如氮肥使用过量，也容易让树长得很大，更容易折枝受伤。基地和园区多数采取台地单一种植，更容易提高溃疡病的发病几率和传染概率。

还有一位农技人员给我们讲述了一个猕猴桃基地的化肥农药投入情况。该基地面积为130亩，2016年鲜果产量为110吨，产值为88万元，每亩产值只有6700多元，关键原因是标准果不到50%。但其投入生物肥200吨，每亩1.5吨以上，投入复合肥12吨，尿素10吨，还用了5万元的除虫剂。生物肥折合13万元，复合肥和尿素折合6万多元，每亩的化肥投入接近1500元，农药380多元，算是投入水平偏高的，但效益还是很一般。相反，我们调查了一个农户，面积93亩，每年只打3次农药，主要是杀菌剂，每亩折合20元；肥料以农家肥为主，每亩用以秸秆为主的农家肥1000公斤以上（每棵树两袋，约90公斤），另施150公斤复合肥，折合300元，2016年产值达到了207万元，合每亩2.2万元。

调研组在与县农业局、县猕猴桃产业化专业办公室以及县猕猴桃研究所有关专家座谈时证实了以上两个例子的代表性。他们都认为，苍溪红心猕猴桃是个精细种植品种，发展的方向肯定是精细化和品质化。随着近几年生态果市场行情的变化，应该把提升品质作为重点，规模只是在品质提升的前提下做强产业的一个方面，不应该是工作的重点。他们谈到，2012年，全县的生态果面积不到10%，当时一般果的价格为每斤7—9元，生态果为16—18元；近两年一般果价格在每斤8—10元，但生态果达到了15—20元，效益越来越显著。他们认为，苍溪猕猴桃的生产规模已经很可观了，占到全国红心猕猴桃的1/3以上了，但品质有所下降，前几年的生态果一周就卖完了，有的甚至用“抢”才能买到。反观常规果，2017年10月我们在该县调研时，树上都还有，并且“已经要看收购老板的脸色了”，原因是标准果越来越少了，前几年可以占到80%左右，2017年连管理得好的也在50%以下，质量确实令人担忧。在这种情况下，“要走高端市场，并在突破高端供给时保障中端供给。工作重点必须放在提高品质上。”他们认为：一是转变经营方式，鼓励农户通过大量使用农家肥来改变肥料结构不合理的情况；二是利用苍溪县丰富的森林资源优势，通过综合利用，生产粗颗粒有机肥；三是适当降低种植密度，并控制每棵树的挂果数量，提高标准果的比重；四是充分利用县里的技术优势，为农户提供标准化、全过程的技术服务，形成产业体系，提高竞争力。

三、来自农户问卷调查的信息支撑

为了进一步调查了解村民对猕猴桃种植的基本看法，并揭示其与土地承包经营权的内在联系，调研组选择了元坝镇的高桥村和歧坪镇的旭光村进行了问卷调查。两个村共完成了95份问卷，其中高桥村37份，旭光村58份。调查对象的平均年龄为60.27岁，其中年龄最大的为80岁，最小的为20岁，年龄在60岁以下的只有35人，仅占36.84%，说明多数年轻人都外出务工了。在受访的95人中，男性65人，占有效样本数的69.89%，女性28人，占30.11%。受访者的受教育年限主要集中在小学和初中两个阶段，分别占44.21%和22.11%，另有27.37%的被调查者没有获得任何教育，尤其是一些年龄在60岁以上的妇女；分别有4人和2人获得了高中/中专教育，以及大专及以上受教育程度，分别占4.21%和2.11%。这是为什么调研组三天才完成了95份问卷的主要原因。受访者的职业以农业为主，共有79人，占有效样本的92.94%，另外有6人从事建筑业、各有1人分别从事商业、餐饮业和其他职业，有7人在家养老或因病不能劳动。样本农户总人口393人，户均4.14人，其中女性人口206人，占52.42%；劳动人口213人，户均2.24人。

尽管承包农地的人口达到了342人，占家庭人口数的87.02%，但分到的面积很有限。分到水田的农户只有79户，证上面积为190.90亩，按承包人口计算人均0.56亩，按现有人口计算人均0.49亩，且有16个家庭没有分到土地，有15个家庭分到的水田面积不超过1.00亩，分到4亩及以上水田的家庭只有12户，最多的只有5.00亩，最少的仅0.20亩。由于人均占有水田面积很少，43个样本农户把自己的承包水田流转出去了，面积多达134.00亩，占承包面积的70.19%；但转入水田的只有1个农户，面积也仅仅2.00亩。这样，实际经营着水田的样本农户就只有35户人家，面积为58.90亩，户均1.68亩，最少的0.20亩，最多的5.00亩，1.00亩及以下的有16户，4.00亩及以上的只有3户。

同样，95个样本农户分到的旱地面积也只有163.07亩，按实际分到旱地农户计算户均 1.79 亩，有 4 个新立户没有旱地，有 40 户的面积不超过 1.00 亩，有 10 户的面积在 4.00 亩及以上。转出旱地的样本农户有 42 户，共转出旱地 88.37 亩，转出户数和面积分别占 44.21% 和 54.19%，转入旱地的也只有 1 户人家，面积 1.80 亩；实际还耕种着旱地的农户只有 47 户，面积为 74.70 亩，户均 1.59 亩，其中 1.00 亩及以下的仍然多达 25 户，占还耕种着旱地的农户的 53.19%，而面积在 4.00 亩及以上的只有 4 户，详见表 7－2 和表 7－3。

样本农户占有的其他土地资源也不多。95 个样本农户中有 81 户分到了林地，面积为 172.70 亩，户均 2.13 亩，其中最少的 0.2 亩，最多的 7.2 亩。有果园的有 17 户人家，面积仅为 8.90 亩，户均 0.52 亩，其中最少的 0.1 亩，最多的 1.00 亩。有 15 户人家有鱼塘，面积为 9.60 亩，户均 0.64 亩，其中最小的 0.10 亩，最大的 1.00 亩。有 71 个农户有菜园，面积为 41.70 亩，户均 0.59 亩，最少的 0.10 亩，最多的 3.00 亩，1.00 亩及以下的多达 65 户。另外还有 8 户人家有 4.70 亩荒地，且退耕还林了 1.20 亩。农户的林地、果园、菜园、鱼塘都很少有转让，只有 2 户转出了 4.70 亩林地。

总之，95 个样本农户占有的土地资源非常有限，农户实际分到的土地（含鱼塘）只有 591.57 亩，按承包人口计算人均 1.73 亩，按现有人口计算人均只有 1.51 亩；实际还在经营着的面积只有 365.30 亩，按现有人口计算人均只有 0.93 亩，详见表 7－2 和表 7－3。样本农户转出土地 228.27 亩，其中耕地（含水田和旱地）223.57 亩，占转出土地总面积的 97.94%。这主要是因为猕猴桃产业的发展，带动新型经营主体受让土地。

表 7－2：样本农户承包土地资源情况

	样本户数	总面积（亩）	户均面积（亩）			样本农户分组		
			平均①	最少	最多	没有	1.00 亩及以下	4.00 亩及以上
水田	95	190.90	2.42	0.20	5.00	16	15	12
旱地	95	163.07	1.79	0.20	8.00	4	40	10
林地	95	172.70	2.13	0.20	7.20	14	32	10
果园	95	8.90	0.52	0.10	1.00	78	17	0
鱼塘	95	9.60	0.64	0.10	1.00	80	15	0

① 按实际分到土地的农户数计算。

表 7－3：样本农户实际经营土地资源情况

	样本户数	总面积（亩）	户均面积（亩）			样本农户分组		
			平均①	最少	最多	没有	1.00 亩及以下	4.00 亩及以上
菜园	95	41.70	0.59	0.10	3.00	24	65	0
荒山	95	4.70	0.59	0.10	1.00	87	8	0
水田	95	58.90	1.68	0.20	5.00	60	16	3
旱地	95	74.70	1.59	0.20	8.00	48	25	4
林地	95	168.00	2.13	0.20	7.20	16	31	9
果园	95	11.20	0.62	0.10	1.00	77	17	0
鱼塘	95	9.60	0.64	0.10	1.00	80	15	0
菜园	95	41.70	0.59	0.10	3.00	24	65	0
荒山	95	4.70	0.59	0.10	1.00	87	8	0

样本农户有 36.26% 的收入来自于种植业，有 8.99% 来自于养殖业，有 37.31% 来自于打工收入，还有 9.23% 来自于各种补贴。由此可见，打工和种植业是样本农户的主要收入来源，合计占到了 73.57%。农户对自家生活水平在村里的地位给出了较合理的陈述，认为属于中上等的有 13 户，占 13.68%；认为处于中等的有 62 个样本，占 65.26%；认为处于中下等的有 18 个农户，占 18.95%；只有 2 户人家认为自家处于下等，占 2.11%。之所以农户的主要收入来源是打工和种植业收入，最关键的原因是土地资源有限，多数农户无法实现劳动力与土地资源的有效结合，被迫进行劳务经济。而无法外出打工的农户，依靠地方政府推动的猕猴桃种植获得了很大部分收入。在 95 个样本农户中，只有 6 户人家没有任何土地经营收入，占 6.32%；有 17 户人家的土地经营收入在 10% 及以下，占 17.89%；有 27 户人家的土地经营收入在 11—35% 之间，占 28.42%；有 20 户人家的土地经营收入在 35—50%，占 21.05%；超过 50% 的有 25 户，占 26.32%。他们呈两个极端：一是从猕猴桃经营中得到了较可观收入的家庭；二是家庭收入水平较低，且依赖于土地经营的家庭。

---

① 按实际经营土地的农户数计算。

样本农户在自家承包土地和租来土地上使用的化肥、有机肥和农药有明显差异。从化肥使用量来看，自家承包、自家经营的56.90亩水田的使用量为4095公斤（实物量），折合每亩71.97公斤；而租种的2.00亩的使用量达到了600公斤，每亩300.00公斤。相反，自家承包、自家经营的56.90亩水田的有机肥（含农家肥）使用量为15380公斤，每亩270.30公斤，而租种的2.00亩只施用了50公斤，每亩25.00公斤。农药的开支差别也很大，自家承包、自家经营的56.90亩水田的农药投入6290元，折合每亩110.54元；而租种的2.00亩投入了1180元，折合每亩590.00元。旱地自家承包经营和租种的面积分别为72.90亩和1.80亩，果园自家承包和租种的面积分别为8.90亩和2.30亩，菜园都是自家承包的，但使用化肥、有机肥和农药的差别也较明显，详见表7－4。

表7－4：农户自家承包和租种土地的化肥、有机肥和农药使用量对比

		化肥		有机肥		农药	
		使用量（公斤）	每亩使用量（公斤）	使用量（公斤）	每亩使用量（公斤）	投入（元）	每亩投入（元）
水田	承包	4095.00	71.97	15380.00	270.30	6290.00	110.54
	租种	600.00	300.00	50.00	25.00	1180.00	590.00
旱地	承包	5280.00	72.43	22250.00	305.21	3055.00	41.91
	租种	400.00	222.22	700.00	388.89	780.00	433.33
果园	承包	1385.00	155.62	7180.00	806.74	1200.00	134.83
	租种	500.00	217.39	100.00	43.48	510.00	221.74
菜园		3220.50	77.23	11285.00	270.62	2696.00	64.65

还值得注意的是，农户认为自家承包的土地与近些年相比，化肥农药使用量和投入水平增加的高达47个样本，占49.47%；认为差不多一样的有30个样本，占31.58%；认为减少的也有15个样本，占15.79%；另有3人认为说不清，占3.16%，详见表7－5。相反，同样是对于自家承包的土地，认为与近些年相比，有机肥使用量差不多一样的占到了45个样本；认为越来越多的有28个样本，占到29.47%；认为越来越少的有18个样本，占18.95%；而陈述了说不清的也有4个样本，占4.21%，详见表7－5。

表 7-5：样本农户对承包土地近些年化肥、农药和有机肥使用量变化情况的看法

	化肥农药使用量/投入水平		有机肥使用量	
	有效样本	占百分比	有效样本	占百分比
差不多一样	30	31.58	45	47.37
越来越多	47	49.47	28	29.47
越来越少	15	15.79	18	18.95
说不清	3	3.16	4	4.21
合计	95	100.00	95	100.00

农户对比自家承包土地与租种土地的化肥使用情况，认为“有差别”的有38个样本，占40.00%；认为“没有差别”的有37个样本，占38.95%；认为“说不清”的有1个样本；没有信息的有19个样本，占21.00%。对于回答有差别的38个样本农户来说，认为“土质情况不一样”的高达27个样本，占有效样本的71.05%；认为“距离家庭远近不一样”的有3个样本，占7.89%；认为“租来的地不是自己的”有7个样本，占18.42%；认为是“跟着别人”的有1个样本。而对于村里其他农户的情况来说，认为“有差别”的有26个样本，占85个“有效样本”的30.59%；认为“没有差别”的有30个样本，占有效样本的35.29%；选择“不一定”的有9个样本，占有效样本的10.59%；有20个样本选择“不知道”，占有效样本的23.53%。

农户对于自家承包土地与租种土地的有机肥使用情况的认知也支持了上述结论，认为“有差别”的有25个样本，占有效样本的36.23%；认为“没有差别”的有26个样本，占有效样本的37.68%；认为“说不清”的有18个样本，占有效样本的26.09%。在回答有差别的25个样本中，认为自家承包土地比租来土地的有机肥高出了26.04%，且在种类上有差别。认为自家承包土地多用农家肥的有12个样本，占有效样本的52.17%；认为租来土地少用农家肥而多用有机肥的有4个样本，占17.39%；认为主要看土壤质量情况的有5个样本，占21.74%；认为主要听农科技术人员的有2个样本，占8.70%。而对于村里其他农户的情况来说，认为有差别和没有差别的分别有28个样本，各占81个有效样本的34.57%；选择“说不清”的有1个样本，占有效样本的1.23%；有24个样本选择“不知道”，占有效样本的29.63%。

而农户对于自家承包土地与租种土地的农药使用情况，同样支持了上述初步结论，认为有差别的有 20 个样本，占 73 个有效样本的 27.40%；认为没有差别的有 34 个样本，占有效样本的 46.58%；认为“说不清”的有 19 个样本，占有效样本的 26.03%。在回答有差别的 20 个样本中，认为自家承包土地比租来土地的农药使用量低了 17.50%，且在种类上有差别。认为自家承包土地多用生物农药或毒性小的，及租来土地用杀虫效果快的和毒性大的各有 5 个样本，分别占有效样本的 25.00%；认为主要看虫害情况的有 4 个样本，占 20.00%；认为主要听农科技术人员的有 6 个样本，占 30.00%。而对于村里其他农户的情况来说，认为有差别的有 12 个样本，占 73 个有效样本的 16.44%；认为没有差别的有 28 个样本，占有效样本的 38.36%；选择“说不清”的有 2 个样本，占有效样本的 2.74%；有 31 个样本选择“不知道”，占有效样本的 42.47%。

之所以农户认为化肥农药使用量在增加，与农户的认识及政策的支持有很大关系。在关于“你们家不用化肥农药的产品跟用化肥农药的产品在市场上的卖价有无差别”的回答中，只有 5 人回答“有差别”，有 1 人回答“无差别”，有 9 人回答“说不清”，而有 67 人回答“市场上根本没有不用化肥农药的产品”，占 82 个有效样本的 81.71%。对于“当地政府对不用化肥农药的农产品有无支持政策”的回答，只有 7 人回答“有”，且主要是技术培训；回答“没有”的有 18 个样本，占 83 个有效样本的 21.69%；回答“不知道”的有 26 个样本，占有效样本的 31.33%；回答“没有听说过”的有 32 个样本，占有效样本的 38.55%。而对“当地政府对农户使用有机肥和农家肥有无支持政策”的回答，也只有 6 人回答“有”，且也主要是技术培训；回答“没有”的有 41 个样本，占 82 个有效样本的一半；回答“不知道”的有 16 个样本，占有效样本的 19.51%；回答“没有听说过”的有 19 个样本，占有效样本的 23.17%。

过去 10 年，既是苍溪红心猕猴桃快速发展的 10 年，也是种植方式迅速转换的 10 年，特别是化肥、农药和有机肥使用方式变化较快。尽管在化肥和农药的使用上，多数农户都认为数量增加了，比较而言，样本农户租种土地的化肥、农药使用量显著高于自家承包土地的。对于化肥来说，有 47 个样本农户认为使用量增加了，占 88 个有效样本的 53.41%，平均增幅为 22.94%，最低 5.00%，最高 50.00%；但同时认为减少的也有 32 个样本，占有效样本的 36.36%，平均减幅为 19.38%，最低 3.00%，最高 50.00%。而对于租种土地来说，认为增加的高达 46 个样本，占 66 个有效样本的 69.70%，尽管平均增幅只有 14.98%；而认为减少的只有6个样本，占有效样本的9.09%，尽管减幅达到了23.33%，详见表7－6。

表7－6：与10年前相比农户自家承包土地和租种土地的化肥使用变化情况

	自家承包土地			租种土地		
	样本数	占总样本%	占有效样本%	样本数	占总样本%	占有效样本%
增加了	47	49.47	53.41	46	48.42	69.70
减少了	32	33.68	36.36	6	6.32	9.09
差不多	6	6.32	6.82	6	6.32	9.09
说不清	3	3.16	3.41	8	8.42	12.12
无信息	7	7.37		29	30.53	
合 计	95	100.00	100.00	95	100.01	100.00

在农户增加了化肥使用量的同时，农家肥（包括有机肥）的使用却在减少，且在自家承包土地和租种土地上有明显差别。对于自家承包土地来说，认为农家肥使用量增加的只有14个样本，占81个有效样本的17.28%，平均增幅为11.21%，最少为5.00%，最多为30.00%；而认为减少的多达55个样本，占有效样本的67.90%，平均减幅为32.47%，最少为10.00%，最多达80.00%。而对于租种土地来说，认为增加的为18个样本，占68个有效样本的26.47%，平均增幅为17.50%；认为减少的有33个样本，占有效样本的48.53%，平均减幅为19.70%，详见表7－7。

表7－7：与10年前相比农户自家承包土地和租种土地的农家肥使用变化情况

	自家承包土地			租种土地		
	样本数	占总样本%	占有效样本%	样本数	占总样本%	占有效样本%
增加了	14	14.74	17.28	18	18.95	26.47
减少了	55	57.89	67.90	33	34.74	48.53
差不多	5	5.26	6.17	3	3.16	8.82
说不清	7	7.37	8.64	14	14.74	20.59
无信息	14	14.74		27	28.42	
合 计	95	100.00	99.99	95	100.01	100.01

样本农户认为农药的使用量明显增加，且在自家承包土地和租种土地上有显著差别。对于自家承包土地来说，认为农药使用量增加的有 77 个样本，占 88 个有效样本的 87.50%，平均增幅为 32.06%，最少为 10.00%，最多为 60.00%；而认为减少的只有 4 个样本，占有效样本的 4.55%。而对于租种土地来说，认为增加的有 48 个样本，占 63 个有效样本的 76.19%，但平均增幅高达 33.44%，最少为 10.00%，最高的为 1 倍；认为减少的只有 2 个样本，占有效样本的 3.17%，平均减幅为 17.50%，详见表 7－8。

表 7－8：与 10 年前相比农户自家承包土地和租种土地的农药使用变化情况

	自家承包土地			租种土地		
	样本数	占总样本%	占有效样本%	样本数	占总样本%	占有效样本%
增加了	77	81.05	87.50	48	50.53	76.19
减少了	4	4.21	4.55	2	2.11	3.17
差不多	3	3.16	3.41	2	2.11	3.17
说不清	4	4.21	4.55	11	11.56	17.46
无信息	7	7.37		32	33.68	
合 计	95	100.00	100.01	95	99.99	99.99

农户租种土地化肥农药使用量较高的初步结论，还从他们对周边农户出租出去土地的化肥农药使用变化情况得到进一步证明。被调查农户认为，村里出租出去土地的化肥农药使用量比自家高的有 55 个样本，占 86 个有效样本的 63.95%；认为比自家低的只有 3 个样本；认为差不多的有 1 个样本；而选择“不知道”的有 30 个样本，占有效样本的 34.88%。认为高的农户的平均水平为 36.44%，最低为 15.00%，最高为 70.00%；而认为低的只低出了 13.33%。

农户已经认识到化肥农药过量使用及农家肥使用量减少对土地所产生的影响。对于自家承包的土地来讲，认为“土质越来越板结了”的有 51 个样本，占 80 个有效样本的 63.75%；而认为租种土地“土质越来越板结了”的有 47 个样本，但占 54 个有效样本的比重达到了 87.04%，详见表 7－9。认为土质发生变化的主要原因是化肥农药使用多了的有 53 个样本，占 85 个有效样本的 62.35%；认为是农家肥和有机肥使用少了的只有 8 个样本，占有效样本的 9.41%；认为是由于没有轮换耕种的有 15 个样本，占 17.65%；选择了“不知道”的有 1 个样本。而对于化肥农药使用多了及农家肥使用少了的原因，有多达 70 个样本认为是“没有牲口，农家肥少了”，占 83 个有效样本的 84.34%；有 2 个样本认为是“农家肥太耗劳动力”，占 2.41%；有 10 个样本认为是“习惯了”，占 12.05%；有 1 个样本选择了“其他”。

表 7－9：农户认为自家承包土地和租种土地的土质变化情况

	自家承包土地			租种土地		
	样本数	占总样本%	占有效样本%	样本数	占总样本%	占有效样本%
板结了	51	53.68	63.75	47	49.47	87.04
松软了	17	17.89	21.25	3	3.16	5.56
差不多	7	7.37	8.75	0	0.00	0.00
其 他	0	0.00	0.00	2	2.11	3.70
说不清	5	5.26	6.25	2	2.11	3.70
无信息	15	15.79		41	43.16	
合 计	95	99.99	100.00	95	100.01	100.00

从老百姓对当地自然灾害的认知来看，主要集中在风灾、旱灾和病虫灾害上。认为第一位的灾害是风灾的有 45 个样本，占有效样本的 50.56%，另外还有 39 个样本放在了第二位，占第二位有效样本的 46.99%，有 3 个放在了第三位，合计高达 87 个样本，占 95 个调查样本的 91.58%。认为第二位严重的是旱灾，共有 81 个样本，占 95 个调查样本的 85.26%，其中放在第一位的有 41 个样本，占第一位有效样本的 46.07%；放在第二位的有 33 个样本，占第二位有效样本的 39.76%，同时还有 7 个样本（占 14.29%）放在了第三位。第三位较严重的是病虫灾害，有 48 个样本，其中放在第三位的有 38 个样本，占第三位有效样本的 77.55%，有 9 个样本放在了第二位，占第二位有效样本的 10.84%，另有 1 个样本放在了第一位，详见表 7－10。

表 7－10：样本农户对当地自然灾害的认知

灾害类型	第一位		第二位		第三位	
	频数	有效百分比	频数	有效百分比	频数	有效百分比
没有	2	2.25	0	0.00	1	2.04
风灾	45	50.56	39	46.99	3	6.12
病虫灾害	1	1.12	9	10.84	38	77.55
泥石流	0	0.00	2	2.41	0	0.00
旱灾	41	46.07	33	39.76	7	14.29
无信息	6		12		46	
合计	95	100.00	95	100.00	95	100.00

四、初步结论

1. 质量兴农已经成为中国农业发展的基本方向。其工作重点是结合农业供给侧结构性改革，优化要素资源配置，在充分实现传统的土地、资本和劳动力有效结合的基础上，加大科技创新和管理要素投入，以此带动全要素生产率的提高。苍溪红心猕猴桃产业作为该县的领军产业和支柱产业，也是国家鼓励大力发展的产业。在过去 10 多年的时间里，苍溪县委政府把绿色生态作为该产业发展的基本方向，目的就是通过努力提高产品质量，增强产业的效益和竞争力。

2. 这个方向无疑是非常正确的，但从苍溪县红心猕猴桃产业的组织方式来讲，除了鼓励专业大户加快发展外，还高度重视基地和园区建设。这从一个角度来讲，有利于通过规模经营提升产品和产业的影响力和竞争力。但规模和质量之间多多少少存在一些冲突。原因是苍溪红心猕猴桃是个精细种植品种，不仅需要较多的劳动力投入，而且需要充分运用传统生产工具和产业组织方式。在这种情况下，规模不一定带来生产成本的下降和效益的提升，相反还会影响到产品的质量，以及产业的竞争力。

3. 更重要的是，规模经营需要以现代生产要素的投入为基础，特别是化肥、农药的大量使用。尽管可以使用有机肥，但规模化的生产以及红心猕猴桃浅根的特点，很难发挥有机肥的功效。问卷调查结果表明，租种土地和农户自家承包土地的化肥、农药及有机肥和农家肥的使用有着明显差别。最核心的原因就是农户自家承包的土地可以施用更多农家肥，尽管因为牲口饲养数量的减少，导致农家肥数量越来越少，但农户可以购买农家肥，并通过使用钉耙等生产工具，在提高肥效的同时，不伤及果树的根系。

4. 尽管没有直接的证据证明农户经营（含一定规模的大户经营）一定比基地和园区经营更能够提升产品的质量，但可以肯定的是，农户经营总体上更加精细，符合苍溪红心猕猴桃作为精细种植品种的要求。这一方面是农户经营多数是自家承包的土地或者部分租种的土地，可以做到更加精细化。而基地和园区尽管也需要使用当地劳动力，但村民认为“不是自己的”，只是挣工资，因此精细程度很难保证。而从经营者来讲，尽管可以通过更多科技措施的应用，提高标准化程度，但代价可能就是精细化水平的降低。

5. 而从经济效益来讲，红心猕猴桃效益的好坏与标准果所占比重有直接关系。而标准果比例的高低主要取决于管理的精细程度以及溃疡病的影响程度。从总体上来讲，农户自主经营的果园的精细化程度要高些，标准果的比例比基地和园区高出了20%左右。而根据红心猕猴桃溃疡病发病机理的分析，农户经营更容易从源头上控制发病几率。而基地和园区因为面积大，精细化程度不高等原因，不易从源头上控制，且由于纯林和台地化种植，不仅容易受到风灾的影响，而且使用的生产工具更容易使果树受伤，从而增加被感染的几率。

6. 从农户对自家承包土地和租种土地化肥、有机肥（含农家肥）及农药使用的对比分析不难看出，不仅越来越多的农户在租种土地上化肥、农药使用概率增加了，而且使用量也比自家承包土地上要多些（表7－4、表7－5、表7－6和表7－8），而相反，尽管自家承包土地和租种土地都有农户在使用农家肥和有机肥，但使用比例、使用量存在明显差别（表7－4和表7－7）。尽管样本农户不一定都种植红心猕猴桃，但这一普遍现象也足以说明问题的普遍性和严重性，需要引起高度关注。

7. 从未来发展方向看，追求一定的规模肯定是正确的选择。但这种规模不应该仅仅是空间意义上的集中连片，而应该是经营方式意义上的规模经营，即小农户平时能够充分利用自家劳动力，农忙时雇佣一定劳动力的生产规模，比如一个劳动力10亩左右。而通过充分发育农业社会化服务体系，为农户提供更多技术和市场服务，也可以是一种有效的生产体系和经营体系。这正是2018年中央一号文件为什么强调构建小农户与现代农业有效衔接机制的初衷，值得苍溪县结合其红心猕猴桃产业进一步探索和总结。

桉树种植需要坚持生态安全优先

——云南省澜沧县桉树种植区土地产权与环境状况研究案例

绿水青山就是金山银山。绿水需要靠青山源源不断地注入养分，青山需要绿水的滋养，两者密不可分。但许多人为干预，也可能导致绿水得不到青山的养分，反过来青山将最终不再常青，更不要说绿水青山就是金山银山了。桉树的大面积单一种植就可能招致这样的结果。本案例以云南省澜沧县为例，揭示大公司通过租地大规模种植桉树所带来的环境影响。报告首先回顾了前人对澜沧县桉树种植所导致生态环境问题的研究发现，随后通过对最近访谈和问卷调查资料的分析，阐述桉树种植对当地水资源等方面的后续影响，以及背后的土地产权原因。

一、相关文献回顾

普洱市澜沧拉祜族自治县，位于云南省西南部、澜沧江以西，地处北回归线以南，西部和西南部有两个地方与缅甸接壤。全县国土面积 8807 平方公里[①]，辖

① 云南省澜沧拉祜族自治县县志编纂委员会：《澜沧拉祜族自治县县志》，昆明：云南人民出版社 1996 年版，第 1 页。

5 镇 15 乡，157 个村委会和 4 个居委会[①]，2016 年底总人口为 50.05 万人[②]。澜沧县是中国唯一的拉祜族自治县[③]，居住着拉祜、汉、佤、哈尼、彝、傣、布朗、回等 20 多个民族，少数民族人口占总人口的 75% 以上[④]。澜沧县地处横断山区南段，山区、半山区面积占国土面积的 98.8%，坡度 8 度以下的平坝仅占 1.2%。县境内崇山峻岭，河流纵横，有大小河流 130 余条，均属澜沧江水系。全县地表水总径流量 62.5 亿立方米，地下水储量 19.7 亿立方米。澜沧县大部分地区属亚热带雨林气候，由于地形复杂，又具有北热带、南亚热带、中亚热带、北亚热带和温带气候类型，气候垂直变化明显，形成“一山分四季，十里不同天”的立体气候特点。年均温 18.9℃，年均降水量 1626 毫米，日照 2113.8 小时[⑤]。由于雨量充沛，日照充足，冬无严寒，夏无酷暑，干雨季分明，及丰厚的热区资源，使澜沧成为盛产稻谷、玉米、小麦等粮食作物和甘蔗、茶叶、水果、咖啡、橡胶、烤烟等热区作物的沃土，适宜甘蔗、茶叶、橡胶、咖啡、南药、水果等经济作物生长；主要农特产品有笋丝、木耳、凤尾扫把、多衣果脯等[⑥]。县内植物种类繁多，主要树种有思茅松、曼登、厚皮栎、木荷、水冬瓜、山槐、桦木等，珍贵树种有椿、樟、铁力木、紫柚木、三棱栎等。药材植物有黄连、杜仲、当归、砂仁、三七、草果等。竹藤植物遍布全县各地。野生动物有野牛、懒

① 云南省统计局编：《云南统计年鉴 2017》，北京：中国统计出版社 2017 年版，第 7 页。

② 云南省统计局编：《云南统计年鉴 2017》，北京：中国统计出版社 2017 年版，第 526 页。

③ 1950 年成立澜沧县人民政府，1953 年建立拉祜族自治区，1955 年改为拉祜族自治县，见云南省澜沧拉祜族自治县县志编纂委员会：《澜沧拉祜族自治县县志》，昆明：云南人民出版社 1996 年版，第 2 页。

④ 云南省澜沧拉祜族自治县县志编纂委员会：《澜沧拉祜族自治县县志》，昆明：云南人民出版社 1996 年版，第 1 页。

⑤ 云南省澜沧拉祜族自治县县志编纂委员会：《澜沧拉祜族自治县县志》，昆明：云南人民出版社 1996 年版，第 1 页。

⑥ 杨春梅：《澜沧县桉树速生丰产林发展探讨》，《内蒙古林业调查设计》，第 37 卷第 2 期。

猴、马鹿、虎、豹、熊、水獭、穿山甲等①。

澜沧县自然资源富集，但由于区位、交通等因素的制约，长期以来以农业为主，二三产业发展严重滞后，经济发展水平较低。1952 年，全县工农业总产值仅为 1146 万元，其中农业占了 99.2%；1990 年，工农业总产值增加到 9835 万元，但农业仍占到了 76.2%②。同期，云南省农业总产值占工农业总产值的比重由 1952 年的 71.6% 下降到了 1990 年的 38.0%③。1956 年，澜沧县的农民人均纯收入只有 35 元④，相当于云南省平均水平 58.6 元⑤的 59.7%；1986 年，澜沧县的农民人均纯收入增加到 144 元⑥，但只相当于云南省平均水平 338.14 元⑦的 42.6%；2016 年，尽管澜沧县农村常住居民人均可支配收入增加到了 8037 元，相当于云南省平均水平 9020 元的 89.1%⑧，但人均地区生产总值只相当于云南省平均水平的 41.8%⑨。2016 年，澜沧县一产增加值占地区生产总值的比重为 28.9%，比云南省的平均水平高出了 14 个百分点⑩。

---

① 云南省澜沧拉祜族自治县县志编纂委员会：《澜沧拉祜族自治县县志》，昆明：云南人民出版社 1996 年版，第 1 页。

② 云南省澜沧拉祜族自治县县志编纂委员会：《澜沧拉祜族自治县县志》，昆明：云南人民出版社 1996 年版，第 158～159 页。

③ 云南省统计局编：《云南统计年鉴 1992》，北京：中国统计出版社 1992 年版，第 31 页。

④ 云南省澜沧拉祜族自治县县志编纂委员会：《澜沧拉祜族自治县县志》，昆明：云南人民出版社 1996 年版，第 182 页。

⑤ 中共云南省委办公厅、省人民政府办公厅、云南省统计局：《新中国五十年·云南卷〈崛起的红土地〉》，北京：中国统计出版社 1999 年版，第 467 页。

⑥ 云南省澜沧拉祜族自治县县志编纂委员会：《澜沧拉祜族自治县县志》，昆明：云南人民出版社 1996 年版，第 182 页。

⑦ 中共云南省委办公厅、省人民政府办公厅、云南省统计局：《新中国五十年·云南卷〈崛起的红土地〉》，北京：中国统计出版社 1999 年版，第 467 页。

⑧ 云南省统计局编：《云南统计年鉴 2017》，北京：中国统计出版社 2017 年版，第 566 页。

⑨ 云南省统计局编：《云南统计年鉴 2017》，北京：中国统计出版社 2017 年版，第 523 页。

⑩ 根据云南统计年鉴 2017 相关数据计算，见云南省统计局编：《云南统计年鉴 2017》，北京：中国统计出版社 2017 年版，第 519、520 页。

澜沧县党委、政府一直高度重视协调经济发展与环境保护之间的矛盾，并于2003年开始大面积种植桉树。选择桉树主要基于两方面的原因，一方面，桉树本身是一种用途广泛、经济价值可观的速生树种。桉树具有速生高产、适应性广、抗性强、耐干旱瘠薄、容易种植、萌芽力强等特点，与速生丰产林树种松树、杨树并列联合国粮农组织推荐的世界三大速生树种。桉树木材可广泛用于生产浆纸、人造板工业、房屋建筑、家具制造、园林绿化；桉树树皮则可被用以提制栲胶供工业使用；桉树花分泌的花蜜量大、成色好，因此成为非常优秀的蜜源植物。另一方面，在当时云南省人民政府、特别是有关领导的支持下，包括澜沧县在内的普洱市引进了世界知名的金光集团，成立了思茅金澜沧丰产林有限公司，希望通过桉树为主的林产工业带动地方经济发展。金光集团为澜沧县引种的桉树以尾叶桉、尾巨桉和巨尾桉等尾叶桉类为主，该县大部分地区的自然环境条件适宜尾叶桉类林的生长。澜沧县现有尾叶桉类林地面积86.43%分布在适宜区范围内，但也有13.57%分布在不适宜区范围内①。

2003~2005年期间，在云南省人民政府的支持下，金光集团在原思茅市（现普洱市）的“边三县”（即澜沧、西盟、孟连3县）向村集体和地方政府租赁荒山荒地4.27万余公顷开始造林，除去近0.51万公顷是箐沟、水源林、生态隔离带等高保护价值面积未造林外，实际造林面积3.75万公顷，其中桉树纯林占96.10%，其余为西南桦、旱冬瓜或混交林。金光集团全额向土地权属方支付土地租金2560万元（折合人民币每公顷599.53元，即每亩39.97元），向参与营林务工人员支付劳务费用累计1.56亿元，使用本地劳动力约300万个，不仅让山区农民可以获得土地租金收入，而且可以在家门口打工赚钱。根据当时的规划，金光集团投资的9.6万吨浆粕纤维厂在澜沧落户投厂以后，每年采伐需求劳动力约100万人次，萌发更新约5万人次，修筑山区采伐林道约210公里，中转运输车辆日均200辆以上，将极大地推动地方经济的发展和山区群众生活水平的提高②。这种诱惑对于一个长期处于深度贫困状况的国家扶贫开发工作重点县来说，无疑是非常极大的。但由于复杂多样的现实因素，纸浆厂未能如期建设投

① 杨春梅：《澜沧县桉树速生丰产林发展探讨》，《内蒙古林业调查设计》，第37卷第2期。

② 杨春梅：《澜沧县桉树速生丰产林发展探讨》，《内蒙古林业调查设计》，第37卷第2期。

产，预期经济效益未能及时实现，但桉树大面积种植的不利影响却逐渐显现出来。

从相关研究看，澜沧县桉树种植面积在3万公顷以上是事实。赵筱青、丁宁和闫平的研究指出：2003年到2005年间，澜沧县引种桉树31081.24公顷①，赵筱青及和春兰的另一项研究也指出：为了提高经济收入及缓解贫困问题，云南省澜沧县2003年以来大规模引种桉树约32524.41公顷②。针对桉树对澜沧县环境造成的影响，云南农业大学赵筱青团队做了长期深入研究。他们的研究从几个方面展开：首先是对土壤的影响，其次是对景观的影响，下面分别加以总结③。

就对土壤的影响来看，他们的研究侧重于土壤容重、土壤毛管孔隙度、土壤水分、土壤的酸碱性、土壤的有机质及相应的肥力构成等。他们认为，土壤容重是土壤物理性质中最重要的因素之一。容重越大，表明土壤越紧实，通气透水性越差；容重越小，表明土壤疏松多孔，物理通透性能好，土壤结构性能良好。赵筱青团队的研究发现，0—60厘米土层深度，不同林龄桉树林地的土壤容重差异不显著，但随着林龄的增长，土壤容重总体呈上升趋势，2003年种植的桉树林地的土壤容重比2005年上升了0.65%，表明随着林龄的增加，第一轮伐期内桉树林下土壤紧实度增加，土壤结构变差。同样，不同林龄桉树林地表层（0—20厘米）、中层（20—40厘米）、深层（40—60厘米）的土壤容重差异均不显著，但随着土壤深度的增加，土壤容重上升，2003年和2005年桉树林地中层土壤容重比表层分别增加了3.64%和11.10%，深层比中层又分别增加了2.90%和0.38%。究其原因，是因为随着土壤深度的增加，土壤有机质含量逐渐减少，土壤团聚性降低，土壤紧实度持续增加。

土壤毛管孔隙度的大小，反映了植被吸持水分用于维持自身生长发育的能力；土壤非毛管孔隙度的大小，则反映了土壤滞留水分以及林地发挥涵养水源和削减洪水的能力；土壤总孔隙度越高，说明土壤疏松，土壤结构优良，通透性较

---

① 赵筱青、丁宁、闫平：《滇西南不同林龄桉树林土壤理化性质的变化规律分析》，《安徽农业科学》，第40卷第20期，第10455~10458页。

② 赵筱青、和春兰：《外来树种桉树引种的景观生态安全格局》，《生态学报》，第33卷第6期，第1861页。

③ 赵筱青、丁宁、闫平：《滇西南不同林龄桉树林土壤理化性质的变化规律分析》，《安徽农业科学》，第40卷第20期，第10455~10458页。

好。赵筱青团队的研究发现，在0—60厘米土层深度，不同林龄桉树林的土壤总孔隙度、毛管孔隙度、非毛管孔隙度差异均不显著，但随着林龄的增加，土壤总孔隙度和非毛管孔隙度下降，毛管孔隙度上升，澜沧县2003年的桉树人工林的土壤总孔隙度和非毛管孔隙度比2005年分别下降了0.70%和23.65%，毛管孔隙度上升了7.68%，表明随着林龄的增加，土壤通气透水能力下降，抗冲刷和侵蚀的能力降低，吸水持水能力增强。同样，在不同林龄桉树林地的表层、中层和深层，土壤的总孔隙度、毛管孔隙度、非毛管孔隙度差异均不显著，但随着土层深度的增加，不同林龄桉树林地土壤总孔隙度和毛管孔隙度下降，2003年和2005年桉树林地中层土壤的总孔隙度比表层土壤分别下降了3.74%和10.83%、毛管孔隙度分别下降了3.95%和10.74%，深层土壤比中层土壤的总孔隙度又分别下降了3.22%和0.46%、毛管孔隙度分别下降了4.38%和5.71%。究其原因，是由于桉树林地表层土壤受到人为耕翻和除草等活动的影响，导致表层土壤较疏松，增大了土壤孔隙。土壤非毛管孔隙度总体上呈中层较低，表层和深层较高的趋势，其中以土壤表层的非毛管孔隙度最高，2003年、2005年桉树林地中层土壤的非毛管孔隙度比表层分别下降了2.89%和13.08%，深层土壤非毛管孔隙度比表层又分别下降了1.47%和0.45%。这是由于表层土壤有机质含量多，有良好的团粒结构，质地较疏松，而深层土壤由于桉树根系的调节作用，形成大量的非毛管孔隙，为雨水的渗透和水分的贮存奠定了基础。

土壤水分是植物所需水分的主要来源，既是植物吸收养分的主要输入通道，又是许多物理、化学和生物过程的必要条件，直接影响到植物的生长和土壤中各种物质的转化。赵筱青团队的研究发现，在0—60厘米土层深度，不同林龄桉树林的土壤自然含水量差异显著，随着桉树林龄的增长，土壤自然含水量呈上升趋势，澜沧县2003年桉树林地的土壤自然含水量比2005年上升了33.71%，表明在第一轮伐期内，桉树林地林下枯枝落叶蓄积增厚，增加了地表粗糙度，有利于降雨渗入土壤，涵养一定量的降水。但是，不同林龄桉树林地表层土壤自然含水量差异显著，中层和深层差异均不显著，说明随着土壤深度的增加，土壤自然含水量变化无明显规律，2003年栽植的桉树林地的土壤自然含水量呈中层较高，表层、深层较低的特点，而2005年栽植的桉树林地的土壤自然含水量呈中层较低，表层、深层较高的特点，但上升和下降的幅度都不大。

土壤的酸碱性对土壤肥力有较大影响。土壤微生物的活动、有机质的分解、营养元素的释放与转化以及土壤发生过程中元素的迁移等，都与酸碱性有关。赵筱青团队的研究表明，在0—60厘米土层深度，不同林龄桉树林地的土壤pH值差异不显著，但随着林龄的增长，桉树林地土壤pH值略有下降，土壤酸性增强。另外，不同林龄桉树林地三个土层的土壤pH值差异均不显著，随着土壤深度的增加，土壤pH值上升，澜沧县2003年、2005年桉树林地中层土壤pH值比表层分别增加了0.18%和4.94%，深层比中层又分别增加了0.57%和1.32%。这是由于桉树凋落物集中在土壤表层，且土壤表层和中层有较多的根系分布，根系正常呼吸产生的CO2及根分泌的有机酸使土壤pH值降低。

土壤有机质含量是植物的养分来源，其高低是衡量土壤肥力的一个重要指标，反映土壤的肥沃程度，通常被视作土壤培肥的中心环节，对于保持土壤肥力具有重要意义。赵筱青团队的研究表明，在0—60厘米土层深度，不同林龄桉树林地的土壤有机质差异不显著，但随着林龄的增长，桉树林地土壤有机质呈下降趋势，2003年桉树人工林地的土壤有机质比2005年下降了31.67%，这表明桉树林的引种使土壤有机质下降，桉树对土壤养分的消耗较大。还值得注意的是，尽管在不同土层深度，不同林龄桉树林地土壤有机质差异均不显著，但随着土层深度的增加，土壤有机质含量下降，澜沧县2003年和2005年栽植的桉树林地中层土壤有机质比表层分别下降了15.70%和24.10%，深层土壤又比中层土壤分别下降了39.95%和58.97%。究其原因，是由于林地表层枯枝落叶积累及其分解以及林地微生物活动，使土壤表层的有机质含量较高，土壤有机质含量随土层厚度加深而下降。

氮是植物生长和发育所需的大量营养元素之一，也是植物从土壤中吸收量最大的元素之一。全氮含量一般表明氮素的供应容量，反映土壤的总体水平；而水解性氮表征一定时期内氮素的供应状况和供应强度。赵筱青团队的研究发现，在0—60厘米土层深度，不同林龄桉树林地的土壤全氮含量差异不显著，而水解性氮含量差异显著，随着林龄的增长，桉树林地的土壤全氮和水解性氮含量均呈下降趋势，澜沧县2003年种植的桉树林地的土壤全氮和水解性氮含量，比2005年分别下降了18.60%和29.26%，表明桉树林的引种对土壤养分消耗较大，造成了土壤全氮和水解性氮含量下降。另外，尽管在不同土层深度，不同林龄桉树林地的土壤全氮含量差异不显著，但水解性氮含量差异显著，且随着土层深度的增加，土壤全氮和水解性氮含量均下降，澜沧县2003年、2005年栽植的桉树林地的中层土壤全氮含量比表层分别下降了22.84%和15.19%，水解性氮含量分别下降了31.89%和37.07%；深层土壤的全氮含量又比中层土壤分别下降了

26.88%和5.13%，水解性氮含量分别下降了22.45%和13.44%。

土壤有效磷含量是指能为当季作物吸收的磷量。钾是植物必需的营养元素之一，土壤速效钾是土壤钾素的现实供应指标。赵筱青团队的研究证实，在0—60厘米土层深度，不同林龄桉树林地的土壤有效磷和速效钾含量差异均不显著，但随着林龄的增长，桉树林地土壤有效磷和速效钾含量均呈下降趋势，2003年桉树林地的土壤有效磷和速效钾含量比2005年分别下降了22.14%和19.40%，表明桉树林的种植造成了土壤有效磷和速效钾含量的下降，且与土壤全氮、水解性氮含量变化一致。同样，在不同土层深度，不同林龄桉树林地的土壤有效磷和速效钾含量差异不显著，但随着土层深度的增加，土壤有效磷和速效钾含量均下降，2003年、2005年栽植的桉树林地的中层土壤有效磷含量比表层土壤分别下降了8.93%和31.22%，速效钾含量分别下降了10.25%和49.95%；深层土壤的有效磷含量又比中层土壤分别下降了59.86%和71.31%，速效钾含量分别下降了19.94%和44.65%，该变化与土壤全氮、水解性氮含量变化基本一致。

镁是植物体内多种重要成分的组成元素，交换性镁是研究土壤镁离子有效度的重要指标，表明一定时期内土壤的供镁能力。钙是非原生质体以及生物膜的成分，交换态钙是植物可以利用的有效态钙。赵筱青团队的研究结果显示，在0—60厘米土层深度，不同林龄桉树林的土壤交换性镁、交换性钙含量差异均不显著，但随着林龄的增长，桉树林地土壤交换性镁和钙含量均增加，尤其是交换性镁的变化幅度较大，澜沧县2003年桉树林地土壤的交换性镁和钙含量比2005年分别上升了42.70%和5.81%，这与种植前三年镁和钙的施肥管理有关，同时与土壤黏粒和粉粒作用也有关系。同时，不同林龄桉树林地三个土层的土壤交换性镁、交换性钙含量差异均不显著，但随着土层深度的增加，土壤交换性镁、交换性钙含量均下降，2003年、2005年栽植的桉树林地中层土壤的交换性镁含量比表层分别下降了9.01%和1.10%，交换性钙分别下降了2.36%和1.27%；深层土壤的交换性镁含量比中层土壤分别下降了19.07%和8.42%，交换性钙分别下降了0.79%和8.39%，这与表层土壤中的交换性镁和交换性钙含量受到地表枯落层分解及土壤生态系统中钙、镁元素返还等因素有关。[①]

以上简述表明，澜沧县桉树林地的土壤养分随林龄增加而下降，桉树对地力

---

① 赵筱青、丁宁、闫平：《滇西南不同林龄桉树林土壤理化性质的变化规律分析》，《安徽农业科学》，第40卷第20期，第10455~10458。

的消耗较大，这是由于桉树人工林生长较快，对土壤营养需求量相应增多，加上桉树枯枝落叶难以快速分解，归还量少，造成土壤肥力下降。另外，随着土层深度的增加，土壤养分也呈下降趋势，这是由于林木从土壤中吸取的矿物质养分大部分以凋落物的形式归还土壤表层，表层土有较强的聚集养分的作用，其养分含量因此要比中、深层土壤高。值得强调的是，赵筱青团队的这项研究是2012年初形成的研究报告，其数据至少是2011年完成的。当时2003年种植的桉树不到10年，而现在已经15年的时间了，如果他们的研究结论可以推演的话，目前澜沧县的桉树林的土壤养分就更令人担忧了。

从生态景观来看，主要是桉树作为纯林所带来的视角效果及其内在景致。赵筱青与另一个团队合作研究得到的结论是：2000～2010年澜沧县土地利用变化的主要趋势是草地和耕地面积减少，林地面积增加，其中桉树林和橡胶林面积分别增加了325.47（折合32547公顷）和2.97平方公里，土地利用类型表现为草地向林地、桉树林地转化，耕地向草地、林地、桉树林地转化，林地向桉树林地转化，园地向林地转化，橡胶林小部分源自耕地和林地等地类的转化。基本结果是：草地面积减少了196.39平方公里，其中，有623.63平方公里转变成了林地①，有101.36平方公里转变成了桉树林地；耕地面积减少了656.89平方公里，其中有447.86平方公里转换成了林地，有56.67平方公里转变成了桉树林地；林地面积增加了503.07平方公里，增幅为8.92%，其面积的增加主要来源于荒草地的治理和耕地的退耕还林，桉树林和橡胶林的出现是人工大面积种植的结果。水域和建设用地的面积小幅增加，主要来源于耕地；园地面积也略有上升。2010～2014年，澜沧县土地利用变化的主要趋势是水域、桉树林地面积明显增加，建设用地面积略有增加，草地、耕地、其他林地面积小幅下降。土地利用类型表现为草地向耕地、林地、水域、桉树林地转化，耕地向水域、建设用地转化，林地向水域、桉树林地转化。2014年与2010年相比，水域面积增加明显，原因是糯扎渡水电站的建成和蓄水面积的增加；建设用地面积小幅增加的原因是建设占用部分耕地；桉树林地面积继续增加。

由于土地利用类型的持续变化，也导致了土壤侵蚀程度的变化。根据她们的研究，2000～2010年的10年间，澜沧县土壤微度侵蚀向轻度和中度转化面积分别为123.02和7.06平方公里；轻度土壤侵蚀向中度和强烈转化的面积分别为

① 这个数据可能有误，但原文就是如此，我们只好沿用。

265.81 和 26.62 平方公里；中度土壤侵蚀向强烈和极强烈转化的面积分别为 251.02 和 55.45 平方公里；强烈土壤侵蚀向极强烈转化的面积为 229.70 平方公里，这说明土壤侵蚀在一些地区有所加重。另外，2010 年澜沧县土壤侵蚀呈减缓趋势，其中土壤极强烈侵蚀向强烈侵蚀转化的面积为 593.90 平方公里；土壤强烈侵蚀向中度和轻度侵蚀转化的面积分别为 553.48 和 131.99 平方公里；中度侵蚀向轻度和微度侵蚀转化的面积分别为 559.04 和 18.17 平方公里。总体来讲，在 2000～2010 年这 10 年间，澜沧县的土壤侵蚀情况有所减轻，特别是剧烈和极强烈侵蚀的面积减少比较明显。这是包括桉树在内的林地面积增加的直接贡献。但不容忽视的是，在 2010～2014 年的 5 年间，澜沧县的土壤侵蚀状况呈现先趋向好转，之后趋向严重的变化趋势。土壤轻度侵蚀向中度和强烈侵蚀转化的面积分别为 952.24 和 268.83 平方公里，中度土壤侵蚀向强烈和极强烈侵蚀转化的面积分别为 783.13 和 536.83 平方公里，强烈侵蚀向极强烈、剧烈侵蚀转化的面积分别为 887.17 和 193.96 平方公里。

从不同土地类型来看，草地 2000 年的侵蚀面积为 1325.63 平方公里，2010 年下降为 1128.58 平方公里，2014 年继续下降，但土壤侵蚀模数有所回升，原因是澜沧县的草地集中分布在荒山、荒坡，属于低植被覆盖区，2014 年植被覆盖度（即 C 值）减小，直接导致了土壤侵蚀程度的加重。15 年间耕地的侵蚀面积由 1670.83 平方公里下降为 991.26 平方公里。主要是退耕还林等政策的实施以及桉树林的种植。2014 年，由于人口因素、城镇化和修建水库等原因，耕地的植被覆盖度下降，加之澜沧县以旱作为主，耕地多为坡耕地，受地形条件的影响，易发生土壤侵蚀，所以土壤侵蚀模数小幅回升。林地在 2000 年、2010 年、2014 年的土壤侵蚀面积分别为 5619.42、6122.87 和 6102.49 平方公里。15 年间，微度侵蚀面积减少了 198.56 平方公里，而极强烈和剧烈侵蚀面积分别增加了 775.55 和 412.72 平方公里。2010 年，经过退耕还林和对天然林的保护以及桉树的种植，林地植被覆盖得以恢复，土壤侵蚀模数下降。

对于桉树林和橡胶林两种人工林，在 2000～2014 年的 15 年间，桉树林的面积变化最明显，橡胶林的面积也有小幅增加。到 2014 年，澜沧县的桉树林和橡胶林面积分别为 361.84（即 36184 公顷）和 3.61 平方公里，整体的土壤侵蚀模数表现为上升，土壤侵蚀量增加。澜沧县的桉树主要种植在草地、耕地和部分低级次生林地上。到 2010 年，由于桉树林普遍进入成熟期，且多数引种区的桉树人工林覆盖程度都偏好，所有土壤侵蚀模数较小。[①] 但赵筱青及和春兰在另一份研究报告中也强调指出：桉树引种会改变原有的生境，林下植物物种多样性发生明显改变，物种丰富度减少和多样性指数降低，林下土壤结构变差，土壤保水持水能力下降。[②]

二、问卷调查发现

为了系统了解农户对桉树种植所带来的影响，课题组设计了专门的问卷调查。调查在与县林业局领导及相关科室负责人座谈后，选择了种植桉树较多的村委会及自然村，分别是酒井哈尼族乡的酒房村和勐朗镇的南甸村。问卷调查采取随机原则分别抽取了酒房村63户，南甸村62户进行面对面的调查，共计125个样本农户。从调查对象的性别来看，男性多一些，有77个，占61.60%；女性少一些，有48个，占38.40%，主要原因是妇女汉话听说不是很流利，且受教育程度较低。从年龄结构来看，受访者的平均年龄为45.9岁，其中年龄最大的为73岁，最小的为18岁。在受访的125人中，受教育程度主要集中在小学和初中两个阶段，各占调查样本总数的40.00%。高中/中专教育程度的占11.20%，大学/大专的占2.40%，剩下的6.40%的是文盲。受访者的职业以农业为主，共有121个受访者，占样本总数的96.80%，另外还有1人（占0.80%）从事工矿业，1人从事建筑业，2人从事其他职业。样本农户的家庭人口数为538人，户均4.30人，其中女性人口245人，占45.54%，劳动人口357人，其中在家务农的为246人，占68.91%，外出打工的63人，占17.65%，详见表8－1。农户的主要收入是农业生产，占56.81%，其中种植业占比最高，达30.15%，养殖业占26.66%，打工收入占27.56%，剩下的主要是政府的各种补贴，占13.77%，其它收入仅占1.87%。

---

① 徐晓雅、高翔宇、顾泽贤、赵筱青、谢鹏飞、张龙飞：《澜沧县土地利用变化和土壤侵蚀特征分析》，《河南农业大学学报》，第51卷第3期。

② 赵筱青、和春兰：《外来树种桉树引种的景观生态安全格局》，《生态学报》，第33卷第6期，第1867页。

表 8－1：样本农户家庭人口情况

	总数（人）	平均数（人）
家庭人口	538	4.30
其中女性	245	1.96
不能劳动人口	33	0.26
其中女性	9	0.13
上学人口数	70	0.56
其中女性	36	0.29
承包地人口	201	1.61
劳动力人口	357	2.86
其中女性	216	1.73
在家从事农业人口	246	1.97
外出务工人口	63	0.50

样本农户 1982 年包产到户时的承包人口为 201 人，户均 1.61 人。在样本农户中，拥有水田的有效样本为 112 户，面积为 303.95 亩；拥有旱地的为 111 户，面积为 1294.61 亩；拥有林地的 102 户，面积为 674.70 亩；还有 70 个样本农户拥有菜地，面积为 39.73 亩。由此说明，样本农户拥有的耕地较多，户均达 14.35 亩，大概是云南省平均水平的 2 倍多，按现有人口计，人均 3.34 亩。由于土地产出率较低，农户把多数旱地流转出去，实际经营的旱地只是证上面积的 55.73%。农户拥有的林地面积中不包括流转给金光集团种植桉树的面积，因此面积较少，户均只有 6.61 亩，详见表 8－2。而根据《云南省数字乡村信息网》提供的数据，酒房村的林地面积多达 52500.30 亩，户均近 60 亩；南甸村的林地面积也达到了 45591.00 亩，户均近 100 亩。

表 8-2：样本农户经营土地情况

		水田	旱地	林地	菜地
证上面积（亩）	有效样本	112	111	102	70
	面积	303.95	1294.61	674.70	39.73
	户均	2.69	11.66	6.61	0.57
实际经营面积（亩）	有效样本	106	100	97	76
	面积	285.40	721.43	606.80	43.00
	户均	2.71	7.21	6.26	0.57
流转面积（实际经营面积-证上面积，亩）		18.55	573.18	67.90	3.27
转出面积（亩）	有效样本	29	70	11	6
	面积	45.75	653.78	120.40	3.50
	户均	1.58	9.38	10.95	0.58
转入面积（亩）	有效样本	12	19	8	13
	面积	27.20	80.60	52.50	6.77
	户均	2.27	4.24	6.56	0.52
净流转（转出-转入，亩）		18.55	573.18	67.90	3.27

在 125 个样本农户中，有 96 个农户就流转的林地是否单一种植桉树做出了回答，其中认为是单一种植的为 74 个样本农户，占有效样本农户的 77.08%，只有 15 个样本农户回答不是，占 15.63%，另有 7 个样本农户（占 7.29%）回答不清楚，详见表 8-3。

表 8-3：流转林地是否种植单一树种

	频率	百分比	有效百分比
是	74	59.20	77.08
不是	15	12.00	15.63
不清楚	7	5.60	7.29
无信息	29	23.20	
合计	125	100.00	100.00

在回答关于桉树单一种植带来的影响时，有多达 93 个有效样本农户认为第一位的影响是“水源变小了”，占 93.94%，另外还有 3 个农户把“水源变小了”放在第二位，合计有 96 个农户；有 4 个农户把“虫害多了”作为第一位的影响，占有效样本的 4.04%，有 36 个农户作为第二位的原因，占 83.72%。也就是说，绝大多数样本农户认为最显著的影响是“水源变小了”，详见表 8－4。许多受访农户在最后问到还有什么意见和建议时，都对桉树种植造成的危害陈述了自己的想法，许多农户认为，“以前水很大，现在水干了，很多田以前能种现在种不了”；“种了桉树后缺水，水稻种不了，被迫水田改旱地，人口多，不够吃”；“种桉树不好，用了好多水，没有水用，水田越来越干。如果林地能还给个人，肯定不种桉树，种思茅松，虽然成材时间长，自己用不了也可以给子女用”；“水田越来越干，都要改种玉米了。如果自己有林地，会选择种水冬瓜树，为土地补充水分”；“种桉树不好，以前会用来种谷子，如果现在能自己来种，会用来种甘蔗。自己对自己的地会更好，肯定不会种桉树”；“桉树使水资源少了，肥力小了，坏处大于好处”；“种桉树不好，影响空气、水源、自己不会种”；“没种之前不认识，还在读书。现在如果流转还种桉树，坚决不给种，给多少钱都不租，并且租金低，无牛草，无地种，希望政府帮忙协调加快把桉树砍掉”……

表 8－4：种植单一树种的影响

	第一位		第二位	
	频率	有效百分比	频率	有效百分比
水源变小了	93	93.94	3	6.98
虫害多了	4	4.04	36	83.72
天气热了	2	2.02	4	9.30
不知道	0	0.00	0	0.00
合计	99	100.00	43	100.00

就桉树是否导致了病虫害，许多农户认为桉树散发出的味道实际上不能驱虫，由于干旱缺水，虫害不是减少了，而是增加了，尤其对农作物的影响很大。一些农户认为，因为桉树早已过了采伐年限，不仅需要消耗更多的水，而且树太

高，使周围的农作物有效光照不足，不仅颗粒不饱满，还很容易遭虫害。在关于近年来的主要灾害的陈述中，有30个样本农户认为第一位的是“病虫灾害”，占24.00%；有18个样本农户列为第二位，占有效样本的42.86%，还有1个农户列为第三位，详见表8-5。也就是说，总共有49个样本农户提到了病虫灾害，是提到人数最多的；第二位的是“风灾”，共有39个样本农户提到（第一位的26人，第二位的9人，第三位的4人）；位列第三位的是“旱灾”，共有38个样本农户提到（第一位的23人，第二位的11人，第三位的4人）。老百姓认为，这几种灾害都与桉树种植有很大关系，不仅发生频率比过去高多了，而且受灾频次、持续时间和影响面比过去严重多了。

表8-5：主要灾害

灾害类型	第一位		第二位		第三位	
	频数	有效百分百	频数	有效百分百	频数	有效百分百
没有	31	24.80	0	0.00	0	0.00
风灾	26	20.80	9	21.43	4	30.77
病虫灾害	30	24.00	18	42.86	1	7.69
泥石流	5	4.00	1	2.38	0	0.00
旱灾	23	18.40	11	26.19	4	30.77
霜冻	3	2.40	0	0.00	0	0.00
洪灾	5	4.00	2	4.76	4	30.77
其他	2	1.60	1	2.38	0	0.00
合计	125	100.00	42	100.00	13	100.00

三、分析与结论

1. 桉树作为一种外来物种，其对生态环境的负面影响是显而易见的。我们通常知道的常识是：桉树是抽水机，桉树下面很少有植被可以生长。从科学的角度讲，桉树不仅需要消耗大量水分，而且自身的还水能力很弱，导致其成为一种净需水量植物，且桉树的根系较发达，土层越深，耗水越大。对澜沧县桉树种植的相关研究表明，随着桉树林龄的增长，其土壤容重上升，总孔隙度和非毛孔隙度下降，透气透水性能减弱，土壤的养分下降，PH值、有机质下降，且随着土层厚度加深而加速，土壤全氮、水解性氮、有效磷、速效钾下降，而交换性镁和钙的含量增加，这些都对土壤造成了负面影响。澜沧县的单一桉树种植，还有一个明显影响是生态景观单一，地面生物多样性急剧减少。同时，桉树还要消耗大量土壤有机质，且随着土壤深度的增加，有机质及其他营养元素的消耗增加。澜沧县的桉树多数是2003~2005年期间采取连片单一树种种植的，由于金光集团迟迟未建加工企业，作为造纸原料的桉树林早已过了该采伐的年限，因此消耗的水分和养分都在大幅增加，对土壤有机质的影响越来越严重，老百姓反映近几年缺水越来越严重只是问题的一个方面，其对土壤肥力的破坏，更是从地方政府乃至省人民政府都需要尽快采取有效措施解决的棘手问题之一。更何况随着林木的生长，不仅会导致日益严重的生态问题，而且火灾的防控也是一个大问题。

2. 澜沧县的桉树种植有其特殊的经济社会背景，21世纪初，包括澜沧县在内的普洱市沿边贫困地区，不仅交通条件闭塞，而且有效信息十分匮乏，很多老百姓、甚至包括一些地方政府官员对桉树的了解都不是很多，加之经济困难，受到招商引资的极大诱惑，生态安全让位于经济发展，在一定程度上让位于政治意志，加上老百姓没有太多谈判能力，最终形成土地流转价格较低、且单个农户根本无法阻止的大集团单一树种造林模式。而正是这种单一的造林模式，使得桉树的生态负面效应被放大，造成了更为严重的环境影响。这种影响是长远的和广泛的，所谓长远，是指桉树种植本身所带来的土壤质量下降和水资源过度消耗及其引发的生态环境问题；所谓广泛，是指桉树种植不仅造成了桉树林地本身的生态环境质量下降，而且影响了当地老百姓其他土地乃至整个生计的安全，水改旱以及灾害的日趋严重就是最好的说明。一些受访农户强调：要是他们有重新选择的可能，他们绝对不会种植桉树，甚至不会把土地流转出去，哪怕给“再高的租金”。这虽然只是部分农户的说辞，甚至不是理性的表达，但反过来讲，当时全面烧除残次林的造林模式也暴露了政府相关职能部门在基本常识和业务能力上的无知和浅薄。这背后的教训，已经不是老百姓所谓的“不知道桉树的危害”可以回答的。

3. 澜沧县的桉树种植，就其本质来讲，是如何履行经济合同的问题。在土地租赁阶段，土地产权所有者是否有决定权本身是一个问题，如果土地产权所有者没有决定权，那谁有决定权？而如果土地产权所有者没有决定权，这样的合同是否就是违法合同？其次，在合同中是否有土地利用方式的约定也是问题，很明显，老百姓不知道土地被用来种植桉树，有许多农民甚至不知道桉树是什么，更不了解种植桉树可能产生的生态影响。而就是在这种情况下，桉树能够被连片采取单一树种种植，可见土地流转合同的不完整性。目前更棘手的问题是，由于当时的土地流转合同中既没有约定桉树必须在种植后几年内完成采伐，也没有约定采伐后还能否再种桉树，导致在公司无力投资建厂进行加工生产的情况下，大量桉树纯林不能及时采伐更新，加剧生态环境负载。而这些问题是目前广大农户、甚至地方政府都无力解决的，迫切需要上一级政府出面尽快予以解决。

产权制度安排必须充分尊重群众的意愿

——青海省祁连县草原产权与环境状况研究案例

草原产权制度是我国农地产权制度的重要组成部分。草原的主人是广大农牧民，因此，其产权制度的安排需要充分考虑牧民们的需要，尊重他们的意愿。青海省祁连县的调查案例表明，改革开放以来，其草原产权制度变革以群众的生产生活需要为出发点，充分考虑了他们的需要，对于解决长期以来的“公地悲剧”发挥了较好的制度引领作用。然而，实践中也存在一些需要完善的方面，特别是近年来实施的禁牧还草，不仅影响到老百姓的生计安全，而且导致了不少环境问题。

一、调查点基本情况

祁连县因祁连山而得名。祁连山（北纬 35°43′—39°36′，东经 93°30′—103°00′）位于西北内陆干旱与半干旱区，地跨青海省东北部和甘肃省西南部，宽约 300 公里，长约 1000 公里，西起当金山口，东至乌鞘岭，南临柴达木盆地，北接河西走廊。祁连山西北高，东南低，绝大部分地区的海拔在 3500—5000 米，由多条西北—东南走向的平行山脉和宽谷组成。祁连山自然条件复杂，具有典型的大陆性气候特征，水热条件差异大，东部降水多，湿度大；西部降水少，气候干燥。祁连山是内陆河流石羊河、黑河和疏勒河的发源地和径流形成区，这些河流多发源于高山冰川，以冰川融水补给为主。祁连山的植被随着海拔的升高呈现垂直分布，自下而上依次为荒漠带、山地草原带、山地森林草原带、高山灌丛草甸带、高山亚冰雪稀疏植被带，对应的土壤类型有灰钙土、山地栗钙土、山地灰褐土、高山灌丛草甸土、高山寒漠土。①

祁连县地处祁连山中段加里东地槽褶皱带，北纬37°25′16″—39°05′18″，东经98°05′35″—101°02′06″，属海北藏族自治州管辖，位于青海省的东北部，海北藏族自治州北部，东与门源回族自治县接壤，南与刚察县、海晏县、天俊县毗连，西北及北与甘肃省酒泉市、肃南裕固族自治县、民乐县、山丹县为界。南北宽185公里，东西长270公里。全县国土面积138.85万公顷②，其中天然草地117.61万公顷，占国土面积的84.70%。在天然草地中，可利用草地100.59万公顷，占国土面积的72.45%，占天然草地面积的85.54%。境内草地类型主要有高寒草甸类、高寒干草原类和高寒荒漠类。祁连县属大陆性气候，平均气温0.7—4.7℃，年积温830℃—1340℃，年日照时数2530—3100小时，太阳总辐射量611.24—730.69千J/cm^2，年降水量230—400毫米，年蒸发量1529.8毫米，相对湿度为53%③。但由于受高原地理的综合影响，气候具有明显的高原大陆性特征：光照充足、太阳辐射强烈；气温低，季节温差大，最冷月（元月份）最低气温-39℃，最热月（7月份）最高气温30.5℃，农业区≥0℃积温1178℃—1696℃，牧业区653℃—1187℃之间；冷季长，暖季短，昼夜温差大，没有绝对无霜期；降水量少，干湿季分明，冬春干旱、多风、寒冷，降水多集中在6—9月份，占年降水量的78.00—88.85%；境内干旱、霜冻、雹灾、洪水等自然灾害频繁④。祁连县有“高原明珠”“牧区江南”之美誉，是“白藏羊的故乡，大白

---

① 张禹舜、贾文雄、刘亚荣、赵珍、陈京华、王洁：《近11a来祁连山净初级生产力对气候因子的响应》，《干旱区地理》2016年第39卷第1期，第77~85页。

② 马寿福：《祁连县草场承包现状调查与工作回顾》，《青海草业》2008年第17卷第3期，第53~56页。这个数据与王海兄使用的有一些出入，王海兄在《祁连县规模化养殖场发展现状调研报告》一文中使用的县域面积数据为14776.53万公顷，占全省土地总面积的2.05%（见《青海畜牧兽医杂志》2016年第46卷第1期，第34页）。

③ 马寿福：《祁连县草场承包现状调查与工作回顾》，《青海草业》2008年第17卷第3期，第53~56页。

④ 马明继：《祁连县草地生态环境与畜牧业可持续发展》，《青海草业》2004年第13卷第3期，第39~41+45页。

毛的基地”，是多民族的传统牧业区，草原畜牧业在经济建设中有着得天独厚的优势。祁连县还有丰富的矿产资源和水资源，俗称“中国的乌拉尔”，县境内草场优良，风景优美，被称为“中国最美丽的草原”①。

祁连县辖4乡3镇45个行政村，2015年底总户数17854户，总人口52018人，其中农牧业人口31818人②，占61.17%。境内有藏、汉、回、蒙、撒拉等多种民族。7个乡（镇）都以农牧业为主，其中东西部以草地畜牧业为主，中部农区则是农牧结合，有部分草地放牧。在7个乡（镇）中，纯牧业乡（镇）5个、半农半牧乡（镇）2个。全县2014年底共存栏各类牲畜117.51万头（只），畜牧业总产值52207.84万元，占农牧业总产值的91.5%，农牧业增加值43546万元，占全县农牧林渔业增加值的96.3%，畜牧业一直是祁连县的支柱产业。③

正因为畜牧业是祁连县的支柱产业，且以草地畜牧业为主，因此需要对其草场资源有个说明。全县总草场面积117.61万公顷，占土地面积的84.69%，可利用草场面积100.59万公顷，占草场面积的85.54%。④ 这组数据既与马寿福上文使用的一致，也与杨德亮使用的相同，只是表述方式不同而已。杨德亮在《牧区经济发展中的文化不适及社会环境问题——青海祁连畜牧业经济可持续发展的调研报告》一文中提到，祁连县草场总面积为1764.11万亩（117.61万公顷），……其中可利用草场面积为1508.88万亩（100.59万公顷）⑤。但也有使用其他数据的，如马明继使用的数据是：祁连县现有天然草地99.36万公顷，可利用草地84.99万公顷，占85.54%。在可利用草地面积中，夏秋草地42.80万公顷，

---

① 马寿福：《祁连县草场承包现状调查与工作回顾》，《青海草业》2008年第17卷第3期，第53～56页。

② 青海省统计局编：《青海统计年鉴2017》，北京：中国统计出版社2017年版。

③ 秦玉峰：《青海祁连县生态畜牧业发展现状及对策》，《养殖与饲料》2016年第8期，第92～94页。

④ 秦玉峰：《青海祁连县生态畜牧业发展现状及对策》，《养殖与饲料》2016年第8期，第92～94页。

⑤ 杨德亮：《牧区经济发展中的文化不适及社会环境问题——青海祁连畜牧业经济可持续发展的调研报告》，《北方民族大学学报（哲学社会科学版）》2010年第3期，第33～39页。

冬春草地 42.13 万公顷，分别占全县可利用草地面积的 50.4% 和 49.6%[①]。马明继所使用的天然草地面积比马寿福等学者使用的少了 18.25 万公顷，可利用草地面积少了 15.60 万公顷，尽管可利用草地占天然草地总面积的比例相同。赵国君等学者使用了另外一组数据，祁连县拥有天然草原面积 111.95 万公顷，可利用草地面积 103.47 万公顷，其中：冬春草场 44.99 万公顷，夏秋草场 58.48 万公顷。[②] 这组数据的天然草原面积比马寿福等人使用的少了 5.66 万公顷，但比马明继使用的多出了 12.59 万公顷；可利用草地比马寿福等人使用的多出了 2.88 万公顷，比马明继使用的更多出了 18.48 万公顷。对比赵国君和马明继的数据，夏秋草地面积出入更大。赵国君等人的夏秋草地比马明继的高出了 15.68 万公顷，而冬春草地只多出了 2.80 万公顷。祁发业也使用过 103.47 万公顷的可利用草地面积的数据[③]。另外，扎西塔等人还使用过草地面积 117.61 万公顷，其中天然草场 114.98 万公顷等数据[④]。林少波等使用的数据是：草原面积 1456 万亩（折合 97.07 万公顷），其中可利用草原 1223 万亩（折合 81.53 万公顷），在可利用草原面积中，冬春草场681.5 万亩（折合 45.43 万公顷）[⑤]。对于以上数据，本调查组认为赵国君等人的数据较可靠。一是因为这组数据较新，二是因为赵国君本人是青海省海北州草原监理站的，其另外两位作者仁青卓玛和马寿福也是祁连县草原监理工作站的。

草原环境最主要的影响因素是超载过牧导致的草地退化和沙化问题及草原鼠害。对此，已经有一些研究进行过专门阐释。杨德亮认为，“草场是畜牧业第一性生产要素，制约、决定着畜牧业第二性生产要素，即牲畜的数量、品种和质量。在一段时间里，草原畜牧业重视第二性生产要素的增加而忽视第一性生产要

---

① 马明继：《祁连县草地生态环境与畜牧业可持续发展》，《青海草业》2004 年第 13 卷第 3 期，第 39 ~41 +45 页。

② 赵国君、仁青卓玛、马寿福：《祁连县草原生态补奖绩效管理试点调查》，《青海草业》2017 年第 26 卷第 2 期，第 30 ~32 页。

③ 祁发业：《青海省祁连县高原现代草地生态畜牧业发展思路》，《养殖与饲料》2015 年第 9 期，第 76 ~78 页。

④ 扎西塔、马世科：《对祁连县畜牧业发展现状的评价和建议》，《青海畜牧兽医杂志》2015 年第 45 卷第 6 期，第 44 ~45 页。

⑤ 林少波、陈一耕：《祁连县按畜群固定冬春草场使用权的调查》，《青海畜牧兽医杂志》1983 年，第 20 ~23 页。

素的建设，使得畜增草减，草原严重‘透支’，进而导致草场利用过度，致使草场退化，草原沙化，并最终造成畜牧业发展后劲不足等问题。在草原严重退化的同时，也加剧了牧区草原自然灾害的发生。草场退化跟鼠害有着直接的关联，鼠害等其他草原自然灾害，既是草场退化的原因，也是草场退化的结果。牧区政府和群众每年几乎都投入大量的人力物力进行灭治，但鼠兔以惊人的繁殖能力顽强地与人周旋，灭治效果不佳。加上人们受利益驱动，大肆猎杀狐狸、捕捉猎鹰等，导致鼠兔天敌锐减，失去了自然的制衡因素。鼠害肆虐之外，时常发生的雪灾、虫灾和瘟疫等其他草原自然灾害，更使牧区生态和畜牧业雪上加霜”。①

除此内因外，杨德亮也分析了重要的外因，即“全球变暖是青海牧区草场退化、土地荒漠化的一个重要因素。全球变暖本身就是一个全球范围内的生态问题，其结果作用于青海海北牧区时，导致高原冰川退缩、湿地湖泊萎缩。在调查过程中，很多牧民反映说，近十几年来草原气候变化特别反常，常常会出现该热的时候不热、该冷的时候不冷的情况，他们也无法把握其中的规律了”。②

回到牲畜的数量上，饲养数量的快速增加毫无疑问是首要原因。根据杨德亮收集到的资料，1949 年祁连县有各类牲畜 11.82 万头（只），1958 年有各类牲畜 42.05 万头（只），1966～1970 年有各类牲畜 60～67 万头（只），1982 年达到了 79.80 万头（只），1989 年调减到 75.80 万头（只）内③，但随后持续增长，2003 年底增加到了 85.86 万头（只）④。2007 年底，祁连县各类牲畜存栏量达到 117.51 万头（只），其中羊 100.22 万只、牛 16.48 万头、马 0.73 万匹⑤。2014

---

① 杨德亮：《牧区经济发展中的文化不适及社会环境问题——青海祁连畜牧业经济可持续发展的调研报告》，《北方民族大学学报（哲学社会科学版）》2010 年第 3 期，第 33～39 页。

② 杨德亮：《牧区经济发展中的文化不适及社会环境问题——青海祁连畜牧业经济可持续发展的调研报告》，《北方民族大学学报（哲学社会科学版）》2010 年第 3 期，第 33～39 页。

③ 祁连县志编纂委员会编：《祁连县志》，兰州：甘肃人民出版社 1993 年版，第 151 页。

④ 祁连县志编纂委员会编：《祁连年鉴（1995～2003）》，内部资料，2004 年，第 177 页。

⑤ 杨德亮、王惠珍：《论文化适应与牧区经济发展》，《北方民族大学学报（哲学社会科学版）》2009 年第 1 期。

年底，祁连县各类牲畜仍然维持在 117.49 万头（只），其中藏羊 100.21 万只，占 85.29%；牦牛 16.54 万头，占 14.06%；奶牛、黄牛 5400 头，占 0.38%[①]。

林少波和陈一耕早在 20 世纪 80 年代初就对祁连县的牲畜超载情况进行过深入研究。他们首先对比了 1949 年和 1979 年的情况。1949 年，祁连县只有各类牲畜 118249 头（只），折合 237160 个羊单位，平均每个羊单位占有可利用草原 51.56 亩[②]。1979 年，祁连县各类牲畜发展到 751987 头，折合 1204350 个羊单位，比 1949 年增长了 4.08 倍，平均每个羊单位占有可利用草原下降为 10.15 亩[③]，比 1949 年减少了 80.31%，不仅畜草矛盾日益突出，而且草原纠纷也不断发生，直接影响着畜牧业生产的健康发展[④]。1990 年，祁连县饲养各类牲畜总量 121.26 万只羊单位（不含托勒牧场），全县草地理论载畜量为 108.2 万只羊单位，超载 13.06 万只羊单位，超载幅度为 12.07%。全县 8 个乡（场）的冬春草地平均超载 55%。其中阿柔乡为 114.3%，峨堡乡为 91.4%，最低的野牛沟乡也达 27.7%[⑤]。2014 年，祁连县的牲畜折算成为羊单位为 176.05 万只，按照林少波和陈一耕使用的 1223 万亩的可利用草地面积计算，每个羊单位为 6.95 亩；按照赵国君等人的 103.47 万公顷计算，每个羊单位为 8.82 亩。而根据扎西塔和马世科的分析，祁连县的天然草场以多年生禾本科牧草为主兼有少量豆科牧草，产鲜草 1724.7 公斤/亩，总储草量 17.21 亿公斤，理论载牲畜为 117.89 万羊单位[⑥]。意味着每个羊单位需要的天然草地面积约为 1 公顷（0.98 公顷），这样计算下来，祁连县 103.47 万公顷的可利用草原只能承载 105.58 万羊单位，如此计算，2014 年祁连县的超载率达到了 66.75%。换句话说，祁连县 1979 年的牲畜

---

① 扎西塔、马世科：《对祁连县畜牧业发展现状的评价和建议》，《青海畜牧兽医杂志》2015 年第 45 卷第 6 期，第 44 ~45 页。

② 他们依据的可利用草地面积为 1223 万亩，折合 51.53 万公顷，而如果按 103.47 万公顷计算，每个羊单位达到了 65.44 亩。

③ 按 103.47 万公顷计算，每个羊单位也只为 12.89 亩。

④ 林少波、陈一耕：《祁连县按畜群固定冬春草场使用权的调查》，《青海畜牧兽医杂志》1983 年，第 20 ~23 页。

⑤ 杜铁瑛、王海霞：《祁连县农牧业后备资源调查与评价》，《青海草业》1994 年第 3 卷第 2 期，第 12 ~19 页。

⑥ 扎西塔、马世科：《对祁连县畜牧业发展现状的评价和建议》，《青海畜牧兽医杂志》2015 年第 45 卷第 6 期，第 44 ~45 页。

饲养规模就已经超载了，理论上的饲养数量大概就是 70 万头（只），且必须是以羊为主。

当我们考察牲畜的承载力时，不仅需要看年产草量，还需要看季节载畜量和产草量之间的平衡。这对于我国北方天然牧区来说尤为重要，是摆脱“夏壮、秋肥、冬瘦、春死”的恶性循环必须解决的首要问题。根据孔繁荣等人的研究，祁连县 2002 年各类草地平均产草量为 2515.1 公斤/公顷（可食）。其中野牛沟乡平均产草量 1506.7 公斤/公顷，柯柯里乡 1844.9 公斤/公顷，扎麻什乡 3394 公斤/公顷，八宝镇 3640 公斤/公顷，阿柔乡 2943 公斤/公顷，峨堡镇 2645 公斤/公顷，默勒镇 3137 公斤/公顷。而全县冬春草地平均产草量为 2720 公斤/公顷，夏秋草地平均产草量 2310 公斤/公顷。其中野牛沟乡冬春草地平均产草量 1601.4 公斤/公顷，夏秋草地 1419.4 公斤/公顷；柯柯里乡冬春草地平均产草量 1920.2 公斤/公顷，夏秋草地 1769.7 公斤/公顷；扎麻什乡冬春草地平均产草量 3225.9 公斤/公顷，夏秋草地 3362.2 公斤/公顷；八宝镇冬春草地平均产草量 3391.5 公斤/公顷，夏秋草地 3887.5 公斤/公顷；阿柔乡冬春草地平均产草量 3581.5 公斤/公顷；夏秋草地 2304.3 公斤/公顷；峨堡镇冬春草地平均产草量 2693.1 公斤/公顷，夏秋草地 2326.9 公斤/公顷；默勒镇冬春草地平均产草量 3269.1 公斤/公顷，夏秋草地 3005.2 公斤/公顷。这是为什么祁连县是年仍可发展 2.36 万个羊单位，但冬春季草地已经超载 24.64 万个羊单位（超载率达 20.6%）的主要原因[①]。

超载的直接结果就是草地退化，乃至沙化。李清振和张小华 1983 年用 1982 年的调查资料与 1959 年比较发现，祁连县草场退化面积达 1543.91 万亩（102.93 万公顷），占该县草场面积的 87.52%。其中轻度退化面积 1349.92 万亩（89.99 万公顷），占 87.44%，中度、重度退化面积 193.99 万亩（12.93 万公顷），占 12.56%。1982 年全县各类草场平均亩产青草 114.1 公斤，比 1959 年的 133.4 公斤降低了 14.47%。全县每年约减少可食牧草 1.84 亿公斤，相当于 12.62 万只羊的全年食草量。从天然牧草数量、质量对比而言：退化草场杂类草草甸植被平均亩产可食青草仅 61.98 公斤，为原植被蒿草草甸 136.07 公斤的 45.55%；从牧草的经济类群来看，原蒿草植被莎禾草占 50.29%，豆科和可食杂类草占 38.07%，不可食杂毒草仅占 11.64%。而退化成“黑土滩”的杂类草草

---

① 孔繁荣、李德才、马明继：《祁连县草地牧草生产力调查》，《青海草业》2003 年第 12 卷第 4 期，第 49～51 页。

甸植被，豆科草几乎消失，禾草占16.90%，杂类草占56.84%，不可食杂毒草剧增至20.18%①。

祁连县人民政府区划办公室马骥1983年向《青海畜牧兽医杂志》提供了相近的资料，全县共有天然退化草原1543万亩（折合102.87万公顷），占全县草原面积的87%。其中轻、中度退化草原1349万亩（折合89.93万公顷），占退化草原的87.44%，重度退化草原193.7万亩（折合12.91万公顷），占12.56%。1982年，全县各类草场平均亩产青草114斤，比1959年的133斤下降了14.29%，每年因退化而损失的牧草达1.8亿公斤，相当于126200只羊的全年食草量。退化草原杂类草草甸植被平均亩产青草62斤，为原植被蒿草草甸136斤的45.59%。全县有鼠害面积250多万亩（16.67万公顷），其中破坏严重的35万亩（2.33万公顷），平均每公顷有高原鼠兔13只，每只鼠兔日食鲜草77.3克，折合每年28斤。据对沙龙滩、克什查的调查，该区每年高原鼠兔食草1亿多斤，可养绵羊7万只②。

杜铁瑛和王海霞1994年的研究发现，祁连县有低产草地（平均亩产鲜草低于10公斤）281.25万亩（18.75万公顷），占全县草地总面积的16.5%。以中、重度退化草地为主，其中中度退化草地158.78万亩（10.58万公顷），重度退化草地（黑土滩）35.21万亩（2.35万公顷）。另外还有部分轻度退化草地和干草原类草地。主要分布在西部和南部，其中托勒牧场面积最大，为92.70万亩（6.18万公顷），占全县低产草地面积的33%，占该牧场草地总面积的35.2%；其次是野牛沟乡，面积为61.23万亩（4.08万公顷），占全县低产草地面积的21.8%，占全乡草地总面积的17.3%；默勒乡居第三，面积为36.64万亩（2.44万公顷），占全县低产草地面积的13%，占全乡草地总面积的19.3%；柯柯里乡居第四，面积23.72万亩（1.58万公顷），占全县低产草地面积的8.4%，占全乡草地总面积的18.7%；峨堡乡居第五，面积2.95万亩（0.20万公顷），占全县低产草地面积的8.2%，占全乡草地总面积的16%。按草地类型分，高山蒿草—禾草+杂类草草地型面积最大，为134.14万亩（8.94万公顷），占低产草地

① 李清振、张小华：《祁连县退化草场的土壤特性及治理意见》，《青海畜牧兽医杂志》1983年，第56~59页。

② 马骥：《祁连县退化草原的情况与治理》，《青海畜牧兽医杂志》1983年8月29日，第72页。

面积的47.7%，其次为苔草+蒿草+杂类草草地，面积42.25万亩（2.82万公顷），占低产草地面积的15%；紫花针茅+扁穗冰草+杂类草草地面积居第三位，面积为22.56万亩（1.50万公顷），占低产草草地面积的8%①。

孔繁荣和李鸿1999年的调查发现，祁连县鼠害发生面积达到了20.8万公顷，危害面积8万公顷。经多年防治，虽实现了地面无鼠害目标，但鼠害留下的0.45万余公顷“黑土滩”尚未得到治理。另外，由于干旱少雨，蝗虫灾害几乎年年发生，危害面积达2.4万公顷。干旱、重牧导致天然草地逆向演替，棘豆、狼毒和其他杂草迅速蔓延，草地毒草化也成为祁连县最严重的自然灾害之一。祁连县境内狼毒发生面积2.42万公顷，平均密度为3.81株丛/平方米，生长量达894.3公斤/公顷，占牧草总产量的34.6%，严重地区达到45.51%，因狼毒危害造成可食牧草减产2161.88万公顷②。达雪莲2001年的调研发现，祁连县退化草地80.67万公顷，占可利用草原84.99万公顷的94.92%，其中轻度退化草地54.67万公顷，占退化面积的67.77%；中度退化草地22.93万公顷，占退化面积的28.42%；重度退化草地7.33万公顷，占退化面积的9.09%。轻度退化草地产草量下降25%以上③。马明继2004年的研究也发现，祁连县野牛沟乡每百平方米草场上有甘肃棘豆、黑萼棘豆1800—3800株丛，平均覆盖度50%，最高达80%，急弯棘豆平均76株丛/平方米，最高323株丛/平方米，最低3株丛/平方米，狼毒平均3.6株/平方米，最高6.2株/平方米，棘豆产量占总产量的71.09%，覆盖度为5%—85%。在棘豆高密度区可食牧草已不存在，因为担心家畜采食后中毒死亡，当地牧民只好弃置不用④。

调查组成员没有太多自然科学背景，但我们在野牛沟乡的参与观察发现，草地植被不容乐观，尽管是9月份，按理来说应该是草绿牛肥羊壮的季节，但多数

---

① 杜铁瑛、王海霞：《祁连县农牧业后备资源调查与评价》，《青海草业》1994年第3卷第2期，第12~19页。

② 孔繁荣和李鸿：《祁连县草地鼠虫和毒草危害现状及防治意见》，《青海草业》1999年第8卷第1期，第44~46页。

③ 达雪莲：《祁连县草场资源利用现状及建议》，《青海畜牧兽医杂志》2001年第31卷第6期，第36~37页。

④ 马明继：《祁连县草地生态环境与畜牧业可持续发展》，《青海草业》2004年第13卷第3期，第39~41+45页。

牦牛还很瘦弱，草也不是绿的，而是能够看到地面的草根。中午 12 点到下午 3 点（调研结束离开），可以看到许多地老鼠蹿到地面或晒太阳，或寻找食物，人或牲畜经过它们也不会忙着逃离。大概每两个平方米就可以发现一个地老鼠洞，说明鼠害相当严重。

二、草原超载过牧的产权解释

党的十一届三中全会以来，祁连县认真贯彻党在牧区的各项方针、政策和改革举措，使其畜牧业生产发生了历史性变革。1980 年，借鉴农区农地承包到户办法，祁连县把按畜群固定草场作为定产的基础，推行畜牧生产责任制，其核心就是“两定（定工作量、定产量）一奖”，随后逐步改进为“三定（定工、定产、定费用）全奖全赔”责任制。各生产队还普遍把棚圈、草料库等设施也随之固定到畜群，并规定了使用年限和维修用工。1985 年推行“牲畜作价归户，私有私养”，1989 年开始了冬春草场承包到户的工作，1997 年又进行了夏秋草场承包，2015 年开始启动草原生态补奖绩效管理改革。这些改革举措，建立健全了草原管理、利用和建设责任制，调动了牧民群众保护、利用和建设草场的积极性，提高了草原利用率，推动了畜牧业的发展。

但根据林少波和陈一耕的研究，祁连县“两定一奖”畜牧生产责任制，是在长期的生产实践中形成和发展起来的。早在 1962 年，祁连县就开始推行“两定一奖”生产责任制，全县各牧业生产队把冬春草场按畜群划分，固定给放牧员使用，初步改变了过去在草场利用上的抢牧、乱牧等不合理状况。但是，由于十年动乱和“左”的错误思想影响，这项制度未能坚持下来，更谈不上完善和深化。1980 年，随着农区家庭承包责任制的推行，按畜群划分冬春草场，把草地使用权固定给放牧员的办法又重新实行，并逐步趋于完善。具体做法是：

1. 按畜群固定冬春草场。原则是一次划定，长期不变，变人不变群，增加牲畜头数不增加畜群。畜群草场划定后，一般不再变动，个别畜群变动时，由生产队根据实际需要适当调整草场。放牧员变动时，原来固定到畜群的草场不变。这一原则旨在提高出栏率和商品率，加快畜群周转，控制存栏数，因此既可提高经济效果，又可使牲畜总头数和畜群保持相对稳定。1980 年当年，祁连县牲畜总增率达到了 19.7%，出栏率 18.8%，商品率 12.2%，但牲畜净增率控制在了 1.3%。

2. 优先固定母羊群的冬春草场。全县各牧业生产队在按畜群划分冬春草场时，都把最好的草场优先安排给生产母羊群，其次为后备母羊和幼年羊群，散畜群一般安排在冬春草场的外围，奶牛不单独组群，按人口多少分配到户，随主畜群放牧。

3. 利用地形地物作为草场界线。划界时，由生产队长主持，在公社干部的帮助下，召集放牧员对冬春草场进行踏勘评定，按畜群大小、种类、公母、年龄以及草场优劣，提出划界方案，经民主协商，确定界线，长期固定给放牧员使用。畜群草场一般以山梁、溪流、沟坎、道路为界，或以石头、土堆作为标记，要求放牧员共同遵守，不得越界。

4. 妥善解决畜群饮水问题。全县冬春草场水源比较充足，每个生产队均有三四个饮水点，多数畜群可以就近饮水。少数缺水草场畜群的饮水问题，采取：(1) 划分草场时，生产队统一考虑畜群饮水因素，给近水畜群适当划宽草场，为无饮水点的畜群划出饮水通道。(2) 通过放牧员之间的协商，靠近水源的放牧员为无饮水点的放牧员划定畜群饮水通道，后者又为前者提供一定面积的草场放牧。

5. 根据草场优劣，划等分级，适当升降定产指标。生产队在划分畜群草场时，都把好的草场划给生产性能高的畜群，定产指标也作相应提高。例如：占有较好草场的土种选育群，羊毛定产任务比一般的每只高 1—3 两，成畜保活率提高 1%，繁活率也酌情提高。

6. 建立管理制度。畜群草场划定后，由生产队管委会负责管理和监督执行。生产队长为指导生产方便，他所承包的畜群可以照顾在中心地带，但草山面积大小、草场优劣和社员一样对待，不准搞特殊。每个生产队由一至二人看管保护草场，并对越境放牧的进行罚款处理。对违犯规定的除批评教育外，整群羊越界放牧一天，罚款 5 元；一头牛或一匹马越界放牧一天，罚款 2 元。罚款及时登记，或交现金，或在年终分配时扣除。罚款计入当年公共积累，作为草原建设资金。如发现看管人员隐瞒不报，在分配时扣他的钱；如队长、会计不执行罚款制度，由生产大队监督扣罚队长或会计的钱。正因如此，放牧员一般都能互相尊重界线，遵守制度。

“两定一奖”畜牧生产责任制的推行，不仅促进了畜牧业的健康发展，而且调动了广大牧民的积极性和创造性，使祁连县的畜牧业迎来了发展的春天。

1. 提高了草原利用率和生产力。像家庭承包责任制一样，以“两定一奖”为核心的畜牧生产责任制的落实，消除了草场利用和牧业发展上“吃大锅饭”的弊病，放牧员能够从自己的切身利益出发，根据生产需要，有计划地安排使用自己的草场。一般都做到了以下几点：一是畜群进入冬窝子后，先放远处后放近处，先放山坡后放平滩；二是跟群放牧，严格控制畜群活动范围。在一个地段内实行分片放牧，先放羊后放牛，逐块利用，这实际上起到了人工围栏的作用；三是出牧归牧都走固定牧道；四是留足产羔草场和抗灾草场，在产羔和灾情之前严禁任何牲畜进入。这样一些有效举措，不仅大大减少了牧草浪费，有效提高了冬春草场的利用率和抗灾能力，而且能够使牧草尽快恢复再生能力。据在峨堡、默勒、多隆三个公社 1980、1982 年的两次草场资源调查，1980 年亩产可食牧草 155 斤，1982 年提高到 163 斤，提高了 5.16%。由于牧草得到了较好管理和利用，也直接带动了畜牧业的健康发展。1981 年底，祁连县各类牲畜发展到 786397 头，当年育成各类仔畜 222050 头，繁殖成活率 74.7%，总增率 23.5%，净增率 3.2%，出栏率 20.5%，商品率 13%。与 1979 年相比，繁活率、总增率、净增率、出栏率、商品率，分别提高了 31%、18.2%、11.4%、6.9%和 4.1%。

2. 带动了草原建设。“两定一奖”不仅强化了现有草场的有效管理，而且调动了牧民的积极性和创造性，人工种草就是一个较好的例子。1980 年和 1981 年两年，社队大面积种植多年生牧草 4.24 万亩（0.28 万公顷），灭鼠灭虫 161 万亩（10.73 万公顷）。社员还普遍在圈窝内种植一年生燕麦草，谁种谁收谁用，就地种就地收就地用，避免长途运草，管理方便，经济实惠。1982 年已在大部分圈窝内种植了燕麦青干草，面积达 888 亩，亩产燕麦青干草按 800 斤计算，每年可生产燕麦青干草 71 万斤。峨堡公社还出现了种草专业户，种草面积由 352 亩扩大为 563 亩，每亩单产由 382.1 斤增加到 640 斤。

3. 促进了季节性畜牧业的发展。在按畜群固定冬春草场时，划出冬春积雪的边角地带，作为商品畜育肥基地。由于冬春草场边角地带每到冬季降雪后就开始结冰，冰雪越积越厚，以致常年不能利用。在推行按畜群固定冬春草场责任制之后，就把肉畜和肥羔留下来，夏季放牧利用，使冬春积雪的冷季草场得到充分利用，这既开发利用了冷季草场，提高了利用率，缓和了畜草矛盾，又为推行季节性畜牧业生产提供了物质基础。仅 1982 年一年，就育肥肉牛六万头、肥羔三万七千只①。

不难看出，“两定一奖”牧业生产责任制具有以下几个鲜明特点：一是办法

---

① 林少波、陈一耕：《祁连县按畜群固定冬春草场使用权的调查》，《青海畜牧兽医杂志》1983 年，第 20～23 页。

来自于基层，特别是来自广大牧民，这一方面能够充分反映各地的实际情况，另一方面容易被广大人民群众接受和拥护，说白了就是让“主人”自主决定怎么分配和怎么管理，因此也就更有效率，更具生命力。二是坚持了草地所有权不变这一底线，责任制落实的是畜群饲养权及相应的草地使用权，这在一定程度上解决了“公地悲剧”的问题，因为放牧员具有在一定期限内的草地管理权、使用权和收益权，较好地实现了责权利的有机统一。三是比较清晰地界定了政府和社区的责任边界，政府的作用是指导和监督相关“政策”的制订、完善和落实，而社区（社队）则既是“政策”的制定者，也是执行者，还是监督者。这种清晰的制度设计，虽不像农区家庭承包责任制那样，“交足国家的，留够集体的，剩下的都是自己的”，但也明白无误地规定了国家、集体和牧户的利益分配，因此与耕地的家庭承包责任制有异曲同工之妙。

但需要强调的是，这仅仅是牧业生产责任制，并没有触及到牧民的草地承包经营权，“公地悲剧”的病灶并没有移除。因此，它对于调动牧民的生产积极性起到了促进作用，但无法解决草原畜牧业发展的根本问题，即草场这个杨德亮称作畜牧业第一性生产要素的质量问题，而激发的是牧民扩大牲畜数量和规模的第二性生产要素的积极性。这当然也就成为后期草场过牧的直接和主要诱因。

为了解决这个难题，祁连县党委政府响应国家政策，于 1989 年开始了草场承包到户工作，目的在于进一步落实牧民的草地承包经营权。据马寿福的调查，祁连县在 1989 年和 1992 年的草场承包到户工作中，其 6 个牧业乡共丈测核定了 17 个村 67 个社的 74.95 万公顷的草场，其中 31.46 万公顷的冬春草场承包到了 2113 户牧民手中，户均 2233.32 亩。1998 年夏秋草场承包到户工作中，祁连县 6 个牧业乡中的 3 个乡完成了夏秋草场承包到户工作，2 个乡因涉及甘肃勘界问题，未能实施承包工作，1 个乡根据该乡实际情况承包到了社和组，另外 2 个半农半牧乡镇的 23 个村 73 个社的 8.6 万公顷四季草场全部承包到了 439 个联户手中。2006 年，央隆乡在完善草场承包工作中，有 4 个村 442 户 1850 人承包了 16.8 万公顷的四季草场，其中冬季草场 7.26 万公顷承包到户，夏秋季草场 9.55 万公顷承包到户和联户。经过对祁连县草场承包工作档案资料的汇总统计发现，祁连县草场承包总面积为 96.06 万公顷，其中冬春草场 43.82 万公顷，夏秋草场 52.24 万公顷；在全部承包草场中，牧民承包草场 91.53 万公顷，集体承包草场 4.53 万公顷。这标志着祁连县的草地承包经营权基本得到落实。

马寿福还总结了祁连县落实草地承包经营权存在的主要问题：一是草场承包

前的流转问题。祁连县1980年代实施畜牧业生产责任制时，公社或大队干部只是用肉眼初步划定了饲养户之间的草场界线，确定了窝子，到1992年草场正式以“一包四定”的形式进行确权划界已有7年时间，就在这7年当中，因畜产品任务重、畜牧业效益不佳等原因，不少饲养户主动与其他牧户协商，将自己的草场连带各项任务全部转交给对方，有的甚至把草场交还给集体，然后远走他乡、另谋生路。而草场承包到户工作组在建立户头时，只按当时的实际情况进行确定，放弃草场的人基本没有单独确立户头，只将其人口基数含在别的户头之下，并由于工作需要，对这些人的草场界线和窝子大多进行了调整。直到2000年以后，这些人看到畜产品价格上扬，国家各项税费逐步减免，畜牧业效益看好的形势下，他们又回头找寻自己的草场，因此与当初接受了他们的草场和各项任务的牧业户，就草场权属相关问题产生争议，有的甚至上访上告，致使矛盾扩大。

二是30%的群众草场问题。落实畜牧业生产责任制以前，祁连县所辖峨堡、阿柔、野牛沟等乡设有农事队，主要从事种草等服务性工作，农事队的组成人员多是过去从外地逃荒、避难流落而来并落户本地的人，当地牧民称他们为新户。1980年代畜牧业生产责任制时，这几个乡制定的工作方案中对这部分群众只分给全社人均30%的牲畜，理由是1958年财产交公入社的时候，这些新户还在各自老家并未在祁连入社，所以牲畜作价归户时，他们自然不能与入了社的老户平等地分得牲畜。因此，在1992年草场“一包四定”工作中，这部分群众以人均30%的牲畜基数分得的草场面积，自然也只是老户面积的30%。最初这部分群众并没有意见，直到后来国家税费逐渐减免、畜产品价格逐渐上扬时，他们便开始提出重新划分草场的要求。从2001年开始，30%的群众草场问题就愈发凸现出来。

三是联户利益分配问题。这里所说的联户，主要指八宝、扎麻什2个乡（镇）的联户草场承包。因为这2个乡（镇）人多草场少，且有半农半牧特点，只能实行联户经营。而联户只是一个名誉，事实上仍然由原来从事畜牧业的一户独自经营，其他人既不投劳投资，也不受益。但随着畜牧业效益的好转，这些不投劳也不受益的联户成员，要求划分自己应得的草场份子，以获取应得的利益。这些人的理由是正当和合理的，但提出的要求是不现实的。因为这2个乡（镇）人口多草场少，而且草场区域山大沟深，地形、植被复杂，无法将草场界线细划到每个联户成员。这种情况在一些牧业乡中也存在。

四是草场承包确权时间及承包期限不统一的问题。截至2007年，祁连县草场承包工作从时间上可分为四个阶段，但就确权颁证而言，又可分为三个阶段：

1994年对6个牧业乡颁证，1999年对2个半农半牧乡镇颁证，2007年对央隆乡颁证。各阶段之间至少相距3年以上，最长的达8年之久。不仅如此，各阶段草原使用权证上确定的承包期限也不尽相同：1994年颁发的草原权证上的承包期限为50年；1999年八宝镇颁发的权证上的承包期限为10年，而扎麻什乡为30年；2007年央隆乡颁发的权证上的承包期限为50年。这在各阶段而言，不是什么问题，但从全县整体看，就显得混乱无序，为祁连县今后完善草原使用权管理工作留下诸多隐患①。

从以上的讨论中不难发现，安全稳定的产权需要以利益的实现为重要前提。不论是草地承包经营权落实之前的流转，还是新户30%的草地承包经营权问题，以及草地联户承包专户经营的问题，都是当畜牧业效益越来越高时才显现出来的。这实际上也回到了郑宝华研究员一贯坚持的，安全可靠的土地产权取决于三个重要条件：一是权利的相对独立性，即一权不能二主、一主可以有多权的权利要求在法律上和实际政策规定上应得以明确体现；二是权利的相对稳定性和安全性，即任何有限制的权利必须有明确的时间范围界限且界限必须与至少一个生产周期相一致；三是权利在经济上的实现。而权利要在经济上获得实现，除了安全稳定的产权制度外，还需要有切实有效的管理措施②。

回顾祁连县草地承包经营权制度改革，至少以下几个方面值得高度关注：一是有明确的政策规定。吸收耕地承包经营权改革政策，试图把草地承包经营权落实到牧民手中，以此让牧民更加有效地使用草地资源，并促进牧区畜牧业的健康发展，但政策落实之初，既不是我国市场经济制度得以确立的时期，也不是畜牧业效益较好的时期，因为温饱还是当时我国农村绝大多数居民首先需要考虑的。这样一来，对于以非商品生产为主的牧区畜牧业来说，很难受到牧民及政府的高度重视，牲畜数量对于多数牧民来说，主要还是财富的象征，不是财富创造和价值实现的基础。草地承包经营权也因此没有受到广大牧民的高度重视。“公地”的法律和政策属性改变了，但实践性并没有受到应有的重视。

二是政策延续了畜牧业生产责任制的许多内容，包括草地面积及其边界，而

---

① 马寿福：《祁连县草场承包现状调查与工作回顾》，《青海草业》2008年第17卷第3期，第53~56页。

② 郑宝华主编：《谁是社区森林的管理主体——社区森林资源权属于自主管理研究》，北京：民族出版社2003年版，第67页。

许多问题也由此产生。尤其是草地面积的确定，既没有按实有户籍人口（包括合法的新户人口）认真测算和划分，也没有经过较准确的丈量，指地划界的情况较为严重。“错上加错”使得牧户之间占有草地面积的差别很大，由此也埋下了许多隐患，滋生了诸多矛盾。最核心的是牧户之间占有草地面积的较大差别，不仅使一部分拥有草地少的牧户无法通过发展畜牧业而脱贫致富，而且加剧了草地管理的难度，“违规放牧”的情况较为普遍，当然也就使草地退化更加严重。

三是群众的参与度较低。相对于畜牧业生产责任制来说，草地承包经营权的落实从政策制订到实施，都体现了较高的政府主导特征。许多政策是在国家层面或者省级层面就明确规定了的，地方政府大多就是制订实施方案，而留给社区、特别是广大群众的空间较小，当然也就限制了群众的参与。而正是这样的政策，使地方的特殊情况和群众的特殊需求被忽视，也导致政策实施效果出现偏差。

综合以上几个特点可以发现，祁连县草地承包经营权的落实同全国许多牧区类似，并没有真正意义上解决“公地”的问题，“公地悲剧”也不可避免地在一些地方上演，加之畜牧业经济效益的持续提高，超载过牧也就在所难免。期望在质量兴农的大背景下，通过发展高质量的畜产品倒逼草地产权制度的完善。核心还是要解决草地的“公地”属性，使其承包经营权具有私人属性，但前提是广大牧民群众是否赞同现有草地经营权制度安排，或者说，现有草地承包经营权制度需要通过广大牧民广泛参与基础上的进一步完善，希望政策制定者在正在进行的农地确权颁证工作中充分认识到这一点。

为了进一步加强草地资源管理，提高畜牧业的可持续发展能力，祁连县于2011年开始筹备实施草原生态保护补助奖励政策，并于2015年开始在野牛沟乡的大浪村、大泉村、边麻村、达玉村和阿柔乡的草达板村、日旭村、青阳沟村7个行政村开展试点工作。试点工作共涉及可利用草地面积38.88万公顷，其中：禁牧面积16.27万公顷，占可利用草地面积的41.85%，草畜平衡面积22.60万公顷；涉及牧户1508户8002人，牲畜59.27万个羊单位。随后，在总结有效做法和经验的基础上，推广到全县范围，共划定禁牧区34.09万公顷，占32.95%；草畜平衡区69.38万公顷，占67.05%。[①] 结合草原生态补奖绩效管理政策的实施，祁连县进一步完善考核机制，全面落实绩效管理。

---

① 赵国君、仁青卓玛、马寿福：《祁连县草原生态补奖绩效管理试点调查》，《青海草业》，2017年第26卷第2期，第30～32页。

对牧户的考核由乡镇政府、村（牧）委会和管护员共同组成考评组，按照《牧户绩效考核表》进行量化考核。70%的补奖资金作为基础资金以“一卡通”方式发放，30%奖励资金经考核后兑现。考核办法规定：在禁牧区放牧一天扣减1%的禁牧补助资金，最高扣减30%；草畜平衡按照逐户核定的载畜量，超载1%扣减草畜平衡奖励资金1%，最高扣减30%。扣减资金主要用于购买饲草料、奖励生态补奖落实突出牧户、村级基础设施建设等。

对管护员的考核由乡（镇）政府、县草原监理工作站、村（牧）委会及牧民代表共同组成考核组，按照《管护员绩效考核表》进行考评，考核结果得90分以上的（含90分），全额发放管护工资，81—89分的发80%，80分以下或出现重大草原案件造成严重影响的扣发绩效奖励工资，并予以解聘。扣减的绩效工资用于奖励工作突出的管护员。年终考核得分在95分以上，并且排在全县前三位的个人分别奖励1000元、800元和600元。

对村（牧）委会的考评由县农牧部门和乡（镇）政府组成考评组，按照《村（牧）委会绩效考核表》进行考评，考评结果80以上为合格，对考评不合格的相应减少或不安排下年度草原保护项目及各项惠农项目，凡发现偷牧3次以上的自然村，全村不兑现禁牧补助资金，村两委不得评选当年的先进。

对乡（镇）政府的考核由县农牧、财政、审计、发改等部门组成补奖管理机制考评小组，按照《乡镇政府绩效考核表》进行考评，考评结果纳入全县年度综合目标考核，对落实好的乡（镇）给予发放绩效奖励资金，并在生态保护建设项目及各项支农惠农政策上给予倾斜，对工作推进不力、不合格的乡（镇），在扣发绩效奖励资金的同时，在全县范围内进行通报批评。

由于草原生态补奖绩效管理政策进一步强化了农户、管护员、村委会及乡（镇）政府的责任和压力，带动了草原管理水平的提高，对推动草畜平衡、加强退化草原恢复起到了很大的促进作用。2015年草原生产力监测报告显示，祁连县天然草地可食鲜草平均产量为4093.4万公斤/公顷、草地植被平均覆盖度为75%、草群平均高度为11.45厘米。与2014年相比，天然草地可食鲜草平均产量提高了13.2公斤。[①] 2016年，累计核减牲畜34.65万只羊单位，休牧草地的

---

① 赵国君、仁青卓玛、马寿福：《祁连县草原生态补奖绩效管理试点调查》，《青海草业》，2017年第26卷第2期，第30~32页。

产草量比上年提高了30%，载畜量稳定控制在135.97万个羊单位以内[①]，并依据祁连县气候特点和牧草生长规律，推行“春季禁牧、夏季游牧、秋季轮牧、冬季自由放牧”的草地利用放牧新方式，初步形成“划区轮牧、禁牧封育、农牧互补、借地增草、草畜联动”草原牧业新模式。

草原生态保护补助奖励政策从本质上来说，主要是草地利用与管理制度，没有涉及到草地产权制度的变革，草地承包经营权所存在的上述问题依然没能从制度上得以完善。更重要的是，所推行的“春季禁牧、夏季游牧、秋季轮牧、冬季自由放牧”的草地利用放牧新方式，既没有经过示范，也没有让牧民有效参与，不仅“春季禁牧”难度很大，而且“秋季游牧”难以有效开展，因为划分到牧户的草场面积是一定的，“春季禁牧”迫使牧户冬季必须大量减少牲畜存栏数量，政策导致出栏数量大增，且时间高度集中，市场导致牲畜价格下降。牧户有限的草地面积，实际上也使得“秋季游牧”的空间范围很小，因为祁连县夏秋季的产草量比冬春季低。正是在这种情况下，牧民对草原生态保护补助奖励政策也有不少意见，最核心的一是打破了传统的草原划分方式和放牧习惯；二是迫使牧民在年底集中出售牲畜，导致市场价格下降，收益下降；三是加大了部分草地的载畜量，尤其是春季和冬季。

三、问卷调查发现

为了进一步调查了解牧民对当前草地承包经营权的基本看法，并揭示其对草原退化等草原生态环境的影响，课题组选择了野牛沟乡的达玉和边麻两个牧委会进行问卷调查和重点调研。由于牧区牧民居住很分散，我们只完成了71份问卷，其中达玉牧委会40份，边麻牧委会31份。调查对象的平均年龄为41.72岁，其中年龄最大的为77岁，最小的为22岁。在受访的71人中，男性66人，占调查样本数的92.96%，女性5人，占7.04%。受访者的受教育年限主要集中在小学和初中两个阶段，分别占52.11%和29.58%，另有10人没有获得任何教育，有3人获得了高中及中专教育，分别占14.08%和4.23%。受访者的职业以农业（畜牧业）为主，共有69人，占有效样本的97.18%。样本牧户总人口291人，

---

① 祁连县人民政府：好生态，就是“金山银山”，http：//www.qhql.gov.cn/html/1317/221790.html.

户均4.10人，其中女性人口143人，占49.14%；劳动人口201人，户均2.83人。样本牧户有73.35%的收入来自于养殖业，还有18.19%来自于各种补贴，其他收入来源很少。

71个样本牧户的农地承包经营权证上只有3亩旱地（2个牧户），有203473.32亩草地，户均2865.82亩，按现有家庭人口人均699.22亩，按承包人口（156人）人均1304.32亩。但牧户之间的差别很大。按现有人口计算，人均超过3000亩的只有1户，人均3140.00亩，有2户人家没有分到任何草地（新分户），拥有草地牧户中人均最少的只有83.33亩。从69个拥有草地的牧户的分组来看，人均2000亩以上的只有5户，他们人均拥有的草地面积为2373.26亩；1000—1999亩的有11户，人均拥有草地面积1325.33亩；500—999亩的有27户，人均拥有663.16亩；50—499亩的有26户，人均拥有293.08亩，详见表9－1。

表9－1：样本牧户按承包人口计算的人均草地面积分组情况

分组	户数	承包人口人均草地面积（亩）	现有人口人均草地面积（亩）
≥3000	4	4063.17	1523.69
2000－2999	6	2134.23	1027.59
1000－1999	46	1327.38	691.63
500－999	10	645.55	393.63
50－499	3	380.00	380.00
≤0	2	0.00	0.00
合计	71	1304.32	699.22

牧户之间拥有草地面积出入较大的原因主要有两个方面：一是草地承包经营权到户时，牧户人均分到的面积就出入很大，承包人口人均为1304.32亩，但最多的有7579亩，而最少的只有250亩（不包括2户新分户），两者相差30.32倍。人均面积少于平均水平的有38户人家，他们的承包人口为85人，占样本牧户承包人口的54.49%（不含2户没有分到草地的新分户），分到的草地为80375.30亩，占总到户草地面积的39.50%，人均只有945.59亩，比平均水平低了27.50%，其现有人口增加到了150人，占样本农户总人口的51.55%，人均拥有草地面积535.84亩，比平均水平低了23.37%。高于平均水平2倍（即人

均拥有草地面积高于2608.64亩）以上的只有4户人家，其人口只有6人，占3.85%，但分到的草地面积为24379亩，占总承包面积的11.98%，人均4063.17亩，是不到平均水平的38个牧户人均拥有草地面积的4.30倍。

二是承包户的承包人口及随后家庭成员的结构变化。承包时老人、小孩和女性人口较多的，随着老人的离世和女孩的出嫁，人均拥有的草地资源就多些；而承包时男性和劳动力多的家庭，随着男性人口的成长及结婚生育和分户，人均占有的草地面积就小些。我们使用了牧户现有人口与承包人口的变动系数①来表达，现有人口是承包人口的1.87倍，低于人口平均变动系数的共有26户，其承包人口为88人，现有人口为99人，人口变动系数为1.13，其承包人口人均草地面积为1219.97亩，比平均水平低了6.47%；现有人口面积为1084.42亩，比平均水平高出了55.09%。人口变动系数高于3.74（2倍）的有14户，其人口变动系数为4.29，承包人口人均草地面积1547.58亩，比平均水平高出了18.65%；现有人口人均361.10亩，比平均水平低了48.36%。人口变动系数在1.87—3.74（1—2倍）之间的户数为31户，其人口变动系数为2.49，承包人口人均草地面积1404.72亩，比平均水平高出了7.70%，但现有人口人均仅为564.02亩，比平均水平低了19.34%。极端的情况是：1个承包人口的草地供5人使用，共有4户（他们现有人口的人均草地面积分别是800.00亩、429.00亩、400.00亩和300.00亩），1个承包人口的草地供4—4.99人使用的有10户，1个承包人口的草地供3—3.99人使用的有13户，而1个承包人口的草地供少于1个人使用的家庭只有3户（他们的人均草地面积分别为3140.00亩、2100.00亩和825.00亩，都高于按现有人口计算的平均水平）。

牧户占有草地资源的不平衡，迫使他们采取流转方式来平衡草地占有，因为畜牧业是他们的主要生计来源，而他们必须有足够的草地放牧牲畜才能维持家庭生计，在71个样本牧户中，转出草地的牧户为29户，面积在1000—10013亩之间，转出面积达96079.62亩，户均3313.09亩；转入草地的牧户为24户，面积在300—6513亩之间，转入面积合计56869.00亩，户均2369.54亩。由于草地承包经营权的流转，导致牧户实际经营草地面积减少，71个样本牧户中，不直接经营草地的有24户，主要原因是他们把自家承包的草地交给了合作社，牧户直接经营的草地面积为164262.70亩，比承包面积少了39210.62亩，详见表9-2。

---

① 人口变动系数为现有人口与承包人口的倍数，即现有人口除于承包人口。

在达玉村的40个有效样本牧户中，有27户把自家的、甚至转包进来的草地交给了合作社，共计92029.62亩，占总转出面积的95.78%，只有3户通过流转，转入了6100.00亩草地来自家经营，面积分别为2000亩、2600亩和1500亩，户均为2033.33亩。

表9-2：样本牧户占有和经营草地资源情况

	有效样本	合计	户均	最大值	最小值
证上面积（亩）	69	203473.32	2948.89	12600.00	250.00
牧户直接经营面积（亩）	47	164262.70	3494.95	12600.00	300.00
转出面积（亩）	29	96079.62	3313.09	10013.00	1000.00
其中转给达玉合作社（亩）	27	92029.62	3408.50	10013.00	1000.00
转入面积（亩）	24	56869.00	2369.54	300.00	6513.00

从草地承包经营权到户时人均占有草地面积分组情况可以进一步看出，当时分到更多草地的牧户，净转出草地占比较大，按现有人口计算，承包时人均草地面积超过3000亩的4户人家净转出草地11779.00亩，户均净转出2944.75亩，人均736.19亩。而对比之下，净转入较多的是当时没有分到草地的2个牧户及面积不足500亩的3个牧户。这5户人家净转入草地9006.00亩，户均1801.20亩，人均529.76亩，详见表9-3。其中两个承包时没有草地的牧户分别转入5606亩和300亩。

表9-3：按现有人口计算的各组牧户草地经营权变换情况

分组	草地证上面积（亩）		草地实际经营面积（亩）		草地转出面积		草地转入面积	
	合计	人均	合计	人均	合计	人均	合计	人均
≥3000	24379.00	1523.69	12600.00	787.50	21079.00	1317.44	9300.00	581.25
2000-2999	27745.00	1027.59	24800.00	918.52	6145.00	227.59	3200.00	118.52
1000-1999	131410.62	691.63	105143.50	553.39	61730.12	324.90	35463.00	186.65
500-999	14538.70	354.60	9013.20	219.83	7125.50	173.79	0.00	0.00
50-499	3800.00	380.00	6800.00	680.00	0.00	0.00	3000.00	300.00
≤0	1600.00	228.57	7606.00	1086.57	0.00	0.00	6006.00	858.00
合计	203473.32	699.22	164262.70	564.48	96079.62	330.17	56969.00	195.43

而从家庭人口规模变动系数的分组情况看，变动系数低于平均数（人口增长幅度较小的）的 26 户净转出 22736.00 亩，户均 874.46 亩，人均 229.66 亩；人口变动系数在 1—2 倍之间的 31 户净转出 11408.52 亩，户均 368.02 亩，人均 86.43 亩；人口变动系数大于 2 倍的 14 户转出较少，仅为 4966.10 亩，户均 354.72 亩，但人均只有 82.71 亩。

草地承包经营权的流转，在一定程度上缓和了由于草地承包时分配不均导致的牧户草地占有面积差异，但没能从根本上消除这种差别。由于生计的压力，导致牧民的牲畜无法减少，结果必然是草地的过度放牧，这种情况甚至考验着草原生态保护补助奖励政策。调查中我们随机核实了几个牧户的情况：一个牧户的草原证和调查时申报的实际草地面积都只是 800 亩，但饲养着 400 头肥羊和 200 只小羊；另外一户拥有的草地面积是 3500 亩，饲养着 300 多只肥羊，200 多只小羊和 100 多条牦牛。草地过度放牧导致的最终结果是草地质量下降和鼠害的加重。在 69 个有效样本中，认为草场退化的高达 64 个，占 92.75%，其中的 57 个牧户（占有效样本的 89.06%）认为最主要的原因是过度放牧。在 71 个有效样本中，都认为鼠害是主要灾害，其中列在第一位的高达 64 户，占 90.14%，还分别有 6 户和 1 户列在了第二位和第三位。列在第一位的灾害还有病虫害、风灾、旱灾、霜冻等。列在第二位较多的是病虫害，有 24 个有效样本，占 43.64%，其次是洪灾，有 22 个样本户，占 40.00%。列在第三位较多的是洪灾，有 17 个样本，占有效样本的 48.57%。归纳起来，样本户认为较严重的灾害是鼠害、病虫灾害和洪灾，详见表 9－4。

表 9－4：样本牧户陈述的主要灾害

灾害类型	第一位		第二位		第三位	
	频数	有效百分百	频数	有效百分百	频数	有效百分百
没有	1	1.41	0	0.00	0	0.00
风灾	1	1.41	0	0.00	0	0.00
病虫灾害	2	2.82	24	43.64	6	17.14
泥石流	0	0.00	0	0.00	5	14.29
旱灾	1	1.41	2	3.64	5	14.29
霜冻	1	1.41	1	1.82	1	2.86

续表

灾害类型	第一位		第二位		第三位	
	频数	有效百分百	频数	有效百分百	频数	有效百分百
洪灾	1	1.41	22	40.00	17	48.57
其他（鼠害）	64	90.14	6	10.91	1	2.86
合计	71	100.01	55	100.01	35	99.99

问卷调查还进一步调查了样本牧户对流转草地的看法。在71个样本牧户中，有效样本为65个，其中认为产草量增加的有34个样本，占52.31%；认为产草量减少的有18个样本，占27.69%；认为虫害增多的有1个样本，占1.54%；认为灾害更频发的有9个样本，占13.85%，详见表9－5。之所以出现对产草量有两种显著差别的看法，关键在于来自达玉合作社的样本牧户。这27个参加了合作社的样本牧户都认为草地管理加强了，质量提高了，产草量也就增加了，占回答产草量增加的34个样本户的79.41%。另外，认为产草量增加的平均水平为14.4%，而认为产草量减少的平均水平为20.6%。

表9－5：样本牧户对流转草地的看法

	频率	百分比	有效百分比
草量增加	34	47.89	52.31
草量减少	18	25.35	27.69
虫害增多	1	1.41	1.54
灾害更频发	9	12.68	13.85
其他	3	4.23	3.08
无信息	6	8.45	
合计	71	100.01	100.02

四、初步结论

1. 草地资源是草原牧区第一性的生产要素，但长期属于公共产权，不仅一定区域内的牧民可以“自由”放牧，而且过去很长时期外区域的牧民也可以放牧。随着人口的增加和人民对更加美好生活的向往，尽管外区域牧民随意放牧的情况很少了，但草地过牧问题仍然日趋严重，带来的直接环境结果就是草原退化、沙化和鼠害等自然灾害的不断加重。在一定程度上可以说是公共产权诱发的“公地悲剧”。

2. 为了消除公共产权导致的过度放牧，增强草原牧区的可持续发展能力，改革开放以来，国家推动了以落实草原承包经营权为核心的产权制度改革，重点是把草地的承包经营权落实给牧户。祁连县的调查研究发现，这一改革从1980年推行“两定一奖”开始，到1985年“牲畜作价归户，私有私养”，再到1989年冬春草场承包到户以及1997年夏秋草场承包到户。总体上是一个不断完善的过程，且基本实现了草地承包经营权归牧户的初衷。这在一定程度上调动了广大牧民发展畜牧业和保护草地资源的积极性。

3. 但是，当畜牧业效益日趋显著时，草地产权制度改革并没有引导广大牧民走集约化发展道路，相反，牲畜饲养规模不断扩大，整个祁连县的牲畜饲养量一度时期超过了草地承载力的60%以上，其结果是草地退化沙化和鼠害越来越严重，直接威胁到草原牧业的安全和广大牧民的生计安全。从这个意义上讲，草地承包经营权并没有像耕地承包经营权那样，激发承包经营权拥有者采取较为集约的经营方式来提高土地产出率。

4. 究其根本原因，还在于草场承包到户举措本身留下的许多隐患：一是草场面积的划分并没有完全以当时一定区域内的合法人口为基础公平分配，如30%的群众草地；二是边界并不是完全清楚；三是没有充分让广大牧民广泛参与；四是工作不够细致，遗留问题较多。这些隐患背后所暴露的根本问题是没有充分发挥广大牧民作为“地主”的作用。当然，草场承包时畜牧业还没有充分实现商品经济，牧民及基层政府没有给予足够重视也是一个方面的原因。更为严重的是，草场承包到户并没有解决群众反映强烈的承包前的流转及30%的群众草场等问题，从而使得人均占有草场更加不平衡。

5. 新近实施的草原生态保护补助奖励政策，由于禁牧补偿的面积就是草场承包的面积，一方面使得牧户获得的补偿水平差别很大，另一方面，由于是分片禁牧，对少数草地面积很少的牧户，更是雪上加霜，在一定程度上激化了过去草场承包到户时遗留的矛盾和问题。不仅占有草地少的牧户有意见，而且占有草地多的牧户也有意见，因为许多时候的放牧并不是牧户就只在自家承包的草地上放牧，而是某种程度上的“自由”放牧。在这种情况下，不仅“春季禁牧”难度很大，而且“秋季游牧”难以有效开展。

农地产权制度安排与环境变化问卷调查报告

2014 年 11 月，中共中央办公厅、国务院办公厅印发《关于引导农村土地经营权有序流转发展农业适度规模经营的意见》（以下简称《意见》）提出，以经营规模适度为目标促进粮食增产与农民增收；以农户家庭经营为基础积极培育新型农业经营主体；以尊重农民意愿为前提引导土地规范有序流转；计划用 5 年左右时间基本完成土地承包经营权确权登记颁证工作。随后，全国各地开始积极推进农村土地确权登记颁证工作。对于此次土地确权登记颁证工作，以及此前一直以来在广大农村地区发生的土地产权制度安排的变化，更多学者关注的是土地产权制度变化本身及其对于农村经济、社会发展产生的影响及原因，很少有人关注到产权制度安排的变化对生态环境会产生什么样的影响，以及这种影响产生的根本原因和农民对此的看法。为此，从 2016 年底开始，课题组先后在云南、湖南、四川、青海等 4 个中西部省份的 8 个县（市）展开调研。此次调研以参与式农村调查为主、结合农（牧）户问卷调查，试图发现农村的土地产权制度变化与农村生态环境变化之间的关系，重点回答土地产权安排的稳定性、连续性和安全性等因素，是否对农村生态环境的变化产生影响、程度如何以及怎样影响等问题。换言之，希望搞清楚农民在经营土地过程中，是否同时关注到生态环境的问题及其背后的土地产权制度的关联性，并回答在什么样的土地产权制度下，农户或者土地经营主体会更加注意或更加忽视对生态环境的保护；土地产权制度的安排及变化，与农户的生态环境意识及行为之间是否有关联，以及如何关联等问题。

通过一年的调研，项目组先后在云南省通海县、澜沧县，湖南省湘阴县、澧县，青海省互助县、祁连县，以及四川省崇州市和苍溪县等八个县市的十余个村庄进行实地调研。整个调研共计完成调查问卷823份，重点关注不同地区农户家庭的基本情况、土地产权制度及经营管理和环境变化等内容。这也成为本问卷调查分析报告的基本内容。

一、家庭基本情况

农户家庭基本情况，不仅决定着家庭的基本经济状况，而且影响着其对土地的依赖程度。而对土地的依赖程度，又直接影响着其对土地的利用方式，及对产权制度的期盼，反过来又将影响其对土地的开发利用强度，由此也将产生不同的环境影响。

（一）家庭结构

本次问卷调查所面向的群体是仍然留在社区生产生活的农户，通过对823份问卷调查资料的分析结果可以看出，参与调查的农户大多还是男性，共计574个样本，占样本总数的69.74%，女性被访者249人，占有效样本的30.26%，其中湖南湘阴县只有4个女性样本，仅占3.77%；青海祁连县也只有5个女性，仅占7.04%；云南通海县比例最高，有67个女性，占65.69%。主要原因是大部分年龄50岁以上的妇女不识字，甚至听说汉话的能力较弱。仔细分析受访者的年龄分布可以看出，45岁以下的青壮年劳动力只有238人，仅占到样本总数的28.92%，46—60岁的高龄劳动人口382人，占样本总数的46.42%，61岁及以上的样本203人，占样本总数的24.67%。换句话说，超过70%（71.08%）的受访者都是年龄超过45岁的，老龄化现象较为严重。而按照国际老龄人口标准计算，超过65岁的受访者达到了131人，占到了样本总数的15.92%，其中最大的81岁。在四个省份中，四川和湖南的人口老龄化程度最为严重，前者达到了25.96%，后者达到了21.86%。反观青海和云南的比例相对较低，均不到10%，分别为9.83%和5.73%，详见表10－1。尽管这与四川、湖南两地外出务工人口比例高，云南、青海两地外出务工人口比例较低有一定关系，但总体来说，湖南、四川这样的劳动力外流省份人口老龄化持续加剧已是一个不争的事实。

表 10－1：不同地区受访者性别及年龄分布

		样本量	性别		平均年龄及分组				
			男	女	16－45 岁	46－60 岁	61 岁以上	65 岁及以上	平均年龄（岁）
四川	苍溪	95	67	28	7	33	55	33	60.27
	崇州	113	61	52	29	53	31	21	52.22
	小计	208	128	80	36	86	86	54	55.90
湖南	澧县	109	80	29	14	54	41	28	56.61
	湘阴	106	102	4	8	68	30	19	56.61
	小计	215	182	33	22	122	71	47	56.61
青海	互助	102	86	16	22	59	21	14	50.65
	祁连	71	66	5	47	20	4	3	41.72
	小计	173	152	21	69	79	25	17	46.99
云南	澜沧	125	77	48	65	40	20	13	45.94
	通海	102	35	67	46	55	1	0	44.63
	小计	227	112	115	111	95	21	13	45.35
合计		823	574	249	238	382	203	131	51.30

从受访者的受教育程度来看，绝大多数受访者（79.59%）都是小学和初中水平，高中（含中专）以上的比例还不到10%，仅占受访总数的9.6%，其中大学（含大专）以上的受访者只有10人，仅占受访总人数的1.22%；没有受到任何正规教育的多达87人，占样本总数的10.57%。从四省受访者的受教育程度来看，四川两县没有受到任何教育的受访者人数最多，共有51人，占样本总数的24.52%，主要原因是多数年轻人都外出了，在家的多数是老年人；湖南最少，只有7人，仅占样本总数的3.26%；青海有17人，占9.83%。受到高中以上教育程度的受访者湖南最多，有27个样本，占样本总数的12.56%，四川最少，只有8人，仅占样本总数的3.85%，详见表10－2。尽管受教育程度与土地经营和家庭经济状况不存在线性相关关系，但调查结果进一步印证了当前留守农村主要从事农业经营的群体的受教育程度较低这样一个基本事实，由此也提出了一个现实而又急迫的问题，即面对新时代农业供给侧结构性改革的不断深入、农业技术更新换代步伐加快、农产品市场瞬息万变等挑战，这些仍然留守农村，以农业经营为主的家庭如何能快速学习、适应新的发展要求。

表 10－2：受访者的受教育情况

		文盲		小学		初中		高中/中专		大学/大专		合计	
		样本	占%	样本	占%	样本	占%	样本	占%	样本	占%	样本	占%
四川	苍溪	26	27.37	42	44.21	21	22.11	4	4.21	2	2.11	95	100.01
	崇州	25	22.12	56	49.56	30	26.55	2	1.77	0	0.00	113	100.00
	小计	51	24.52	98	47.12	51	24.52	6	2.88	2	0.96	208	100.00
湖南	澧县	4	3.67	30	27.52	59	54.13	15	13.76	1	0.92	109	100.00
	湘阴	3	2.83	27	25.47	65	61.32	11	10.38	0	0.00	106	100.00
	小计	7	3.26	57	26.51	124	57.67	26	12.09	1	0.47	215	100.00
青海	互助	7	6.86	29	28.43	47	46.08	16	15.69	3	2.94	102	100.00
	祁连	10	14.08	37	52.11	21	29.58	3	4.23	0	0.00	71	100.00
	小计	17	9.83	66	38.15	68	39.31	19	10.98	3	1.73	173	100.00
云南	澜沧	8	6.40	50	40.00	50	40.00	14	11.20	3	2.40	125	100.00
	通海	4	3.92	53	51.96	38	37.25	6	5.88	1	0.98	102	99.99
	小计	12	5.29	103	45.37	88	38.77	20	8.81	4	1.76	227	100.00
合计		87	10.57	324	39.37	331	40.22	71	8.63	10	1.22	823	100.01

调查结果显示，样本农户户均人口在4—5人之间，与当前农村普遍现状相符。与实施土地承包责任制时的承包人口相比较，户均增加1人，其中湖南澧县和青海祁连县户均增加2人。现有人口与土地承包人口相比的增加幅度，一是意味着各地土地小调整的频度不一样，增加幅度越小，调整越频繁。二是人口的机械增长存在差别。总的情况是，在土地供给不变、甚至减少的情况下，人口增加必然导致人均占有土地的减少。以受访农户当前实际经营的土地面积推算，人均占有土地面积为1.81亩，而以土地承包人口计算，人均占有土地面积为2.57亩，人均占有土地面积减少了0.77亩。其中云南通海人均占有土地面积减幅最大，超过50%（52.73%），四川崇州减幅最小，只为7.81%。对照人口数量变化还可以看出，通海调查点的人口增长速度几乎是崇州调查点人口增长速度的6倍（5.54倍），详见表10－3。

表 10－3：不同地区样本农户家庭人口及土地变化

	苍溪	崇州	澧县	湘阴	互助	祁连	澜沧	通海	合计
样本数	95	113	109	106	102	71	125	102	823
家庭人口	405	462	502	598	455	291	538	479	3730
户均人口	4.26	4.09	4.61	5.64	4.46	4.10	4.30	4.70	4.53
家庭承包土地人口	342	403	308	486	345	148	357	226	2615
户均承包土地人口	3.60	3.57	2.83	4.58	3.38	2.08	2.86	2.22	3.18
家庭劳动力数	213	293	297	342	295	201	357	293	2291
在家务农劳动力	82	87	149	156	173	166	246	235	1294
占家庭劳动力%	38.50	29.69	50.17	45.61	58.64	82.59	68.91	80.20	56.48
外出务工劳动力	131	198	148	186	106	11	63	54	897
占家庭劳动力%	61.50	67.58	49.83	54.39	35.93	5.47	17.65	18.43	39.15
实际经营水田面积	58.90	491.47	1227.00	1781.29	37.76	0.00	285.40	249.46	4131.28
实际经营旱地面积	73.50	24.60	625.08	0.00	1150.94	3.00	721.43	0.00	2598.55
户均占有耕地	1.39	4.57	16.99	16.80	11.65	0.04	8.05	2.45	8.18

（二）收入及生活水平

从问卷调查获得的有效数据来看，农业收入（主要是种植业和养殖业）仍然是家庭收入的主要来源，占到了55.16%，但打工收入也几乎占到了家庭收入的三分之一（32.35%），第三大块是各种补贴，占到了7.58%，详见表10－4。

仔细对比4个省8个县（市）的具体情况可以看出，崇州市的农民家庭收入结构已经发生了根本性变化，农业经营收入在家庭总收入中的占比仅为15.52%，这一方面是由于该地区的土地资源非常有限，且主要以粮食生产为主，土地经营无法吸收庞大劳动力，土地收入也难以支撑家庭经济，加之土地经营模式发生了根本转变，多数农户的土地以流转方式交由土地股份合作社或公司经营。另一方面也因为四川作为传统的劳动力输出大省，外出务工早于其他地区，且外出务工收入成为多数农户的主要收入来源，样本农户当前的收入中有多达57.55%来自于劳务收入，在8个县（市）中是最高的，比全部样本农户的平均水平高出了24.65个百分点，是最低的祁连县的26.15倍，加上崇州市近几年城镇化速度加快，农村劳动力已基本与土地脱钩，大多在城市工作甚至居住和生活。

从4个省8个县（市）样本农户的收入结构还可以看出，越是山区的农村社区，养殖业的收入占比越高，反之越低，祁连县作为全国的重要牧区，养殖业收入占比达到了73.35%，是8个县（市）所有样本农户平均水平的5.09倍，是最低的互助县的28.99倍，尽管同属一个省，后者也主要是山区。养殖业收入占比次高的是云南省的澜沧县，是典型的山区，达到了26.66%，比所有样本农户的平均水平高出了12.25个百分点，详见表10-4。这一方面与国家近年来推行的转变家庭养殖方式，鼓励发展集中规模化养殖小区，以提高养殖业产业质量效益和竞争力，以及改善农村生产生活环境的政策导向有关；另一方面也与劳动力外流、种植规模缩减、及市场等因素有关，甚至还与农户的住房条件改善等因素有关。

另外，从问卷调查获得的数据也可以看出，与很多农村地区农户的土地经营收入持续下降相反，云南省通海县样本农户的土地经营收入占家庭收入的比重高达87.89%，是所有样本农户平均水平（37.75%）的2.33倍，是8个县（市）中最低的崇州市的7.18倍（表10-4中显示的最低的是祁连县，但祁连县的养殖业收入有很大部分贡献也是土地），尽管通海县调查点就在县城周边，但农户仍然选择了土地经营而非外出务工，最重要的原因是蔬菜种植不仅是劳动密集型产业，而且也是经济效益较高的农业产业，年均亩产值高达6万元左右，在此收入水平下，相较打工，农户更青睐劳动时间和强度更自由的家庭土地经营。

表 10-4：样本农户家庭收入结构

		有效样本	土地经营收入	养殖收入	打工收入	经商收入	补贴收入	工资性收入	其他
四川	苍溪	89	36.26	8.99	37.31	2.23	9.23	2.44	3.54
	崇州	113	12.24	3.18	57.55	4.21	6.40	4.50	11.93
湖南	澧县	96	46.92	4.18	37.79	2.19	2.31	3.74	2.88
	湘阴	101	38.69	5.72	39.30	4.73	5.95	2.00	3.62
青海	互助	102	43.19	2.53	41.36	2.50	7.48	1.67	1.27
	祁连	71	0.14	73.35	2.18	2.24	18.19	1.83	2.07
云南	澜沧	125	30.15	26.66	27.56	0.86	13.77	1.00	0.01
	通海	102	87.89	5.00	5.76	0.00	0.25	0.80	0.29
合计		799	37.75	14.41	32.35	2.42	7.58	2.18	3.31

二、土地类型与产权结构

此次调研点的选择重点考虑了以下因素：一是农地类型以耕地为主，同时也兼顾了林地（云南澜沧点）和草原（青海祁连点）；二是农地的经营方式，以农户经营为主，也考虑了新型经营主体的规模经营；三是主要种植农作物的差别，既有传统的粮食种植，也有蔬菜种植和水果种植，这就保证了调查的代表性和典型性。

（一）农地类型

“土地是财富之母，劳动是财富之父”，土地更是农业农村经济社会发展的重要基础，是农业和农村发展的第一性的生产要素。在影响农村土地利用的众多因素中，土地产权是至关重要的因子。本问卷调查所涉及的土地类型主要包括：耕地、林地和牧草地。

1. 耕地。耕地主要指种植农作物的土地，具体而言又分为水田和旱地两种类型。水田主要是指种植水稻及其他水生作物的农田，多分布在水源丰富并有灌溉保障的地区。本问卷调查点中种植水田的地区是湖南省湘阴县和澧县，云南省的通海县和四川省的崇州市。不同的省份栽种的作物有所不同，云南省通海县主要种植蔬菜，湖南省和四川省以栽种水稻为主，也有部分水果。旱地则通常种植耐旱作物，一般不需要季节性灌溉，通常种植的作物是土豆、油菜、小麦等。本问卷调查点中湖南、四川、云南、青海（祁连县除外）均有旱地，只是不同区域种植的作物品种不同。像四川的苍溪县主要种植红心猕猴桃，云南的澜沧县主要种植甘蔗、茶叶、土豆，湖南省的两个县主要种植水稻和葡萄。

具体而言，在水田经营上，除了青海省的两个县外，其余问卷调查点均有农户种植水田。云南省通海县有100个样本农户实际在耕种水田，户均2.62亩。澜沧县有106个样本农户实际在耕种水田，户均2.69亩；四川省崇州市只有7个样本农户仍在耕种水田，户均70.36亩。苍溪县有35个样本农户在耕种水田，户均1.68亩；湖南省湘阴县有102个样本农户实际经营水田，户均面积17.43亩，澧县有72个样本农户在耕种水田，户均17.00亩，详见表10－5。其中，通海县主要种植蔬菜，苍溪县通过水改旱的方式种植了红心猕猴桃，其余调查点均以水稻种植为主。

在旱地经营方面，通海县、崇州市和祁连县的问卷调查点没有农户耕种旱地。澜沧县有100个样本农户还在耕种旱地，户均面积7.21亩，主要种植玉米、甘蔗、蚕豆、茶叶等作物；苍溪县有44个样本农户实际在耕种旱地，户均面积1.67亩，主要种植红心猕猴桃；湘阴县仅有5个样本农户还在种植旱地，户均面积4.88亩，主要种植玉米；澧县有53个样本农户实际耕种旱地，户均面积12亩，主要种植葡萄。互助县有98户农户在耕种旱地，户均面积11.74亩，种植品种为土豆、小麦和油菜。

表10－5：各问卷调查点样本农户实际经营耕地情况

县市	实际经营水田			实际经营旱地		
	有效样本	户均面积（亩）	主要作物	有效样本	户均面积（亩）	主要作物
通海	100	2.62	蔬菜	0		
澜沧	106	2.69	水稻	100	7.21	玉米、甘蔗
崇州	7	70.36	水稻	0		
苍溪	35	1.68	猕猴桃	44	1.67	猕猴桃
湘阴	102	17.43	水稻	5	4.88	玉米
澧县	72	17.00	水稻	53	12.00	葡萄
互助	4①	9.44	莲花白等	98	11.74	油菜、土豆

① 实际上是水浇地，而不是水田。

2. 林地。林地主要指生长乔木、竹类、灌木等林木的土地。本问卷调查点中的林地主要集中在云南省的澜沧县和四川省的苍溪县。澜沧县所调查的115个样本农户中有97户经营着林地，总面积为606.80亩，户均面积6.26亩，主要种植松树（未含租赁给金光集团的林地）。四川省苍溪县也有75个样本农户经营着林地，但总面积仅为27.20亩（也不含租赁给新型经营主体种植猕猴桃的林地），户均0.78亩，主要种植猕猴桃。

3. 牧草地。牧草地主要指生长草本植物、用于发展畜牧业的土地。本问卷调查点中所调查的青海省祁连县就是以经营牧草为主的地区。在所调查的71个样本牧户中，有69户经营着草地，总面积为203473.32亩（含达玉村入股合作社的草地面积），户均2865.82亩。

除了以上类型的农地外，还有果园、菜园等类型，只是在本问卷调查中经营这些类型农地的农户少，面积小，所以在本报告中不作为主要分析对象。

（二）不同类型农地的产权结构

农地产权是以农地所有权为基础，以农地承包经营权为核心的关于土地的一切权利的总和。换句话说，是由各种权利组成的权利束，包括农地的集体所有权、农地的承包权、农地的经营权、收益权、处分权等。农地的产权结构是由农地的所有权、使用权与转让权等权利之间的不同组合，及各种权利在不同主体间的安排形式组成的。依据我国正在推行的集体土地所有权、承包权和经营权三权分置的总体要求，这里重点讨论的是所有权、承包权和经营权，其他有关收益权和处分权不作为讨论的重点。

在我国农村土地集体所有制下，农户作为农地利用的主体，在一定的社会经济环境下，为满足自身利益，会对不同类型的农地进行不同的产权安排。比如，在一些地区，不少的农村劳动力开始向非农产业转移，农地也不再是他们主要的生活来源，这部分人产生了让渡农地承包经营权的要求；同时，随着农业技术水平的提高，一部分农户对获取农地规模效益的需求增强，希望能够通过经营一定规模的农地，实现专业化生产，由此就向外流转部分农地的承包经营权或者经营权来耕种，土地股份合作制产权结构的形式也就应运而生。因此，拥有农地承包经营权的农户会出于经济社会等目的，将农地经营权从承包经营权中分离出来，转让给其他农民或经济组织。本问卷调查将重点考察农户对于不同类型农地的产权结构的配置与安排。

1. 耕地流转。根据上文所述，问卷调查点中的耕地大多仍由农户经营，且经营的面积较大。但是不同调查点对耕地经营的方式是不同的。崇州市113个样本农户中仅有7户（占6.19%）实际经营着水田，其余农户都通过流转方式改变了土地的产权结构；而云南省的通海县所调查的102个样本农户有100户（占98.04%）实际经营着水田。是什么原因致使崇州市的绝大多数农户大面积流转出农地，又是什么原因让通海县的农户继续经营水田，带着类似的问题，本课题进行了详细的调查。

（1）水田。在823个样本农户中，拥有水田承包经营权的共有582户，总面积为2323.09亩，户均面积3.99亩。实际仍在经营着水田的样本农户有426户，总面积为4140.22亩，户均面积9.72亩。也就是说，有部分农户将水田的承包经营权或者经营权进行了流转，流转面积为1817.13亩，其中转出水田承包经营权或者经营权的农户有222户，面积为731.55亩，户均转出3.30亩；转入水田承包经营权或者经营权的农户有231户，面积为2548.68亩，户均转入面积11.03亩，详见表10－6。

表10－6：样本农户水田经营情况①

		苍溪	崇州	澧县	湘阴	澜沧	通海	互助②	合计
证上面积	有效样本	79	112	71	104	112	100	4	582
	总面积	192.30	431.96	559.80	589.12	303.95	201.40	44.56	2323.09
	平均	2.43	3.86	7.88	5.67	2.69	2.01	11.14	3.99
实际经营面积	有效样本	35	7	72	102	106	100	4	426
	总面积	58.90	491.47	1227.00	1777.69	285.40	262.00	37.76	4140.22
	平均	1.68	70.21	17.04	17.43	2.71	2.62	9.44	9.72
转出面积	有效样本	51	111	10	8	29	10	3	222
	总面积	135.40	419.49	65.60	28.36	45.75	30.15	6.80	731.55
	平均	2.65	3.78	6.56	3.55	1.58	3.02	2.27	3.3

① 祁连县没有水田，因此没有显示在表内。

② 实际上是水浇地，而不是水田。

转入面积	有效样本	1	3	58	86	12	71	0	231
	总面积	2.00	479.00	732.80	1216.93	27.20	90.75	0.00	2548.68
	平均	2.00	159.67	12.63	14.15	2.27	1.28	0.00	11.03
流转面积①		133.40	59.51	667.20	1188.57	6.80	18.55	60.60	2134.63

通过比较不同问卷调查点农户对水田流转的情况发现，流转面积最大的是湖南省的湘阴县和澧县，共流转了1321.93亩，且主要是转入。四川省的农户对水田的流转面积也不小，共流转了192.91亩。其中崇州市通过流转的方式让水田更加集中，并实现了适度规模经营，3个农业职业经理人或大户经营的面积分别为270.00亩、131.90亩和82.00亩，合计483.90亩，其中通过流转获得的面积为479.00亩，占其经营面积的98.99%，所调查的113个样本农户中，仅有7户人家在实际经营水田，经营面积最大的农户实际经营着270亩水田，最小的仅0.12亩。与崇州将土地通过流转出去实行适度规模经营不同的是云南省的通海县，102个样本农户中有100户（占98.04%）都在经营水田，且他们还从其他农户手中转入土地来经营。通过实地调查发现，得天独厚的气候条件不仅使通海非常适合蔬菜种植和生产，而且一年四季均可，秋、冬两季是旺季。加之，县境内工业主要是轻工业，没有污染严重的重工业企业，除少部分地区有轻微污染外，生态环境优良，土壤品质较高。这些都为发展无公害蔬菜基地提供了得天独厚的自然条件。目前，全县99%的农户都种菜，蔬菜产业已成为农民增收致富的支柱产业，2016年，全县农民人均种菜纯收入达5873元，占农村常住居民人均可支配收入的41.96%。正是蔬菜产业的强力带动，使通海县的农民收入乃至县域经济得到了持续快速发展。②

本研究报告进一步分析了水田流转方向、流转方式和交易方式。从流转方向来看，在参与水田流转的453个样本农户中，选择流转给合作社的农户最多，有145户，占参与水田承包经营权或者经营权流转农户总数的32.01%；其次是流转给亲朋好友，有118户，占26.05%；再次是流转给本村内的其他农户，有116户，占25.61%，详见表10－7。从流转的方式来看，绝大部分农户选择租赁

① 流转面积＝实际经营面积－证上面积。

② 详见案例报告。

的方式，共有295户，占参与流转水田承包经营权或者经营权样本农户的65.10%；其次是股份合作形式，有67户，占14.80%，详见表10－8。从土地承包经营权或者经营权交易的方式来看，有382户采取的是有偿方式流转，占84.33%，详见表10－9。

表10－7：样本农户的水田流转方向

		通海	澜沧	苍溪	崇州	澧县	湘阴	互助	合计
亲朋	样本数	42	12	3	1	19	41	0	118
	百分比	51.85	29.27	5.77	0.88	27.94	43.62	0.00	26.05
本村内其他农户	样本数	17	2	1	3	43	50	0	116
	百分比	20.99	4.88	1.92	2.63	63.24	53.19	0.00	25.61
外村农户	样本数	7	10	8	1	2	3	3	34
	百分比	8.64	24.39	15.38	0.88	2.94	3.19	100.00	7.51
村集体	样本数	6	3	0	0	0	0	0	9
	百分比	7.41	7.32	0.00	0.00	0.00	0.00	0.00	1.99
合作社	样本数	0	0	38	107	0	0	0	145
	百分比	0.00	0.00	73.08	93.86	0.00	0.00	0.00	32.01
公司	样本数	8	2	2	2	4	0	0	18
	百分比	9.88	4.88	3.85	1.75	5.88	0.00	0.00	3.97
其他	样本数	1	12	0	0	0	0	0	13
	百分比	1.23	29.27	0.00	0.00	0.00	0.00	0.00	2.87
合计	样本数	81	41	52	114	68	94	3	453
	百分比	100.00	100.01	100.00	100.00	100.00	100.00	100.00	100.01
流转时间		49.60	30.00	21.00	25.00	49.00	40.00	8.00	

表10－8：样本农户的水田流转方式

		通海	澜沧	苍溪	崇州	澧县	湘阴	互助	合计
转包	样本数	1	4	3	16	6	28	0	58
	百分比	1.20	9.80	5.80	14.00	8.80	29.80	0.00	12.80

租赁	样本数	71	19	49	30	57	66	3	295
	百分比	87.70	46.30	94.20	26.30	83.80	70.20	100.00	65.10
互换	样本数	1	1	0	0	2	0	0	4
	百分比	1.20	2.40	0.00	0.00	2.90	0.00	0.00	0.90
转让	样本数	0	2	0	0	0	0	0	2
	百分比	0.00	4.90	0.00	0.00	0.00	0.00	0.00	0.40
股份合作	样本数	0	0	0	67	0	0	0	67
	百分比	0.00	0.00	0.00	58.80	0.00	0.00	0.00	14.80
征用	样本数	1	12	0	0	0	0	0	13
	百分比	1.20	29.30	0.00	0.00	0.00	0.00	0.00	2.90
其他	样本数	7	3	0	1	3	0	0	14
	百分比	8.60	7.30	0.00	0.90	4.40	0.00	0.00	3.10
合计	样本数	81	41	52	114	68	94	3	453
	百分比	100.00	100.00	100.00	100.00	100.00	100.01	100.00	100.00

表 10－9：样本农户的水田交易方式

		通海	澜沧	苍溪	崇州	澧县	湘阴	互助	合计
无偿	样本数	2	6	2	1	16	7	0	34
	百分比	2.47	14.63	3.85	0.88	23.53	7.45	0.00	7.51
有偿	样本数	79	28	50	106	44	72	3	382
	百分比	97.53	68.29	96.15	93.98	64.71	76.60	100.00	84.33
实物	样本数	0	5	0	7	5	15	0	32
	百分比	0.00	12.20	0.00	6.14	7.35	16.96	0.00	7.06
其他	样本数	0	2	0	0	3	0	0	5
	百分比	0.00	4.88	0.00	0.00	4.41	0.00	0.00	1.10
合计	样本数	81	41	52	114	68	94	3	453
	百分比	100.00	100.00	100.00	100.00	100.00	100.01	100.00	100.00

为了进一步分析样本农户对水田承包经营权或者经营权流转的看法，我们详细分析了不同调查点农户家庭土地流转的流转方向、流转方式和交易方式。从流

转方向看，流转给合作社的农户主要集中在四川省，共有 145 个样本农户，占该省样本农户总数的 69.71%。深入分析发现，四川省两个调查点的农户通过非农产业转移可以获得更高收入，所以不愿意把更多财力、物力和精力投入到土地上，这部分人由此产生了让渡水田承包经营权或者经营权的需求。比如崇州市，绝大部分农户都将水田的经营权通过加入土地股份合作社实现转出。四川省本就是人口大省，随着人口的增加，土地破碎化日趋严重，再加上大量的年轻劳动力外出务工，所以农田无人经营和无力经营的局面普遍存在。为了解决这一问题，从 1998 年开始，崇州市就探索土地流转，通过流转实现规模化、高效益、专业化农业经营。在过去 20 年间，崇州市先后采取了订单农业、农民专业合作社等方式，最终他们通过建立土地股份合作社的方式，将分散的土地集中起来进行土地经营。农户以土地的形式入股到合作社，由合作社聘请职业经理人组织仍留在农村的农户统一经营管理土地，由社会化中介组织提供专业化服务，当地政府总结为“农业共营制”。通过这种方式，农户既可以从土地流转中获得适当收益，也能留出更多精力从事收益更高的职业。

此外，熟人之间的流转也占相当比例，把水田的承包经营权或者经营权流转给亲朋和村内其他农户的有 234 户，占 51.66%。云南和湖南的样本农户中分别有 73 户（占 32.16%）和 153 户（占 71.16%）就主要把水田的承包经营权或者经营权流转给村里的亲朋好友。事实上，农户将土地的承包经营权或者经营权转移给另一对象经营，所建立的是一种合约关系。既然是合约，就必须考虑合约对象的交易成本、社会情境以及包括产权制度在内的各种组织制度环境。调查过程中有农户表示：“家庭农场、企业等都属于外来户，我们担心万一企业经营失利，一走了之，怎么办？”这表明，土地的承包经营权或者经营权、收益权保障的不确定性，加上对市场风险的考虑，使农民不愿意把土地流转给社区以外的经营主体。从逻辑上来看，在社区内部选择流转对象无疑是成本最低，风险最小的方式。另外，农户外出打工，也习惯将土地转包给亲朋好友，请他们“帮忙照料”。这种带有互惠义务的社会关系，会增加农户朝熟人流转土地承包经营权或者经营权的倾向。

从流转的方式看，租赁无疑是土地承包经营权或者经营权流转中最直接、最常见的方式。承包土地的农户将土地承包经营权或者经营权租赁给其他人使用，定期收取相应的租金。通过这种方式，事实上是承包经营权或者经营权的货币化，是将承包经营权或者经营权转化成经济收益最直接的方式。选择该方式的农户主要集中在通海县、澜沧县、苍溪县、澧县和湘阴县。其中苍溪县有94.20%的有效样本农户，通过租赁来流转土地的承包经营权或者经营权，通海县和澧县也分别有87.70%和83.80%有效样本农户选择了该种方式。除此之外，也有部分农户通过股份合作的形式来流转土地的承包经营权或者经营权。这部分农户将土地承包经营权作为股权，自愿联合从事农业合作经营；承包方将土地承包经营权量化为股权，入股组成股份公司或者合作社等从事农业生产，并按股份分红。崇州市是其中较为成功的典型。还有12.80%的样本农户采用转包的方式流转土地的承包经营权或者经营权，这在湖南省湘阴县较为普遍。这是因为该调查点的大多数家庭主要劳动力外出务工经商，但又不愿意放弃承包权。所以他们将部分或全部土地的承包经营权或者经营权，以一定期限转给同一集体经济组织的其他农户从事农业生产。转包后，原土地承包关系不变，原承包方继续履行原土地承包合同规定的权利和义务，而转入土地的农户实际上只拥有土地的经营权。

（2）旱地。调查问卷分析发现，有357个样本农户拥有旱地的承包经营权，共计3064.07亩，而实际经营着旱地的样本农户只有299户，实际经营面积2595.35亩，也即有58个样本农户把468.72亩旱地的承包经营权或者经营权流转出去了。其中青海省互助县和湖南省澧县户均实际经营旱地的面积最大，而云南省通海县和四川省崇州市没有农户经营旱地（因为地处坝区，旱地也较少）。从流转情况来看，旱地承包经营权或者经营权的流转面积为468.72亩，转出面积999.69亩，转入530.97亩。流转面积较大的区域是澜沧县和澧县，分别流转了573.18亩和403.18亩，详见表10-10。

表10-10：样本农户的旱地经营情况

		苍溪	澧县	湘阴	互助	澜沧	合计
证上面积	有效样本	90	52	6	98	111	357
	合计	162.07	221.90	74.40	1311.09	1294.61	3064.07
	平均	1.80	4.27	12.40	13.38	11.66	8.58
实际经营面积	有效样本	44	52	5	98	100	299
	合计	73.50	625.08	24.40	1150.94	721.43	2595.35
	平均	1.67	12.02	4.88	11.74	7.21	8.68

转出面积	有效样本	53	11	1	28	69	162
	合计	88.57	28.70	50.00	178.64	653.78	999.69
	平均	1.67	2.61	50.00	6.38	9.48	6.17
转入面积	有效样本	0	26	0	3	19	48
	合计	0.00	431.88	0.00	18.49	80.60	530.97
	平均	0.00	16.61	0.00	6.16	4.24	11.06
流转面积①		88.57	403.18	50.00	160.15	573.18	1275.08

通过分析流转方向发现，澜沧县有60.00%的有效样本农户将旱地的承包经营权或者经营权流转给了公司，详见表10－11。之所以农户将旱地的承包经营权或者经营权普遍流转给公司经营，主要是2003年前后由于地方政府主导的国际公司强势规模化林地流转经营。地方政府及农户均希望通过流转实现林地经营中政府、企业、林农等多方利益的共赢。

除了将旱地的承包经营权或者经营权流转给公司外，还有一些农户流转给了农民专业合作社。比如苍溪县，有77.36%的有效样本农户将土地的承包经营权或者经营权流转给合作社，详见表10－11。调查发现，苍溪县主要以种植红心猕猴桃为主，该县将红心猕猴桃作为全县优势特色产业的领头羊和农民增收的支柱产业进行培育，以红心猕猴桃为主导产业的万亩现代农业园区有11个，猕猴桃种植面积35.2万亩，行业综合产值30亿元。目前该县有猕猴桃农民专业合作社127个，社员76500户，覆盖面达90%。为了实现猕猴桃的规模化种植、标准化生产、产业化经营，在政府的政策引导下，大多数农户都将土地的承包经营权或者经营权流转给了农民专业合作社。

旱地承包经营权或者经营权的流转方式和交易形式大致与水田相同。76.47%的有效样本农户采取租赁方式，因此有偿也成为了主导交易形式，合计有181个有效样本农户，占88.73%，最低的澧县也占到70.27%，详见表10－12和表10－13。

① 流转面积＝实际经营面积－证上面积。

表 10－11：样本农户的旱地流转方向

		澜沧	苍溪	澧县	湘阴	互助	合计
亲朋	样本数	9	1	4	0	2	16
	百分比	10.59	1.89	10.81	0.00	6.45	7.84
本村内其他农户	样本数	4	0	24	1	4	33
	百分比	4.71	0.00	64.86	100.00	12.90	16.18
外村农户	样本数	4	6	6	0	0	16
	百分比	4.71	11.32	16.22	0.00	0.00	7.84
村集体	样本数	0	1	3	0	0	4
	百分比	0.00	1.89	8.11	0.00	0.00	1.96
合作社	样本数	10	41	0	0	0	51
	百分比	11.76	77.36	0.00	0.00	0.00	25.00
公司	样本数	51	0	0	0	25	77
	百分比	60.00	0.00	0.00	0.00	80.65	37.75
其他	样本数	7	4	0	0	0	7
	百分比	8.24	7.55	0.00	0.00	0.00	3.43
合计	样本数	85	53	37	1	31	204
	百分比	100.01	100.01	100.00	100.00	100.00	100.00
流转时间		54.00	15.70	40.00	5.00	8.00	

表 10－12：样本农户的旱地流转方式

		澜沧	苍溪	澧县	湘阴	互助	合计
转包	样本数	0	4	4	0	1	9
	百分比	0.00	8.00	10.81	0.00	3.23	4.41
租赁	样本数	56	46	26	1	27	156
	百分比	65.88	92.00	70.27	100.00	87.10	76.47
互换	样本数	1	0	3	0	0	4
	百分比	1.18	0.00	8.11	0.00	0.00	1.96
转让	样本数	0	0	0	0	1	1
	百分比	0.00	0.00	0.00	0.00	3.13	0.49

股份合作	样本数	0	0	0	0	0	0
	百分比	0.00	0.00	0.00	0.00	0.00	0.00
征用	样本数	21	0	0	0	0	21
	百分比	24.71	0.00	0.00	0.00	0.00	10.29
其他	样本数	7	0	4	0	2	13
	百分比	8.23	0.00	10.81	0.00	6.45	6.37
合计	样本数	85	50	37	1	31	204
	百分比	100.00	100.00	100.00	100.00	100.01	99.99

表 10－13：样本农户的旱地交易方式

		澜沧	苍溪	澧县	湘阴	互助	合计
无偿	样本数	7	0	11	0	1	19
	百分比	8.24	0.00	29.73	0.00	3.23	9.31
有偿	样本数	76	50	26	1	28	181
	百分比	89.41	100.00	70.27	100.00	90.32	88.73
实物	样本数	1	0	0	0	0	1
	百分比	1.18	0.00	0.00	0.00	0.00	0.49
其他	样本数	1	0	0	0	2	3
	百分比	1.18	0.00	0.00	0.00	6.45	1.47
合计	样本数	85	50	37	1	31	204
	百分比	100.01	100.00	100.00	100.00	100.00	100.01

通过对以上数据的分析发现，不同区域的农户利用土地的目标不同，土地利用行为也因此存在一定差异。由此可以得出初步结论，农地承包经营权或者经营权能否顺利实现流转，取决于农地的供需双方在农地流转效用的衡量上能否获得一致性。对流出农地承包经营权或者经营权的农户而言，在既定约束条件下，只有当他/她认为流出农地所获得的价值，大于自己经营农地所获得的收益，他/她才会产生流转出农地承包经营权或者经营权的意愿；而对流入农地承包经营权或者经营权的农户或者新型经营主体而言，当其在既定的约束条件下，判定流入农地承包经营权或者经营权所获得的收益，大于同等条件下其他的投资收益时，他

才会产生流入农地的意愿。当然，也还需要考虑立地条件等自然因素以及经营产业所要求的机械和劳动力使用情况的影响。

2. 林地流转。在本问卷调查点中，有林地的是云南省的澜沧县和四川省的苍溪县。拥有林地承包经营权的有效样本农户为 181 户，面积为 846.00 亩，实际经营着林地的为 172 户，面积为 763.50 亩，其中流转面积为 82.50 亩。具体而言，澜沧县拥有林地承包经营权的样本农户为 102 户，面积为 674.7 亩，户均 6.61 亩；目前实际经营着林地的有 97 户，面积为 606.80 亩，户均 6.26 亩；将林地承包经营权流转出去的农户有 11 户，面积为 120.40 亩，户均转出 10.95 亩；有 8 户农户转入了 52.50 亩林地，户均 6.56 亩。苍溪县拥有林地承包经营权的农户为 79 户，面积为 171.30 亩，户均 2.17 亩；目前实际经营着林地的有 75 户，面积为 156.70 亩，户均 2.09 亩；参与林地承包经营权流转的农户有 7 户，共计流转 14.60 亩，其中转出的有 5 户，面积为 15.70 亩，户均 3.14 亩，详见表 10－14。

表 10－14：样本农户的林地经营情况

		四川苍溪	云南澜沧	合计
样本数量		95	125	220
证上面积	有效样本	79	102	181
	合计	171.30	674.70	846.00
	平均	2.17	6.61	4.67
实际经营面积	有效样本	75	97	172
	合计	156.70	606.80	763.50
	平均	2.09	6.26	4.44
转出面积	有效样本	5	11	16
	合计	15.70	120.40	136.10
	平均	3.14	10.95	8.51
转入面积	有效样本	2	8	10
	合计	1.10	52.50	53.60
	平均	0.55	6.56	5.36
流转面积①		14.60	67.90	82.50

① 流转面积＝实际经营面积－证上面积。

澜沧县进行林地承包经营权流转的19个样本农户中，平均年限为29年。其中有52.60%的有效样本农户将林地的承包经营权流转给公司，有26.30%的样本农户将林地的承包经营权流转给亲朋好友，有10.50%的样本农户将林地的承包经营权流转给本村其他农户和村集体。实地调查证实，澜沧县的林地主要栽种桉树。有些村庄从2003年开始大面积种植桉树，一方面是由于桉树具有速生高产、适应性广、抗性强、耐干旱瘠薄、容易种植、萌芽力强等特点；另一方面是在云南省人民政府、特别是有关领导的支持下，包括澜沧县在内的普洱市引进了世界知名的金光集团，成立了思茅金澜沧丰产林有限公司，在极大发展机遇诱惑下，澜沧县的桉树种植面积快速发展。有资料显示，金光集团全额向土地权属方支付土地租金2560万元（折合人民币每公顷599.53元，即每亩39.97元），向参与营林务工人员支付劳务费用累计1.56亿元，使用本地劳动力约300万个。由此不难想象，在巨大利益的驱使下，大多数农户将土地承包经营权流转给公司，以此获得更多收益。农户进行流转的主要方式是租赁，占有效样本农户的89.50%，所有农户都是通过有偿方式进行林地承包经营权流转的。

苍溪县有林地承包经营权流转的样本农户只有7户，流转方向均是转向农民专业合作社，流转方式采用股份合作的有4户，占57.14%，采用租赁方式的有3户，占42.86%。之所以大多数农户将林地的承包经营权流转向农民专业合作社，是因为如上文所述，当地政府大力推广红心猕猴桃种植，通过成立农民专业合作社便于技术推广和提高社会化服务水平。

3. 牧草地流转。本问卷调查的青海省祁连县达玉村和边麻村中，71个样本农户有69户拥有草地承包经营权，有2户是新分户，没有获得草地承包经营权，证上有草地面积203473.32亩，按样本农户计算户均2865.82亩，按实际分到草地农户计算，户均2948.89亩。而村民实际经营着的草地面积为164262.70亩，有效样本农户户均3494.95亩，其中转入草地承包经营权的面积为26869.00亩，有效样本农户户均2369.54亩；转出草地承包经营权的面积为96079.62亩，有效样本农户户均3313.09亩，详见表10－15；流转面积为39210.62亩。流转了承包经营权的草地的平均年限为7.50年。其中有39.13%的有效样本农户以股份合作的方式，将草地的承包经营权流转给了牧民专业合作社；有60.87%的有效样本农户通过租赁的方式，将草地的承包经营权分别流转给了亲戚朋友（31.23%）、村集体（18.51%）和本村的其他农户（11.13%）。通过对比分析发现，不同于种植业，由于放牧具有很强的地域性，多数村有围栏，承包其他村庄的草地进行放牧，实用性和实效性都很低。因此，流转一般仅限于本村村民之间。此外，尽管存在连片草地或者大面积草地经营的强烈市场需求，但因为草地承包经营权已经落实到户，分散的小面积草地的承包经营权流转难度较大。一旦发生草场经营权流转，农户流转的草地面积一般都在2000亩左右。

表10-15：祁连县调查点样本牧户占有和经营草地资源情况

	有效样本	合计	户均	最大值	最小值
证上面积（亩）	69	203473.32	2948.89	12600.00	250.00
牧户直接经营面积（亩）	47	164262.70	3494.95	12600.00	300.00
转出面积（亩）	29	96079.62	3313.09	10013.00	1000.00
转入面积（亩）	24	56869.00	2369.54	300.00	6513.00

三、农户对不同产权类型农地的投入状况

在以往的研究成果中，有学者认为，如果农地使用者，即农地所有者或对农地享有永久使用权的经营主体，他将会改良土地，提高产出，这实质上已经触及到了农地产权制度对农地利用的影响①。Li，Scott Rozelle（1998）等在乡村调查的基础上，研究了中国自留地与责任田两种不同产权性质的农地上劳动力、化肥、有机肥投入与产出之间的关系。结果表明：中国的农地产权安排影响着农民的农地生产行为，当权利不同时，农户对农地的投入强度也不同，产出也不同②。由此本问卷调查对不同类型、不同产权结构的农地在农业生产资料投入上的差别进行了比较研究。

本研究中所指的投入主要是，农户为了实现满足家庭消费或获得生产经营利润的目标，在农地利用中投入的劳动力和资本等生产要素。投入的劳动力主要包括自己家庭的劳动力和雇佣的劳动力，资本主要包括化肥、有机肥、农药、地膜

① ［英］约翰．穆勒：《政治经济学原理》，北京：商务印书馆1997年版，第173、175~176页。

② Li Guo, Rozelle Scott, Brandt Loren. Tenure, land rights, and farmer investment incentives in China［J］Agricultural Economics. 1998（19）: 63~71.

等。这些被视为农业发展的第二性生产要素①。对于以上投入，不同农地由于其产业和产品属性不同，加之产权结构的差异，投入种类和强度差别很明显，有必要分开讨论。

（一）水田的投入

在对数据进行分析前，需要特别说明的是，由于通海县的化肥和有机肥的使用量的单位是以货币形式计算的，所以不便纳入总体分析进行比较。此外，崇州市绝大多数样本农户都把土地入了社，因此没有化肥、有机肥、农药和地膜的使用记录。

1. 不同产权类型水田的肥料使用情况。首先是化肥。通过对问卷调查资料的分析发现，除通海县和崇州市外，其余调研点承包水田使用化肥的样本农户共有295户，占实际经营着水田有效样本农户数（326户，除通海调查点外）的90.49%，共使用化肥实物量96658公斤，户均327.65公斤，按耕地面积亩均68.06公斤。租种地使用化肥的样本农户有137户，占转入水田总户数（160户）的85.63%，共使用化肥实物量105678公斤，户均771.37公斤，按耕地面积亩均42.99公斤，详见表10－16。由此说明，农户对于租种的水田不太愿意投入更多的化肥，尤其是粮食种植，因为收益很低，投入太多化肥更降低了收益水平。

通过比较不同调研点的情况发现，澧县、湘阴县尽管承包地与租来地户均使用化肥的差距明显，但亩均差距并不显著。比如，湘阴县承包地户均化肥用量为376.86公斤，租种地户均化肥用量为906.23公斤，户均相差529.37公斤。每亩承包地的化肥量为68.06公斤，租种地为42.99公斤，二者相差仅25.07公斤。进一步分析，湘阴县承包地户均经营的面积比租种地户均经营的面积小，所以导致户均在租种地上投入的化肥量多，但亩均投入与租种地差不多，详见表10－16。

如果考察不同调研点自家承包水田和租种水田亩均化肥用量的差别，苍溪县差别最明显，每亩租种水田的化肥用量是自家承包水田的5.60倍。当然，苍溪县仅有1户农户转入了2亩水田，却使用了800公斤的化肥，这也许是很典型的个案。除此之外，澜沧县每亩租种水田的化肥用量，也比自家承包水田高出了32.36%。

---

① 杨德亮：《牧区经济发展中的文化不适及社会环境问题——青海祁连畜牧业经济可持续发展的调研报告》，《北方民族大学学报（哲学社会科学版）》2010年第3期，第33～39页。

表 10－16：不同类型、不同产权土地化肥投入状况①

单位：户、公斤、公斤/户、公斤/亩

		承包地				租种地			
		有效样本	合计	户均	亩均	有效样本	合计	户均	亩均
四川苍溪	水田	31	4065.00	131.13	71.40	1	800.00	800.00	400.00
	旱地	33	5530.00	167.58	75.20	0	－	－	－
	林地	20	1520.00	76.00	9.77	1	500.00	500.00	454.55
湖南澧县	水田	62	30557.00	492.85	61.80	53	36881.00	695.87	50.32
	旱地	42	49598.50	1180.92	256.70	25	163644.50	6545.78	378.91
湖南湘阴水田		95	35802.00	376.86	63.80	71	64342.00	906.23	52.87
青海互助旱地		98	33301.83	339.81	29.40	3	794.60	264.87	42.97
云南通海水田		102	148320.00	1454.12	736.44	54	87450.00	1619.44	1147.64
云南澜沧	水田	107	26234.00	245.18	101.60	12	3655.00	304.58	134.38
	旱地	92	33442.00	363.50	52.20	18	8180.00	426.74	101.49
	林地	3	190.00	63.33	0.34	2	10040.00	5020.00	191.24

其次是有机肥。在有机肥（含农家肥）的使用方面，农户自家承包的水田有 93 个样本农户（除通海县外）使用了有机肥，占实际经营着水田的有效样本户数（326 户）的 28.53%，共使用有机肥 182262 公斤，户均 1959.81 公斤，亩均 128.33 公斤。租种水田使用有机肥的样本农户有 16 户，占转入水田样本农户数（160 户）的 10.00%，共使用有机肥 647280 公斤，户均 40455.00 公斤，亩均 263.34 公斤。由此说明，尽管自家承包水田使用有机肥的样本农户比重高于租种水田使用有机肥的样本农户，但无论是户均用量，还是亩均用量，租种水田都比自家承包水田用量高，原因可能是规模经营户更加注重产品质量，希望通过错位发展高品质产品来获得更好回报，详见表 10－17。

进一步分析发现，湖南省的澧县不同产权的水田有机肥使用量的差距最大。在全部有效样本农户中，仅有 3 户使用了有机肥，自家承包水田的户均用量是

① 通海县化肥使用的单位是以元来进行统计的，崇州市受调查的农户没有填写相关信息。承包地亩均化肥使用量计算方式是：合计用量/实际耕种的证上面积，实际耕种的证上面积 =（证上面积－转出面积）。

40328.00公斤，亩均用量是245.10公斤，租种水田的户均用量是215000公斤，亩均用量是880.19公斤。租种水田户均用量是承包水田的5.33倍，亩均用量是3.59倍。除此之外，苍溪县和澜沧县自家承包水田的有机肥使用量要高于租种水田，尤其是苍溪县，租种水田使用有机肥的农户仅有1户，而自家承包水田使用有机肥的农户有23户。自家承包水田亩均有机肥施用量也是租种水田的16.08倍（每亩402.10公斤对每亩25.00公斤）。澜沧县样本农户自家承包水田亩均有机肥施用量（145.90公斤）也是租种水田（63.97公斤）的2.28倍，详见表10-17。

表10-17：不同类型、不同产权土地有机肥投入状况①

单位：户、公斤、公斤/户、公斤/亩

		承包地				租种地			
		有效样本	合计	户均	亩均	有效样本	合计	户均	亩均
四川苍溪	水田	23	22880.00	994.78	402.10	1	50.00	50.00	25.00
	旱地	32	20200.00	631.25	274.80	0	-	-	-
	林地	12	13140.00	1095.00	84.40	1	100.00	100.00	9091
湖南澧县	水田	3	121147.00	40382.00	245.10	3	645000.00	215000.00	880.19
	旱地	10	11306.00	1130.60	58.50	11	116155.00	10559.00	268.95
湖南湘阴水田		9	560.00	128.89	1.00	5	490.00	218.00	0.40
青海互助旱地		44	851304.00	19347.82	751.70	3	43800.00	14600.00	2368.85
云南澜沧	水田	58	37675.00	649.57	145.90	7	1740.00	248.57	63.97
	旱地	47	40655.00	865.00	63.40	2	80.00	40.00	0.99
	林地	0	-	-	-	1	100.00	100.00	1.90

再次来看化肥和有机肥使用量的比较。从自家承包水田来看，使用化肥的样本农户有295户，占拥有水田承包经营权有效样本农户数（482户，除通海县外）的61.20%，使用有机肥的样本农户有93户，占拥有水田承包经营权有效样本农户数（482户，除通海县外）的19.29%。这说明同样的土地产权，使用

① 通海县没有进行有机肥使用情况的调查，绝大多数农户没有使用是主要原因。崇州市受调查的农户没有填写相关的信息。湘阴县所调查的农户没有填写旱地的相关信息。承包地亩均有机肥使用量的计算方式是：合计用量/实际耕种的证上面积，实际耕种的证上面积=（证上面积-转出面积）。

化肥的样本农户的比率要高于使用有机肥有效样本农户的比例，换句话说，化肥的普及率更高。从用量来看，每亩自家承包水田的化肥用量是68.06公斤，有机肥的用量是128.30公斤。说明每亩地有机肥投入量高于化肥，当然，因为肥效不同，两者没有太多可比性。这是否可以得出初步结论，一亩水田要投入更多的有机肥才能获得与化肥相同的效果？也就是说，化肥的短时肥力要比有机肥高得多，所以要达到投入化肥生产农产品的效果，必须投入更多的有机肥。总体上讲，租种水田有机肥的使用量比自家承包水田要高，但各个点的差别较大。

2. 不同产权类型水田农药的使用情况比较。分析发现，自家承包水田使用农药的样本农户有328户，占实际经营着水田的农户数（426户，含通海县）的77.00%。使用农药的总费用是666089元，户均2030.76元，亩均418.52元。租种水田使用农药的样本农户有180户，占转入水田有效样本农户数（231户）的77.92%，使用农药的总费用为381643元，户均2120.24元，亩均149.74元。这表明，农户对租种水田使用农药的比例更高，但单位面积的农药开支更少，每亩自家承包水田的农药费用比租种水田的高出了179.50%，这一方面可以解释为亩均自家承包水田的农药用量多，也可以解释为农户在自家承包水田上愿意投入品质更高、价格更贵的农药，详见表10－18。

表10－18：不同类型、不同产权土地农药投入状况①

单位：户、元、元/户、元/亩

		承包地				租种地			
		有效样本	合计	户均	亩均	有效样本	合计	户均	亩均
四川苍溪	水田	18	6090.00	338.33	107.03	1	1280.00		
	旱地	17	3610.00	212.35	49.10	0	-	-	-
	林地	8	1690.00	211.25	10.86	2	510.00	1280.00	255.00
湖南澧县	水田	60	32363.00	539.38	65.50	46	54994.00	1195.52	75.05
	旱地	35	39545.00	1129.86	204.70	23	168270.40	7316.10	389.62
湖南湘阴水田		89	36052.00	405.08	64.30	67	73905.00	1103.05	60.73

① 崇州市的受调查农户没有填写相关信息，湘阴县所调查的农户没有填写旱地的相关信息。承包地亩均使用量计算方式是：合计用量/实际耕种的证上面积，实际耕种的证上面积＝（证上面积－转出面积）。

青海互助旱地		96	72874.10	759.11	64.40	3	1719.60	573.20	93.00
云南通海水田		86	562800.00	6544.19	3286.40	54	247700.00	4587.04	2729.48
云南澜沧	水田	75	28784.00	383.79	111.50	12	3764.00	313.67	138.38
	旱地	50	24263.00	485.26	37.90	13	4870.00	374.62	60.43
	林地	2	420.00	210.00	0.76	0	–	–	–

3．不同产权类型水田的地膜使用情况比较。除通海县外，使用地膜的样本农户共有46户，占实际经营水田的有效样本农户数（426户）的10.80%。使用地膜费用3495元，户均75.98元，亩均2.78元。租种水田有11个样本农户使用了地膜，占转入水田总户数（160户，除通海县外）的6.88%，使用地膜费用39817元，户均3619.73元，亩均16.22元。这表明，农户更愿意在租种水田上投入更多的地膜费用，比如湖南省的澧县，所有自家承包的水田都没有使用地膜，而租种的700余亩水田却投入了37555元的地膜费，折合每亩51.25元，原因是租种水田的大户或企业普遍都在租种地上建设了大棚，详见表10–19。

表10–19：不同类型、不同产权土地地膜投入状况①

单位：户、元、元/户、元/亩

		承包地				租种地			
		有效样本	合计	户均	亩均	有效样本	合计	户均	亩均
四川苍溪	水田	5	500.00	100.00	8.80	1	400.00	400.00	200.00
	旱地	32	4432.00	138.50	60.30	0	–	–	–
	林地	1	100.00	100.00	0.64	0	–	–	–
湖南澧县	水田	0	–	–	–	2	37555.00	18777.50	51.25
	旱地	12	21040.00	1753.30	108.90	12	156587.00	13215.58	362.57
湖南湘阴水田		5	600.00	192.00	1.07	5	1540.00	528.00	1.27
青海互助旱地		7	3599.04	514.15	3.18	2	471.24	235.62	25.49
云南澜沧	水田	36	2395.00	66.53	9.30	3	322.00	107.33	11.84
	旱地	8	774.00	96.75	1.20	0	–	–	–

① 崇州市受调查农户没有填写相关信息，湘阴县所调查的农户没有填写旱地的相关信息。承包地农药亩均费用计算方式是：合计费用/实际耕种的证上面积，实际耕种的证上面积 =（证上面积 – 转出面积）。

（二）旱地的投入

1. 不同产权类型旱地肥料的使用情况。首先分析化肥投入。问卷调查结果显示，自家承包旱地使用了化肥的样本农户共有 265 户，占拥有旱地承包经营权总户数（357 户）的 74.23%，共施用化肥 121872.33 公斤，户均 459.90 公斤，亩均 59.04 公斤。租种旱地使用化肥的样本农户有 47 户，占转入旱地户数（48 户）的 97.92%，共施用化肥 172619.1 公斤，户均 3672.75 公斤，亩均 325.10 公斤。由此可见，租种旱地样本农户户均化肥投入量是自家承包旱地样本农户的 7.99 倍，每亩租种旱地化肥使用量是自家承包旱地化肥使用量的 5.51 倍。这说明农户对租种旱地投入的化肥更多，其中澧县最高，每亩租种旱地的化肥施用量是 378.91 公斤，比自家承包的旱地高出了 47.61%。实地调查发现，澧县有 26 个样本农户流转了 431.88 亩旱地种植葡萄。与一般的旱地作物不同，一般葡萄适合种植在砂质土壤里，种植期间每年需追施 10—15 次的叶面肥，因此需要施用更多化肥，详见表 10 - 16。

其次看有机肥。分析结果显示，有 133 个样本农户在自家承包的旱地上使用了有机肥，占拥有旱地承包经营权户数（357 户）的 37.25%，共施用有机肥 923465 公斤，户均 6943.35 公斤，亩均 447.33 公斤。租种旱地使用有机肥的样本农户有 16 户，占转入旱地户数（48 户）的 33.33%，共使用有机肥 160035 公斤，户均 10002.19 公斤，亩均 301.40 公斤，比自家承包旱地每亩有机肥的施用量低了 32.62%，详见表 10 - 17。

随后看化肥和有机肥使用情况的差别。从自家承包旱地来看，使用化肥的样本农户有 265 户，占拥有旱地承包经营权总户数（357 户）的 74.23%，使用有机肥的样本农户有 133 户，占拥有旱地承包经营权总户数（357）的 37.25%。这说明同样的土地产权，使用化肥的农户比率要高于使用有机肥的农户比例，即化肥的普及率更高。从用量来看，每亩承包旱地的化肥用量是 59.04 公斤，有机肥是 447.34 公斤，每亩自家承包旱地的有机肥用量是化肥施用量的 7.58 倍，详见表 10 - 16 和表 10 - 17。

比较租种旱地化肥和有机肥的使用情况发现，租种旱地使用化肥农户的比例明显高于使用有机肥农户的比例，前者为 97.92%，后者仅为 33.33%。且每亩租种旱地的化肥使用量要比有机肥施用量还高，前者每亩 325.13 公斤，后者每亩 301.43 公斤，详见表 10 - 16 和表 10 - 17。

2. 不同产权类型旱地农药的使用情况。自家承包旱地使用了农药的样本农户有198户，占拥有承包经营权农户数（357户）的55.46%，使用农药费用为140292.10元，户均708.55元，亩均67.96元。租种旱地使用了农药的样本农户有39户，占转入旱地农户数（48户）的81.25%，农药使用总费用为174860元，户均4483.59元，亩均329.32元。由此可见，样本农户对租种旱地使用农药的比例更高，高出了36.79个百分点，且户均费用是自家承包旱地的6.33倍，亩均费用是自家承包旱地的4.82倍，详见表10－18。

3. 不同产权类型旱地的地膜使用情况。分析结果显示，自家承包旱地使用了地膜的样本农户为59户，占拥有旱地承包经营权农户数（357户）的16.53%，使用地膜总费用为29845.04元，户均505.85元，亩均14.53元。租种旱地的样本农户有14户使用了地膜，占转入旱地农户数（48户）的29.17%，其中澜沧县没有使用地膜的农户。这14个样本农户使用地膜的总费用为157058.24元，户均11218.45元，亩均295.78元。这表明，农户更愿意在租种旱地上投入更多地膜费用，比如澧县的26个转入了旱地的样本农户中，有12户使用了地膜，占46.15%。在转入的431.88亩旱地上使用地膜的费用高达156587元，折合每亩362.57元，将近是自家承包旱地地膜使用费用的3.33倍，详见表10－19。

（三）林地的投入

1. 不同产权林地肥料的使用情况。首先看化肥。在4个省8个县（市）调查点中，仅有云南省的澜沧县和四川省的苍溪县有林地，自家承包林地施用化肥的样本农户共有23户，占拥有林地承包经营权农户数（181户）的12.71%，共使用化肥1710公斤，户均74.35公斤，亩均仅2.41公斤。租用林地使用化肥的样本农户仅有3户，占转入林地户数（10户）的30.00%，共使用化肥10540公斤，户均3513.33公斤，亩均12.52公斤。初步结论是，样本农户对于租用林地更愿意投入更多的化肥，户均投入量是自家承包林地的47.25倍，亩均也是自家承包林地的5.20倍。导致如此显著差距的重要原因在于澜沧县有林地承包经营权的102个样本农户中，仅有3户对林地有使用化肥的记录，有97.06%的样本农户没有对承包林地使用化肥，而转入林地承包经营权的8个样本农户中，也仅有2个农户使用了化肥。对比来看，自家承包的林地使用化肥的平均值，也远低于租用林地的施用化肥平均值，详见表10－16。

其次看有机肥。问卷调查结果显示，只有12个样本农户使用了有机肥（农家肥），占拥有林地承包经营权农户数（181户）的6.63%，且仅使用了1314公斤，户均109.50公斤，亩均仅为1.89公斤，其中澜沧县的样本农户没有在自家承包的林地上使用有机肥，租用林地使用有机肥的样本农户也仅有2户，占转入了林地承包经营权农户数（10户）的20.00%，共使用有机肥200公斤，户均100.00公斤，亩均仅3.68公斤。由此看出，在有机肥的使用上，租用林地比自家承包林地的投入均值更高些，详见表10－17。

最后看化肥和有机肥使用量的比较。从自家承包林地来看，使用化肥的样本农户有23户，占拥有林地承包经营权农户数（181户）的12.71%，使用有机肥的样本农户有12户，占拥有林地承包经营权农户数（181）的6.63%。说明同样的林地产权，使用化肥的农户比率要高于使用有机肥的农户比例，即林地的化肥普及率更高。从用量来看，每亩自家承包林地的化肥用量是2.41公斤，有机肥是1.89公斤，绝对量的差别不是很大，且对林地的作用有限。比较租用林地的化肥和有机肥使用情况发现，使用化肥的农户比例明显高于使用有机肥的农户比例，且每亩租用林地的化肥使用量（12.52公斤）是有机肥使用量（3.68公斤）的3.40倍。

2. 不同产权类型林地的农药使用情况。问卷分析结果显示，自家承包林地使用了农药的样本农户有10户，占拥有林地承包经营权农户数（181户）的5.52%，使用农药的总费用是2110元，户均211.00元，亩均2.97元。租用林地使用了农药的样本农户只有2户，占转入林地承包经营权农户数（10户）的20.00%，使用农药总费用为510元，户均255.00元，亩均9.50元。这说明样本农户对租用林地使用农药的比例更高些，且户均使用农药的费用比自家承包林地的农户高出了20.85%，每亩租用林地的农药费用是自家承包林地的3倍多。由此可见，样本农户在租用林地上投入的农药比自家承包林地更多些。

3. 不同产权类型林地地膜的使用情况。在地膜的使用上，澜沧县的样本农户无论是在自家承包的林地上还是租用的林地上都不使用。苍溪县仅有1户农户在自家承包的林地上使用了地膜，总的开支也只有100元，平均到每亩林地上只有0.64元，可以忽略不计。

（四）草地的投入

在4个省8个县（市）的调查点中，仅有祁连县有草地，但当地农户没有在草地上投入农药、化肥的习惯，因为绝大多数草地是天然草场，草地所需的肥料主要依靠放牧时牛羊的粪便。尽管鼠害很严重，但单个牧户也不愿意投入灭鼠药，因为单个牧户这样做的效果很差，灭鼠需要集体行动。因此他们更盼望政府能够承担起这个责任。

（五）初步结论及分析

1. 样本农户对租用农地的总体投入要比自家承包农地多。其中水田的户均投入差别最大，租用农地是自家承包农地的10倍以上。但在每亩农地的投入上，租种的旱地与自家承包的旱地差别最大，前者是后者的3倍多。而比较不同产权类型的农地，农户所使用的不同生产资料比例，无论是化肥、有机肥、农药、还是地膜，租用农地样本农户的比例要高于自家承包农地农户的比例，详见表10-20。

表10-20：不同类型、不同产权农地的投入情况比较

土地类型及产权		承包地			租来地		
	投入种类	使用比例	户均	亩均	使用比例	户均	亩均
水田	化肥	61.20	327.65	68.06	85.00	771.37	52.12
	有机肥	19.30	1959.80	128.30	10.00	40455.00	263.30
	农药	56.40	2030.76	418.50	77.90	2120.00	129.70
	地膜	9.50	76.00	2.78	6.90	3619.730	16.20
旱地	化肥	74.20	459.90	59.04	98.00	3672.70	325.13
	有机肥	37.30	6943.30	447.30	33.30	10002.20	301.40
	农药	55.50	708.50	68.30	81.30	4483.60	329.30
	地膜	16.50	505.80	14.50	2.00	11218.40	295.80
林地	化肥	12.70	74.30	2.40	30.00	3513.30	12.50
	有机肥	6.60	109.50	1.90	20.00	100.00	3.70
	农药	5.50	211.00	2.97	20.00	255.00	9.50

在农药的使用上，租用农地使用农药比例比自家承包农地高出20.59%。样本农户在租用农地上使用化肥的比例是71.01%，而在自家承包农地上使用化肥的比例只是49.42%；样本农户在租用农地上使用有机肥的比例和在自家承包农地上使用有机肥的比例相同，均为21.00%。通过比较还发现，样本农户有机肥的总体使用量要高于化肥的使用量。但是，样本农户认为使用有机肥对农产品的价格没有太多的影响，只有18.61%的样本农户认为有影响，还有62.89%的样

本农户认为，绝大多数农作物都需要使用化肥，因为化肥的肥力强，肥效时间长，相同重量的有机肥和化肥对同一地块、同一作物，施化肥的作物其长势、品相要比有机肥好，因此，如果要达到施化肥的产量和品相，需要使用更多的有机肥，这也是有机肥使用量高于化肥的主要原因。事实上，还有57.67%的样本农户认为政府对于使用有机肥的农户并无特别的政策支持，有33.03%的样本农户不知道和没有听说过政府是否对使用有机肥有政策支持，仅有9.30%的样本农户知道政府对使用有机肥有政策支持，这部分农户认为最主要的政策支持是给予补贴（35.11%）、项目优先（31.24%）和科技培训（33.65%）。

2. 不同产权和不同类型农地所投入的生产资料也有差别。在化肥使用方面，自家承包旱地的户均使用量 > 自家承包水田的户均使用量 > 自家承包林地的户均使用量；但租种水田的户均使用量 > 租种旱地的户均使用量 > 租用林地的户均使用量。也就是说，自家承包农地中旱地的户均化肥投入量最多，而在租种农地中，水田的户均化肥使用量最多。在有机肥使用方面，自家承包旱地的户均使用量 > 自家承包水田的户均使用量 > 自家承包林地的户均使用量；但租种水田的户均使用量 > 租种旱地的户均使用量 > 租用林地的户均使用量。也就是说，自家承包农地中，旱地的户均投入量最多，而在租种农地中，水田的户均使用量最多。在农药的使用上，自家承包水田的户均使用费用 > 自家承包旱地的户均使用费用 > 自家承包林地的户均使用费用；但租种旱地的户均使用费用 > 租种水田的户均使用费用 > 租用林地的户均使用费用，即在自家承包地中，水田的户均投入最多，而在租用农地中，旱地的户均投入最多。在地膜使用方面，无论是自家承包土地，还是租种土地，旱地的户均使用费用均大于水田的户均使用费用。

3. 农户对不同产权类型农地投入差异性的主观认识存在差别。总体而言，样本农户对租种农地的生产资料投入要高于自家承包土地。但是，有超过70%（73.41%）的受访者认为，不论是自家承包的土地，还是租种的土地，化肥、有机肥、农药和劳动力等方面的投入没有差别。认为有差别的样本农户仅有11.12%。这些样本农户认为，导致自家承包土地与租种土地在使用化肥上有差别的主要因素，一是由于土质不同，有66个样本农户，占有效样本的71.74%，二是地块距离家庭的远近不同，有12个样本农户，占13.04%，三是其他原因，有14个样本，占15.22%，详见表10－21。

表 10-21：家庭内不同产权类型土地的化肥、有机肥、农药和劳动力使用差别比较

	有差别		无差别		说不清楚	
	有效样本	有效百分比	有效样本	有效百分比	有效样本	有效百分比
化肥	92	15.08	398	65.25	120	19.67
有机肥	4	0.90	369	83.11	71	15.99
农药	48	10.23	364	77.61	57	12.15
劳动力	66	18.08	255	69.86	44	12.05
合计	210	11.12	1386	73.41	292	15.47

认为租种的农地与自家承包的农地在有机肥和农药使用上有差别的样本农户，并没有详细说明具体表现。由此看来，样本农户认为不同产权类型的农地对于生产资料的投入是没有显著差别的。认为自家承包农地与租种农地在劳动力投入上有差别的有 66 个样本农户，其中的 54 个农户认为每一亩租种的农地要比自家承包的农地多投入 1/3 的劳动力，有 8 个农户认为每亩租种的农地要比自家承包的农地少投入 1/3 的劳动力。造成劳动力投入存在差别的原因，一是租种的农地要多用点农药化肥，因此需要更多劳动力，有 29 个样本，占有效样本的 43.94%；二是自家承包的农地要更用心点，有 20 个样本，占有效样本的 30.30%，三是因为土质不一样，有 17 个样本，占有效样本的 25.76%。

样本农户对于村庄内不同产权类型的农地的化肥、有机肥、农药使用的差别的观点，与家庭内不同产权类型农地的生产资料的使用差别的观点基本一致，无差别同样是主流，只是有 14.61% 的样本农户陈述了“不知道”，详见表 10-22。

表 10-22：村庄内不同产权类型的土地的化肥、有机肥、农药使用差别比较

	有差别		无差别		不一定		不知道	
	有效样本	有效%	有效样本	有效%	有效样本	有效%	有效样本	有效%
化肥	84	14.63	362	63.07	35	6.10	93	16.20
有机肥	132	23.28	337	59.44	37	6.53	61	10.76
农药	63	13.10	307	63.83	28	5.82	83	17.26
合计	279	17.20	1006	62.02	100	6.17	237	14.61

4. 不同农地权限会直接影响样本农户利用农地的动机。相对于拥有农地承包经营权的样本农户而言，通过流转进行土地经营的样本农户和新型经营主体由

于权利界定不清楚，农地的产权安全性难以获得保障，基于自身利益考虑，必然会在现行政策的约束下，追求短期利润最大化，从而对农地进行掠夺式利用，如过度施用农药、化肥以提高土地的短期产出。以肥料为例，调查结果显示，在化肥和有机肥的使用上，转让了承包经营权或经营权的土地比自家承包土地单位面积使用的量要高得多。众所周知，化肥是短期投入品，对于促进作物生长以及增加产量作用极其显著，但其对土壤质地有破坏作用。而有机肥是一种有利于提高并保持土壤肥力的肥料，农地在施用有机肥后不易板结，其有效期一般为3—5年，但需要较多的资金和劳动力投入。由此可见，在面临不稳定的农地承包权或经营权时，一旦农业经营主体无法预期自己当前耕种的农地何时会被调整给别人，或者被承包集体和农户收回时，尽管他们知道长期施用有机肥有利于改善土壤的长期肥力，但因为他们在农地上的中长期投资回报不可预期，他们也会选择放弃该行为。本问卷调查结果显示，农地产权越稳定，对农地投入的长期行为越显著，相反短期行为越突出。

四、农地产权结构对农业生态环境的影响

农地产权制度安排不仅对土地、劳动等生产要素的配置效率有决定性作用，也对农业生态环境的维护和农业的可持续发展有重要影响。一般认为，明晰的农地产权制度可以提供激励，解决自然资源利用中的外部性问题。相反，农地产权制度的不稳定性和不完整性，将会导致资源的退化。①

（一）近十年来农户化肥、农药等生产资料投入的比较

本问卷调查专门设计了近十年来样本农户使用化肥、农家肥、农药的变化情况的问题。结果显示，与10年前相比，有63.88%的样本农户认为，自家承包农地的化肥使用量在增加，平均增加量为37.00%，最高的为100.00%，最低的也在10.00%以上；而只有11.99%的样本农户认为，自家承包农地的化肥使用量减少了，减少的平均水平为21.70%。对比之下，有66.61%的样本农户认为租种农地的化肥使用量增加了，平均增幅为41.20%，比自家承包农地化肥使用量的平均增幅高出了4.20个百分点；有10.73%的样本农户认为租种农地的化肥使

① 何凌云、黄季焜：《土地使用权的稳定性与肥料使用——广东省实证研究》，《中国农村观察》，2001年第5期，第42页。

用量减少了，平均减幅为20.20%，详见表10－23。

表10－23：近10年来不同产权类型的农地的化肥、农家肥等生产资料使用情况

		化肥		农家肥		农药		地膜	
		承包地	租种地	承包地	租种地	承包地	租种地	承包地	租种地
增加	有效样本	389	385	73	121	338	255	78	85
	占百分比	63.88	66.61	15.43	26.83	49.78	45.54	20.86	20.53
	平均增幅（%）	37.00	41.20	33.10	66.80	43.40	47.70	32.90	20.90
减少	有效样本	73	62	260	149	117	75	120	116
	占百分比	11.99	10.73	54.97	33.04	17.23	13.39	32.09	28.02
	平均减幅（%）	32.70	20.20	61.50	57.60	31.30	23.12	75.20	64.50
差不多	有效样本	117	76	101	131	146	141	119	158
	占百分比	19.21	13.15	21.35	29.05	21.50	25.18	31.82	38.16
不清楚	有效样本	30	55	39	50	78	89	57	55
	占百分比	4.93	9.52	8.25	11.09	11.49	15.89	15.24	13.29
合计	有效样本	609	578	473	451	679	560	374	414
	占百分比	100.01	100.01	100.00	100.01	100.00	100.00	100.01	100.00

从有机肥的使用情况来看，与10年前相比，认为自家承包农地有机肥使用量增加的样本农户仅有15.43%，且平均增幅仅为33.10%；而有54.94%的样本农户认为自家承包农地的有机肥使用量减少了，平均减幅高达61.50%。认为租种农地农家肥使用量增加的有26.83%，平均增幅为66.80%；而认为租种农地农家肥使用量减少的样本农户占了33.04%，平均减幅为57.60%。由此可见，总体来看无论是自家承包的农地，还是租种的农地，农家肥的使用量与10年前相比多数在减少，且自家承包农地的有机肥使用量减少的幅度比租种农地的减幅更大些，见表10－23。

在农药的使用方面，有49.78%的样本农户认为，近10年来自家承包农地的农药使用量在增加，平均增幅为43.40%；认为减少的样本农户为17.23%，平均减幅为31.30%。认为租种农地农药使用量增加的样本农户占45.54%，平均

增幅为47.70%；认为减少的样本农户占13.39%，平均减幅为23.12%，详见表10－23。认为造成农药、化肥使用量增加最主要的原因是没有养牲口，导致农家肥减少，病虫害增加，因此需要增加农药使用次数和使用量，持这种观点的样本农户高达456个，占有效样本的67.76%。这也是近年来农家肥使用量减少的主要原因。还有10.31%的样本农户认为，使用农家肥更加耗费体力；有10.75%的样本农户认为，已经习惯使用农药化肥了。

（二）土地板结是基本趋势

正是由于化肥农药使用量的增加和农家肥及有机肥使用量的减少，导致十壤的有机质下降。尽管没有针对调查区域样本农户农地的土壤进行过物理和化学测试，但样本农户的直观判断也为我们提供了重要参考。问卷调查分析结果显示，样本农户对于自家承包农地的基本判断是：认为“土质越来越板结了”的有346个样本，占总样本的42.04%，占743个有效样本的46.57%；认为“土质越来越松软了”的有119个样本，分别占总样本和有效样本的14.46%和16.02%；认为“土质差不多”的有167个样本，分别占总样本和有效样本的20.29%和22.48%，详见表10－24。样本农户对于租种农地的基本判断是：认为“土质越来越板结了”的有367个样本，占总样本的44.59%，占705个有效样本的52.06%；认为“土质越来越松软了”的有146个样本，分别占总样本和有效样本的17.74%和20.71%；认为“土质差不多”的有86个样本，分别占总样本和有效样本的10.45%和12.20%，详见表10－24。

表10－24：农户认为自家承包农地和租种农地的土质变化情况

	自家承包农地			租种农地		
	样本数	占总样本%	占有效样本%	样本数	占总样本%	占有效样本%
板结了	346	42.04	46.57	367	44.59	52.06
松软了	119	14.46	16.02	146	17.74	20.71
差不多	167	20.29	22.48	86	10.45	12.20
其他	83	10.09	11.17	4	0.49	0.57
说不清	28	3.40	3.77	102	12.39	14.47
无信息	80	9.72		118	14.34	
合计	823	100.00	100.01	823	100.00	100.01

从表10-24不难看出，土质越来越差是个大趋势，接近一半的有效样本农户认为土壤越来越板结了。同时，租种农地与自家承包农地相比，情况更差，认为租种农地土壤越来越板结的样本农户已经超过有效样本农户的一半，且高于自家承包农地土壤越来越板结的比例5.49个百分点。认为租种农地土壤状况差不多的有效样本占比也比自家承包农地占比低10.28个百分点，尽管认为租种农地土壤越来越松软的样本农户占有效样本的比例，比自家承包农地的相应占比高出4.69个百分点。

对于农地土质变化的原因，样本农户认为是化肥农药使用过量的高达209个样本，占558个有效样本的37.46%；认为是没有轮换耕种的有153个样本，占有效样本的27.42%；有97个样本认为是农家肥和有机肥用量增加了，从而使得土壤越来越松软了，占有效样本的17.38%；认为是自己不得已进行了土壤改良的有65个样本，占有效样本的11.65%；另外还有21个和13个样本选择了“不知道”及“其他”原因，分别占有效样本的3.76%和2.33%。样本农户不仅对自家经营的农地作出了以上判断，而且对周边农户出租出去农地的化肥农药使用情况与当地自营的承包农地化肥农药使用情况进行了对比，认为前者更多的有167个样本，占653个有效样本的25.57%；认为前者更少的只有31个样本，占有效样本的4.75%；认为差不多的高达280个样本，占有效样本的42.88%；陈述“不知道”的有175个样本，占有效样本的26.80%。认为少了的平均水平为15.56%，最多的少了50%，最少的少了10%。认为多了的平均水平为13.30%，最高的多出70%，最少的多出10%。

（三）农作物灾害多种多样

问卷调查就近些年经常遇到的灾害让样本农户做第一位、第二位和第三位的排序选择。通过对样本农户所作回答的聚合响应分析发现，目前农作物受到的主要灾害排在第一位的是洪灾，有5个县（市）的样本农户提及该类型的灾害，综合起来有23.65%的样本农户作出了该选择，其中湖南省的湘阴县和澧县分别有53.75%和50.00%的样本农户认为洪灾是其面临的最重要灾害。排在第二位的是病虫灾害，有19.76%的样本农户认为病虫灾害是其面临的主要灾害，其中崇州市和互助县分别有31.44%和33.81%的样本农户认为病虫灾害在当地较为严重。排在第三位的灾害是风灾，有14.77%的样本农户认为风灾是当地面临的主要灾害，其中苍溪县面临的风灾较为严重，有39.21%的样本农户作出了此响应，详见表10-25。

表 10－25：不同地域面临的主要农业灾害（有效样本占%）

灾害类型	通海	澜沧	崇州	苍溪	澧县	湘阴	互助	祁连	合计
没有	4.69	17.22	25.15	1.32	41.67	5.44	0.35	0.62	12.06
风灾	9.39	21.67	22.75	39.21	0.00	23.81	0.70	0.62	14.77
病虫灾害	16.43	27.22	31.14	21.59	0.00	8.16	33.81	19.75	19.76
泥石流	0.00	3.33	0.00	1.32	0.00	0.68	0.70	3.09	1.14
旱灾	0.94	6.11	1.80	36.12	0.00	6.12	35.21	4.94	11.41
霜冻	30.05	1.67	9.58	0.44	8.33	2.04	29.23	1.85	10.40
洪灾	30.05	21.11	9.58	0.00	50.00	53.75	0.00	24.69	23.65
其他	8.45	1.67	0.00	0.00	0.00	0.00	0.00	44.44	1.26
合计	100.00	100.00	100.00	100.00	100.00	100.00	100.00	100.00	100.00

比较不同区域面临的灾害发现，其面临的主要灾害也不同，这不仅与当地的地理条件和自然环境有关，也与农户所种植的作物品种和种植习惯有密切关系。比如澜沧县面临的主要灾害是病虫灾害和洪灾。当地老百姓认为，这几种灾害与大面积的桉树种植有很大关系。老百姓认为，桉树种植不仅需要消耗更多的水，而且长得太高，使周围的农作物有效光照不足，不仅颗粒不饱满，而且很容易遭受虫害。农户普遍反映当地病虫害发生的频率比过去高多了，而且受灾时间比过去长影响面也比过去严重。又比如祁连县，最主要的灾害是鼠害。有资料显示，全县有鼠害面积250多万亩，其中破坏严重的35万亩。这主要是由于草地过牧问题日趋严重，从而导致草原退化和鼠害加重。

有学者指出，造成农业生态环境被破坏的诸多原因中，农地产权制度模糊不清、残缺不全是主要的诱因（曲福田，2000①；俞海、黄季焜，2003②；周淑清，

① 曲福田：《土地产权安排与土地可持续利用》，《中国软科学》，2009年第9期。

② 俞海、黄季焜等：《地权稳定性 、土地流转与土地资源持续利用》，《经济研究》，2003年第9期。

2009[①]；魏欣，2012[②])。由于家庭承包制下农地产权的相对不明确和现实中经常出现的重新划分，承包经营权不稳定，农民对农地难以形成长期使用的预期，他们因此不愿意对农地进行长期性投资。代之以使用能够在短期内发挥最大作用的投入品，尽可能地攫取农地肥力以换取可见的经济利益，如过度增施农药、化肥，以提高农地的短期产出，不考虑因此造成的土壤板结、农产品污染及土地肥力下降等负面影响。在耕地利用上重产出、轻投入，重用地、轻养地，对土地的掠夺式经营行为普遍存在，影响了土地的可持续利用和农业的可持续性发展。

此外，农地承包经营权不稳定，无法克服农户的外部性行为，农户很少也很难关心自己一家一户农地耕种所产生的环境问题，如使用化肥、农药、农膜可能产生的土地肥力下降。农户实施的任何经营行为都是在进行成本—收益的权衡，只要购买化肥或农药的支出小于其所带来的粮食和农产品增产增加的收益，农民就会不断增加使用量。至于造成的污染，由于农村环境的“公共物品”属性，对农户而言具有外部性，不在他们行为合理化考虑之列。因此，通过完善农地产权制度，明确农地产权主体，稳定农地承包经营权，增加农户对农地进行长期投入的预期，遏制农地利用的短期行为，完善农地流转制度，避免农地零碎化，将有利于保护农村的生态环境，推动农业的可持续发展。

五、女性样本农户的视角

社会性别一直是分析经济社会变迁的重要视角。本次问卷调查涉及的女性样本仅有249户，占30.26%。主要原因一是因为部分调查点参与问卷的女性本身就少，或者年龄偏大，无法正常开展问卷调查，尤其是四川省的苍溪县和湖南省两个调查点的样本农户；二是妇女本身受教育程度偏低，特别是一些少数民族妇女，如祁连调查点的藏族、澜沧调查点的拉祜族等不易进行沟通；三是调查时间段多数妇女或者需要照顾家里，或者需要下地劳作。这也是8个调查点女性样本占比差别较大的主要原因，详见表10－1。249个女性样本的平均年龄为48.74

① 周淑清、崔广平：《论土地产权制度改革与生态环境保护》，《当代法学》，2009年第2期。

② 魏欣、李世平等：《基于土地产权制度视角的农户农业面源污染行为分析》，《农村经济》，2012年第5期。

岁，比全部样本的平均年龄小了2.56岁，说明妇女留守农村较多，其中年龄最长的81岁，最小的20岁。这249个女性受访者的教育程度也主要集中在小学和初中，且比例明显比全部样本高，未受过教育的占9.64%，比全部样本低了0.93个百分点；受过小学教育的占47.39%，比全部样本的39.37%高出了8.02个百分点；受过初中教育的占34.14%，比全部样本低了6.08个百分点；受过高中及以上教育的占8.83%，比全部样本低了1.02个百分点。受访女性有88.76%的人主要从事农业，与全部样本的差别不大（89.19%，即男性为89.37%）。女性样本农户的家庭人口规模和人口结构与总体样本差别不大，不做详细讨论。

女性样本农户分到水田的有200户，总面积为578.63亩，户均2.89亩，比分到水田的有效样本农户户均面积3.99亩低了1.10亩，主要原因是户均分到水田较多的澧县、湘阴县女性样本偏少。实际经营着水田的女性样本农户为203户，占实际经营着水田的全部样本的47.65%，显然女性管家的家庭经营水田比例高于全部样本的平均水平，面积为452.77亩，户均2.23亩，但这也比男性样本家庭平均水平的16.54亩小得多。男性样本农户户均实际经营面积大的主要原因是，大户经营的户主都是男性。分到旱地的样本农户有108户，面积为749.91亩，户均6.94亩，比全部样本平均低了1.64亩，原因还是户均拥有旱地面积较多的湘阴、互助、澜沧的女性样本占比较低。实际还在经营着旱地的女性样本农户为105户，占全部还在经营着旱地的有效样本的35.12%，总面积为671.14亩，户均6.39亩，也比全部有效样本户均实际经营旱地面积低了2.29亩，更比男性样本农户户均9.92亩低了3.53亩，详见表10－26。

表 10-26：经营耕地样本农户的性别视角差异

			合计	男性		女性	
				数量	百分比	数量	百分比
水田	证上面积	有效样本（户）	582	382	65.64	200	34.36
		面积（亩）	2323.09	1744.46	75.09	578.63	24.91
		户均（亩）	3.99	4.57	114.54	2.89	72.43
	实际经营面积	有效样本（户）	426	223	52.35	203	47.65
		面积（亩）	4140.22	3714.45	89.72	452.77	10.94
		户均（亩）	9.72	16.66	171.40	2.10	21.60
	转出面积	有效样本（户）	222	54	24.32	168	75.68
		面积（亩）	731.55	488.15	66.73	243.40	33.27
		户均（亩）	3.30	9.04	273.94	1.45	43.94
	转入面积	有效样本（户）	231	69	29.87	162	70.13
		面积（亩）	2548.68	2431.14	95.39	117.54	4.61
		户均（亩）	11.03	35.23	319.40	0.73	6.62
旱地	证上面积	有效样本（户）	357	249	69.75	108	30.25
		面积（亩）	3064.07	2314.16	75.53	749.91	24.47
		户均（亩）	8.58	9.29	108.28	6.94	80.89
	实际经营面积	有效样本（户）	299	194	64.88	105	35.12
		面积（亩）	2595.35	1924.21	74.14	671.14	25.86
		户均（亩）	8.68	9.92	114.29	6.39	73.62
	转出面积	有效样本（户）	162	77	47.53	85	52.47
		面积（亩）	999.69	757.82	75.81	241.87	24.19
		户均（亩）	6.17	9.84	159.48	2.85	46.19
	转入面积	有效样本（户）	48	17	35.42	31	64.58
		面积（亩）	530.97	367.87	69.28	163.10	30.72
		户均（亩）	11.06	21.64	195.66	5.26	47.69

仔细分析还可以发现，女性样本农户尽管务农的比例与全部样本差距不大，但户均实际经营水田和旱地的面积都比男性样本农户低，分别只有 2.10 亩和

6.39 亩，只是男性样本农户户均水平的 12.61% 和 64.42%。更明显的是，不论是户均转入或转出的水田和旱地面积都较低。户均转出的水田为 1.45 亩，是男性样本农户户均的 16.04%；旱地 2.85 亩，也只是男性样本农户户均的 28.96%。而转入的面积更有限，户均转入的水田面积只有 0.73 亩，仅为男性样本农户户均的 2.07%；户均转入旱地 5.26 亩，是男性样本农户户均的 24.31%。这意味着女性样本农户经营农地可能主要是为了自己家庭消费的需要。249 个女性样本农户中分到林地的有 66 户，面积为 299.90 亩，户均 4.54 亩，最多的为 20 亩，最少的只有 0.20 亩。实际经营林地的有 67 户，面积为 306.20 亩，户均 4.57 亩。户均面积与全部样本农户的情况相近。有 28 户转出了林地，面积为 15.00 亩；有 29 户转入了林地，面积为 21.80 亩。祁连调查点的样本牧户中，有 5 个女性样本户，拥有草场面积为 9121.10 亩，户均 1824.22 亩，没有转出，也没有转入，但户均面积比全部样本户少了 1000 多亩。

女性样本农户的收入来源同样主要靠农业收入、打工收入和补贴收入，但经营农地的收入占比达到了 42.45%，比全部有效样本农户的平均水平（37.75%）高出了 4.70 个百分点，比 560 个有效男性样本农户平均水平的 35.74% 高出了 6.71 个百分点。打工收入占比为 29.26%，比全部有效样本农户的平均水平（32.35%）低了 3.09 个百分点，比 560 个有效男性样本农户平均水平的 33.67% 低了 4.41 个百分点，原因是女性样本农户户均外出打工的人数，比全部样本的平均水平低了 0.13 个（即 11.93 个百分点），比 574 个男性样本农户的平均水平低了 0.19 个（16.52 个百分点）。补贴收入占比为 6.03%，比全部有效样本农户平均水平的 7.58% 低了 1.55 个百分点，比 560 个有效男性样本农户的平均水平（8.24%）低了 2.21 个百分点，主要原因是补贴收入占比较高的祁连县只有 5 个女性样本，详见表 10－27。

表 10－27：样本农户收入构成差别的性别视角

收入来源	农地收入	养殖收入	打工收入	经商收入	补贴收入	工资收入	其他收入
全部样本	37.75	14.41	32.35	2.42	7.58	2.18	3.33
男性样本	35.74	15.34	33.67	2.10	8.24	2.10	2.81
女性样本	42.45	12.24	29.26	3.18	6.03	2.37	4.47
男女比	1:1.19	1:0.80	1:0.87	1:1.51	1:0.73	1:1.13	1:1.59

从样本农户对自家在村里生活水平的评价结果来看，男性样本和女性样本之间差别也不是很大。除认为是上等的 5 个样本都是男性外，其余只是略有差别。认为自家是中上等的男性样本比女性样本低出了 1.25 个百分点，认为自家是下等的男性样本比女性样本高出了 0.81 个百分点，而认为自家是中下等的女性样本比男性样本高出了 1.45 个百分点，详见表 10－28。

表 10－28：样本农户认为自家在村里生活水平评价的性别差异

	全部样本		男性样本		女性样本	
	有效样本	占百分比	有效样本	占百分比	有效样本	占百分比
上 等	5	0.62	5	0.88	0	0.00
中上等	69	8.52	46	8.14	23	9.39
中 等	452	55.80	317	56.11	135	55.10
中下等	210	25.93	144	25.49	66	26.94
下 等	74	9.14	53	9.38	21	8.57
合 计	810	100.01	565	100.00	245	100.00

分析发现，男女性样本农户在自家经营农地和租种农地上的主要生产要素投入上有明显差别。从水田来说，男性样本农户在化肥和农药投入上明显高于女性样本农户，而在有机肥和农家肥的使用上却显著低于女性样本农户，且自家承包农地与租种农地上有明显差别。男性样本农户自家承包水田每亩的化肥使用量为 71.06 公斤，比女性样本农户平均水平的 60.73 公斤高出了 17.01 个百分点，且比租种农地高了 63.96%；而女性样本农户也高出了 67.95%，主要原因是多数样本农户水田生产的农产品主要供自家消费，为了维持必要的产量，需要使用化肥，租种农地之所以比自家承包农地低，主要是化肥成本较高，农户不愿意投入太多，详见表 10－29。男性样本农户在自家承包和租种水田上都开支了较多的农药费用，显著高于女性样本，可能的解释是男性样本农户不愿意投入更多劳动力，而女性样本农户除了能够投入更多劳动力外，还可能更加考虑食品安全。男性样本农户在自家承包水田上的农药开支每亩高达 514.86 元，是租种水田的 3.36 倍，是女性样本农户在自家承包水田上农药费用平均支出的 8.96 倍，而女性样本农户自家承包水田上的农药开支只比租种水田高了 22.26%，详见表 10－

29。男性样本农户在自家承包水田上投入的农家肥和有机肥平均为136.19公斤，比女性样本农户高出了3.09倍，但比租种水田低了90.21%，而女性样本农户自家水田的农家肥和有机肥使用量只是租种水田使用量的37.06%。可能的解释是女性样本农户从事农业生产的劳动力年龄偏高，家庭劳动力无法支持运输和大量使用农家肥和有机肥。

表10－29：样本农户在自家承包和租种耕地上投入主要生产要素的差别

		全部样本		男性样本		女性样本	
		自家承包	租种	自家承包	租种	自家承包	租种
水田	化 肥	68.06	42.99	71.06	43.34	60.73	36.16
	农家肥	128.33	263.34	136.19	259.05	33.29	89.83
	农 药	418.52	149.74	514.86	153.02	57.46	47.00
旱地	化 肥	59.04	325.10	59.14	412.17	58.72	128.72
	农家肥	447.33	301.40	584.25	419.14	27.89	35.84
	农 药	67.96	329.32	71.54	431.69	56.98	98.43

相比之下，男女性样本农户在旱地上的投入却呈现出耐人寻味的差别。普遍来看，男女样本农户在租种旱地上投入的化肥农药都比自家承包旱地上高了许多，但男性样本农户明显比女性样本农户高得多。从化肥投入和农药开支来看，男性样本农户在自家承包旱地上明显低于租种旱地，每亩自家承包的旱地的化肥使用量仅为59.04公斤，只是租种旱地的14.35%；对比之下，女性样本农户在自家承包旱地上的化肥使用量与男性差别不大，只低了不到1个百分点（0.73），在租种旱地上的化肥使用量比自家的高出了1.19倍，但只相当于男性样本农户在租种旱地上使用量的31.23%，详见表10－29。农药开支的情况类似，男性样本农户在自家承包旱地上的农药开支为每亩71.54元，只是租种旱地平均水平（431.69元/亩）的16.57%。对比之下，女性样本农户在自家承包和租种旱地上的农药开支都低于男性样本农户，在自家承包旱地上的开支为每亩56.98元，比男性样本低了20.35%；在租种旱地上的开支也只是98.43元，尽管比自家承包旱地高出了72.74%，但也只相当于男性样本农户在租种旱地上平均开支的22.80%，详见表10－29。

相比之下，男性样本农户在旱地上投入的农家肥和有机肥不仅高于水田，而且远高于女性样本农户。在自家承包旱地上，每亩使用的农家肥和有机肥达到了584.25公斤，比自家水田上高出了3.29倍，比租种旱地高出了39.39%，但比女性样本农户自家承包旱地农家肥和有机肥平均使用量高出了19.95倍。女性样本农户在自家承包和租种旱地上使用了较少的农家肥和有机肥的主要原因是，尽管其旱地生产的农产品也主要是自己消费，但由于劳动力偏弱等原因，很难使用较多农家肥和有机肥。而男性样本农户之所以在旱地上投入了较多农家肥和有机肥，最主要原因是为了产品能够获得更好收益，尤其是苍溪的红心猕猴桃和澧县的葡萄及苹果柚种植样本农户。

由于女性样本农户在耕地上投入了相对较少的化肥和农药，因此她们认为土壤越来越板结的比例较男性样本农户少，而认为越来越松软的占比较男性样本农户高。认为自家耕地越来越板结的女性样本农户占有效样本的44.74%，比男性样本农户低了2.64个百分点，但没有改变农地越来越板结的基本事实；而认为租种农地越来越板结的女性样本农户占47.12%，比自家承包的高出了2.38个百分点，但比男性样本农户低了6.86个百分点。认为自家承包耕地越来越松软的女性样本农户占24.56%，比男性样本农户高出了12.33个百分点。同样，女性样本农户有28.80%的认为租种耕地也越来越松软了，比男性样本农户高出了11.10个百分点，详见表10-30。之所以有较高比例的女性样本农户认为耕地越来越松软，主要原因是化肥农药投入量低。在209个有效样本中，只有40个女性样本农户认为耕地质量下降是因为化肥农药投入多了，占有效样本的22.73%，而男性样本的占比高达44.24%。而认为农家肥使用量越来越少的主要原因，男女样本都认为主要是没有牲口，男性样本占其有效样本的68.39%，女性样本占其有效样本的67.12%。

表10-30：男女性样本农户认为自家承包农地和租种农地的土质变化情况的差别

		合计		男性样本		女性样本	
		样本数	占有效样本%	样本数	占有效样本%	样本数	占有效样本%
板结了	承包	346	46.57	244	47.38	102	44.74
	租种	367	52.06	90	53.89	90	47.12

松软了	承包	119	16.02	63	12.23	56	24.56
	租种	146	20.71	91	17.70	55	28.80
差不多	承包	167	22.48	119	23.11	48	21.05
	租种	86	12.20	59	11.48	27	14.14
其他	承包	83	11.17	72	13.98	11	4.82
	租种	4	0.57	2	0.39	2	1.05
说不清	承包	28	3.77	17	3.30	11	4.82
	租种	102	14.47	85	16.54	17	8.90
合计	承包	743	100.01	515	100.00	228	99.99
	租种	705	100.01	514	100.00	191	100.01

六、主要发现

1. 土地作为农业农村经济发展的第一性生产要素，本身就是生态环境的重要组成部分。土地质量的好坏，不仅对农业的可持续发展起到决定性影响，而且对农业生态系统、农业安全有着重大影响，进而对整个生态环境产生显著影响。土地质量既受制于自然因素，如地理环境、立地条件等，又受到了社会经济制度的影响，尤其是其中的产权制度。基于此，本问卷调查选择了具有代表性的几种土地类型作为调查对象，试图通过对其产权制度安排的调查研究，揭示其对土地资源利用方式的影响，以及在此基础上形成的对生态环境和土地质量的影响。

2. 在所选择的4个省8个县（市）中，湖南省的澧县和湘阴县、四川省的崇州市、云南省的通海县、以及青海省的互助县主要关注的是耕地资源，四川省的苍溪县和云南省的澜沧县主要关注的是林地资源，而青海省的祁连县主要关注的是草地资源。由于问卷调查内容的统一性，苍溪县和澜沧县也涉及到了部分耕地资源。问卷调查的内容主要包括样本农户的家庭基本情况、土地经营管理和环境变化及意识三个大的方面。样本农户的选择采取随机原则，但村庄的选择具有一定的目的性和针对性。

3. 问卷调查结果显示，样本农户的收入来源主要是农地经营收入（占37.75%）、打工收入（占32.35%）、养殖业收入（占14.41%）和各种补助（占7.58%）。农地经营收入处于第一位，最高的通海县达到了87.89%，最低的崇州市也还占到12.24%。由此说明，土地还是家庭收入的重要来源之一，且样本农户有56.48%的劳动力仍然在家务农（包括部分年龄超过60岁的老人）。劳务收入只占到第二位，尽管常年外出打工的劳动力占到了家庭劳动力的39.15%。

4. 样本农户占有农地资源总体较少，尤其是耕地资源。在样本农户中，拥有水田的只有582户，总面积为2323.09亩，户均3.99亩，人均不到1亩。户均最高的是湖南省的澧县，为7.88亩（不包括互助县4个拥有水浇地的样本农户），最低的是云南省的通海县，户均只有2.01亩。拥有旱地的样本农户有357户，面积为3064.07亩，户均8.58亩，人均约2亩。户均最高的是互助县，为13.38亩；最低的是苍溪县，为1.80亩。澜沧县和苍溪县拥有林地的样本农户为220户，面积为846.00亩，户均4.67亩，其中苍溪仅为2.17亩，澜沧除了2003年就流转给金光集团的外，户均还有6.61亩。祁连县的样本农户只拥有草地，面积为203473.32亩，户均2948.89亩。

5. 包产到户以来，随着经济社会的发展，人地关系发生了很大变化，尽管样本农户现有人口与土地承包人口的比只为1.43∶1.00，但由于土地、尤其是耕地的细碎化，大量劳动力游离土地，从而使土地产权配置发生了显著变化，土地流转带动的土地承包经营权分离为承包权和经营权。实际经营着水田的样本农户只有426户，面积为4140.22亩，比承包面积多出了78.22%，户均面积9.72亩，但县（市）之间差别较大，最少的是苍溪县，实际经营面积只相当于承包面积的30.63%，户均只有1.68亩；户均最多的是崇州市，实际经营面积是承包面积的113.78%，但户均面积高达70.21亩；流转入水田最多的是湘阴县，实际经营面积是承包面积的3.02倍。

6. 相比之下，样本农户的旱地出现了净流出的情况，实际经营着旱地的还有299个样本农户，总面积为2595.35亩，比承包面积少了15.30%，户均8.68亩，与拥有旱地的样本农户的平均规模差不多。但县（市）之间差别也较大，净流出比例最高的是湘阴县，实际经营面积只是承包面积的32.80%，但户均还有4.88亩；流转入比例最高的是澧县，实际经营面积是承包面积的2.82倍，户均实际面积12.02亩，也是有旱地的5个县中最高的；户均实际经营面积最少的是苍溪县，只有1.67亩，且实际经营面积只是承包面积的45.35%。

7. 林地和草地承包经营权的流转现象总体看不突出。拥有林地承包经营权的181个样本农户还实际经营的林地面积为763.50亩，是承包面积的90.25%，意味着只有不到10%的流转出去了，且两个点的比例差不多，苍溪县的流转率为 8.52%，澜沧县的流转率为 10.06%。祁连县 71 个样本农户中，实际经营着草地的还有 47 户（不含把草地承包经营权流转给牧民专业合作社的牧户），面积还有 164262.70 亩。实际经营着的草地面积是承包面积的 80.73%，但户均面积比承包时的户均面积高出了 12.35%。

8. 样本农户是否继续经营土地取决于多种因素：一是土地所承载产业的效益。通海县是最典型的，每亩蔬菜每年的产值可达 6 万元左右，即使户均 2 亩地，也可以获得可观的收入。二是土地的立地条件。祁连是较好的例子，地处偏远，即使可以生产有机农产品，也没有龙头企业愿意人规模流转土地。澜沧在某种程度上也是这种情况，地处山区，不便于集中连片。三是所经营的产业是否可以大规模使用机械。苍溪是最好的例子，红心猕猴桃并不十分适应机械生产，规模经营的效益凸显不出来。相反，崇州却可以通过土地集中，大面积使用机械生产，不仅增加了收益，而且降低了生产成本。互助也多多少少可以算是这种情况，通过土地托管，至少降低了劳动力的投入，进而提高种地效益。四是综合因素。湖南的两个点都属于这种情况，通过集中连片实现规模经营，或者提高规模效益，或者打造品牌，提高综合效益。

9. 随着时代的进步，农业的发展越来越偏离第一性的生产要素，土地和劳动力逐步让位于由资本所控制的第二性生产要素，尤其是化肥、农药和新的技术及新的经营管理方式。问卷调查发现，自家承包的水田使用化肥的有 295 个样本，占有效样本的 90.49%，平均每亩的使用量为 68.06 公斤；使用有机肥的只有 93 个样本，占有效样本的 28.53%，平均每亩的使用量为 128.33 公斤；使用农药的有 328 个样本，占有效样本的 77.00%，平均每亩的农药开支为 418.52 元；使用农用地膜的有 46 个样本，占有效样本的 10.80%，但每亩的费用只有 2.78 元。

10. 自家承包旱地使用化肥的有 265 个样本，占有效样本的 74.23%，平均每亩的使用量为 59.04 公斤。使用有机肥的只有 133 个样本，占有效样本的 37.25%，平均每亩的使用量为 447.33 公斤，比水田还高，主要原因是青海省互助县的农民大多还沿用传统生产技术，每亩的农家肥使用量还高达 751.70 公斤，在很大程度上提高了平均水平。使用农药的样本农户还有 198 个，占有效样本的 55.46%，平均每亩的农药开支为 67.96 元，比水田少多了。使用农用地膜的有 59 个样本，占有效样本的 16.53%，平均每亩的费用为 14.53 元，比水田高出了 4.23 倍，主要是互助县农户用于洋芋种植和澧县农户种植葡萄。

11. 不论是对自家承包的林地，还是租用的林地，使用化肥、农家肥、农药和农用地膜的农户都不是很多，占有效样本的比例也不高，单位面积的使用量也很低，不仅对环境影响不大，而且对提高农业生产率的贡献也较小。祁连县的草地多为天然牧场，牧户没有使用化肥、农药的习惯，即使鼠害很严重，大多牧户也听之任之。草地所需要的肥料主要依靠放牧牲口的粪便补充。

12. 比较而言，样本农户对租种农地的第二性生产要素投入强度就要高一些。租种水田使用了化肥的样本农户有 137 户，占有效样本的 85.63%，平均每亩的化肥使用量为 42.99 公斤，主要原因是湖南两个点租种水田的农户和新型经营主体利用社会化服务体系参与生产或回归更为传统的种植方式，单位面积的化肥投入较少；使用农家肥和有机肥的样本农户只有 16 户，仅占有效样本的 10.00%，每亩水田的平均使用量为 263.34 公斤，比自家承包的水田使用量要高些；使用农药的样本数为 180 户，占有效样本的 77.92%，平均每亩的农药开支为 149.74 元，也比自家承包土地的样本农户要低很多；有 11 个样本农户使用了农用地膜，占有效样本的 6.88%，平均每亩的费用为 16.22 元，比自家承包水田要高很多。

13. 租种旱地使用了化肥的样本农户有 47 户，占有效样本农户的 97.92%，每亩平均使用化肥 325.10 公斤，远高于租种水田单位面积化肥的使用水平，但低于自家承包旱地的单位面积使用水平；使用有机肥和农家肥的样本农户有 16 户，占有效样本的 33.33%，平均每亩使用了 301.40 公斤，比自家承包旱地每亩的使用量低了 32.62%；使用了农药的有 39 户，占有效样本的 81.25%，平均每亩的农药开支为 329.32 元，是自家承包旱地农药开支的 4.85 倍；使用了农用地膜的有 14 户，占有效样本的 29.17%，平均每亩的农用地膜开支为 295.78 元，是自家承包旱地农户的 20.36 倍，主要原因是部分农户和企业建盖了大棚。

14. 总体而言，样本农户对租用土地每亩的投入和对自家承包土地的投入根据品类和数量看各有差异。化肥使用的特点是租种旱地（325.10 公斤）> 自家承包水田（68.06 公斤）> 自家承包旱地（59.04 公斤）> 租种水田（42.99 公斤）> 租用林地（12.50 公斤）> 自家承包林地（2.40 公斤）；农家肥和有机肥是自家承包旱地（447.33 公斤）> 租种旱地（301.40 公斤）> 租种水田（263.34 公斤）> 自家承包水田（128.33 公斤）> 租用林地（3.70 公斤）> 自家承包林地（1.90 公斤）；农药开支是自家承包水田（418.52 元）> 租种旱地（329.32 元）> 租种水田（149.74 元）> 自家承包旱地（67.96 元）> 租用林地

(9.50元)>自家承包林地(2.97元);农用地膜的开支是租种旱地(295.80元)>租种水田(16.20元)>自家承包旱地(14.50元)>自家承包水田(2.78元)。

15. 值得注意的是,有73.41%的样本农户认为,不论是自家承包的农地,还是租种的农地,化肥、有机肥、农药、农用地膜等生产资料和劳动力的投入没有太大差别。认为有差别的样本农户仅有11.12%。这些样本农户认为,导致自家承包农地与租种农地在使用化肥上有差别的主要因素,一是由于土质不同,占有效样本的71.74%;二是地块距离家庭的远近不同,占有效样本的13.04%;三是其他原因,占有效样本的15.22%。但典型访谈也发现,存在差别的主要原因也包括生产产品和经营主体的不同。一般来讲,粮食作物种植中生产资料的单位面积投入较少,而蔬菜和经济林果较高。也不是所有新型经营主体都较少使用农家肥和有机肥,部分新型经营主体为了提高产品质量,也大量使用有机肥,如苍溪的红心猕猴桃和澧县的葡萄种植。

16. 从总体趋势看,过去很长一段时间化肥农药使用量不断增加,而农家肥和有机肥使用量持续减少,且在自家承包农地和租种农地上有所差别。63.88%的样本农户认为自家承包农地的化肥使用量增加了,平均增加量为37.00%;66.61%的样本农户认为租种农地的化肥使用量增加了,平均增加量为41.20%。49.78%的样本农户认为自家承包的农地的农药开支增加了,平均增幅为43.40%;认为租种农地农药开支增加的样本农户为45.54%,平均增幅达到了47.70%。认为自家承包农地有机肥和农家肥使用量减少的样本农户占54.94%,平均减幅为61.50%;认为租种农地农家肥和有机肥使用量减少的样本农户占33.04%,平均减幅为57.60%。

17. 由于化肥农药使用量的增加和农家肥及有机肥使用量的减少,土壤质量有下降的趋势,认为自家承包农地"土质越来越板结了"的占有效样本的46.57%,而认为"土质越来越松软了"的只占有效样本的16.02%;认为租种农地"土质越来越板结了"的占有效样本的52.06%,而认为"土质越来越松软了"的占20.71%。对于土质变差的原因,37.46%的有效样本农户认为是化肥农药使用多了,27.42%的认为是没有轮换耕种。

18. 土壤质量的退化,导致各种自然灾害发生频率加快、危害程度加大。样本农户认为排在第一位的灾害是洪灾,综合起来有23.65%的样本农户作出了该选择。排在第二位的是病虫灾害,有19.76%的样本农户认为病虫灾害是其面临的主要灾害。排在第三位的灾害是风灾，有14.77%的样本农户作出了该选择。由此不难看出，威胁老百姓较严重的灾害，已经不仅仅是自然灾害如洪涝和泥石流等，还包括一些由于环境裂变造成的灾害，如病虫害、风灾、鼠害等等。

19. 对249个女性样本农户的分析显示，女性总体受教育程度偏低，户均实际经营的水田和旱地只分别是男性样本农户平均水平的12.61%和64.42%，除了通海的蔬菜种植以外，生产以满足家庭需要为主，因此主要生产资料的投入与男性样本农户有明显差别，承包水田农药开支只是男性家庭平均水平的11.16%，租种水田也只是30.71%；租种旱地化肥使用量只是男性样本农户的31.23%，农药开支只是男性样本农户的22.80%。而由于从事农业经营的女性样本农户多数年龄偏大等原因，她们施用农家肥和有机肥的量也比男性样本农户低很多，即使是自家承包的水田和旱地也只分别是男性样本农户的24.44%和4.77%。不论是因为劳动力不足，还是考虑农产品安全，因为生产的产品主要是服务于家庭消费，女性受访者似乎更趋于种“卫生田”。

参考文献

著作类：

苍溪县猕猴桃研究所：《苍溪县猕猴桃志》，未出版。

成都市统计局编：《成都市统计年鉴 2017》，北京：中国统计出版社 2017 年版。

国家发展和改革委员会价格司编：《全国农产品成本收益资料汇编 2017》，北京：中国统计出版社 2017 年版。

通海县志编纂委员会：《通海县志》，昆明：云南人民出版社 1992 年版。

祁连县志编纂委员会编：《祁连县志》，兰州：甘肃人民出版社 1993 年版。

祁连县志编纂委员会编：《祁连年鉴（1995～2003）》，内部资料，2004 年。

青海省统计局编：《青海统计年鉴 2017》，北京：中国统计出版社 2017 年版。

杨飞运主编：《通海县志（农业局部分）》，未公开出版。

玉溪市农业局编：《玉溪农业工作手册（2011）》，内部资料。

喻晓杰：《苍溪县猕猴桃产业发展研究》，硕士论文。

[英] 约翰．穆勒：《政治经济学原理》，北京：商务印书馆。

云南省澜沧拉祜族自治县县志编纂委员会：《澜沧拉祜族自治县县志》，昆明：云南人民出版社 1996 年版。

云南省农业厅编：《云南农业统计 2012》，内部资料。

云南省农业厅编：《云南农业统计 2013》，内部资料。

云南省统计局编：《云南统计年鉴 1992》，北京：中国统计出版社 1992 年版。

云南省统计局编：《云南统计年鉴 2017》，北京：中国统计出版社 2017 年版。

中共云南省委办公厅、省人民政府办公厅、云南省统计局编：《新中国五十年·云南卷〈崛起的红土地〉》，北京：中国统计出版社 1999 年版。

云南省人民政府办公厅、云南省统计局、国家统计局云南调查总队编：《2017 云南领导干部手册》，昆明：云南出版集团、云南人民出版社 2017 年版。

郑宝华主编：《谁是社区森林的管理主体——社区森林资源权属于自主管理研究》，北京：民族出版社 2003 年版。

期刊类：

毕玉：《云南省通海县蔬菜产业品牌建设路径初探》，《经济师》2017 年第 9 期。

陈佳：《“云菜”明珠是怎样长成的？——通海县蔬菜产业发展观察》，玉溪日报 2017 年 5 月 11 日第 005 版。

陈文胜：《农业供给侧结构性改革：中国农业发展的战略转型》，《求是》2017 年第 03 期。

达雪莲：《祁连县草场资源利用现状及建议》，《青海畜牧兽医杂志》2001 年第 31 卷第 6 期。

代平、牛华林、吴伯志：《通海县无公害蔬菜生产分析》，《云南农大学报》2006 年第 21 卷第 4 期。

杜铁瑛、王海霞：《祁连县农牧业后备资源调查与评价》，《青海草业》1994 年第 3 卷第 2 期。

傅雪晖：《云南通海蔬菜打响品牌》，《农村实用技术》2006 年第 12 期。

何凌云、黄季焜：《土地使用权的稳定性与肥料使用——广东省实证研究》，《中国农村观察》2001 年第 5 期。

黄翠菊：《通海县耕层土壤养分状况与施肥对策》，《云南农业科技》2007 年第 1 期。

侯永学：《青海省农村土地流转存在的问题及对策》，《青海农牧业》2016 年第 2 期。

蒋静梅、溥欢欢：《产业集群视角下通海蔬菜产业发展与经济增长的实证研究》，《中国农业资源与区划》2014 年第 35 卷第 4 期。

孔繁荣、李德才、马明继：《祁连县草地牧草生产力调查》，《青海草业》2003 年第 12 卷第 4 期。

孔繁荣、李鸿：《祁连县草地鼠虫和毒草危害现状及防治意见》，《青海草业》1999 年第 8 卷第 1 期。

Li Guo, Rozelle Scott, Brandt Loren. Tenure, land rights, and farmer investment incentives in China [J] Agricultural Economics. 1998 (19)

李清振、张小华：《祁连县退化草场的土壤特性及治理意见》，《青海畜牡兽医杂志》1983 年。

梁双陆：《烤烟“双控”后农民增收希望何在？——来自玉溪的调研报告》，《民族工作》1999 年第 3 期。

林少波、陈一耕：《祁连县按畜群固定冬春草场使用权的调查》，《青海畜牧兽医杂志》1983 年。

刘亚琼、方成刚：《通海县蔬菜废弃物资源化循环利用模式探讨》，《农业工程技术（新能源产业）》，2014 年第 12 期。

马明继：《祁连县草地生态环境与畜牧业可持续发展》，《青海草业》2004 年第 13 卷第 3 期。

马寿福：《祁连县草场承包现状调查与工作回顾》，《青海草业》2008 年第 17 卷第 3 期。

马骥：《祁连县退化草原的情况与治理》，《青海畜牧兽医杂志》1983 年 8 月 29 日。

宋云华：《玉溪市蔬菜农药使用现状及污染控制对策》，《北方园艺》2008 年第 7 期。

宋媛媛：《通海县蔬菜产业化发展现状及对策》，《现代农业科技》2014 年第 22 期。

孙庭建：《通海县发展无公害蔬菜的制约因素与对策》，《现代农业科技》2010 年第 12 期。

祁发业：《青海省祁连县高原现代草地生态畜牧业发展思路》，《养殖与饲料》2015 年第 9 期。

秦玉峰：《青海祁连县生态畜牧业发展现状及对策》，《养殖与饲料》2016 年第 8 期。

曲福田：《土地产权安排与土地可持续利用》，《中国软科学》2009 年第 9 期。

王海兄：《祁连县规模化养殖场发展现状调研报告》，《青海畜牧兽医杂志》2016 年第 46 卷第 1 期。

魏欣、李世平等：《基于土地产权制度视角的农户农业面源污染行为分析》，《农村经济》2012 年第 5 期。

徐晓雅、高翔宇等：《澜沧县土地利用变化和土壤侵蚀特征分析》，《河南农业大学学报》第 51 卷第 3 期。

杨春梅：《澜沧县桉树速生丰产林发展探讨》，《内蒙古林业调查设计》第 37 卷第 2 期。

杨德亮：《牧区经济发展中的文化不适及社会环境问题——青海祁连畜牧业经济可持续发展的调研报告》，《北方民族大学学报（哲学社会科学版）》2010 年第 3 期。

杨德亮、王惠珍：《论文化适应与牧区经济发展》，《北方民族大学学报（哲学社会科学版）》2009 年第 1 期。

俞海、黄季焜等：《地权稳定性、土地流转与土地资源持续利用》，《经济研究》2003 年第 9 期。

扎西塔、马世科：《对祁连县畜牧业发展现状的评价和建议》，《青海畜牧兽医杂志》2015 年第 45 卷第 6 期。

张禹舜、贾文雄等：《近年来祁连山净初级生产力对气候因子的响应》，《干旱区地理》2016 年第 39 卷第 1 期。

赵国君、仁青卓玛、马寿福：《祁连县草原生态补奖绩效管理试点调查》，《青海草业》2017 年第 26 卷第 2 期。

赵筱青、丁宁、闫平：《滇西南不同林龄桉树林土壤理化性质的变化规律分析》，《安徽农业科学》第 40 卷第 20 期。

赵筱青、和春兰：《外来树种桉树引种的景观生态安全格局》，《生态学报》第 33 卷第 6 期。

周家颖：《通海将建 10 万亩出口农产品种植基地》，《玉溪日报》2011 年 5 月 25 日第 002 版。

周淑清、崔广平：《论土地产权制度改革与生态环境保护》，《当代法学》

2009 年第 2 期。

网络资料:

苍溪县统计局:苍溪县 2016 年国民经济和社会发展统计公报,2017 年 2 月 27 日发布,http://www.cncx.gov.cn/xhtml/articview.html?id=20170405110040366.

百度百科湘阴县 https://baike.baidu.com/item/%E6%B9%98%E9%98%B4%E5%8E%BF/10369324?fr=aladdin.

百度知道:黄土高原的基本特征是什么?https://zhidao.baidu.com/question/1498586332172236859.html.

成都崇州"共营制模式"引关注,探索乡村振兴发展新路径,
http://finance.newssc.org/system/20180123/002352743.html.

澧县人民政府:澧县 2017 年国民经济和社会发展统计公报,2018 年 3 月 7 日发布,http://www.li-xian.gov.cn/zj/ShowArticle.asp?ArticleID=45124.

祁连县人民政府:好生态,就是"金山银山",http://www.qhql.gov.cn/html/1317/221790.html.

青海省统计局和国家统计局青海调查总队:青海省 2017 年国民经济和社会发展统计公报,http://www.qhnews.com/newscenter/system/2018/02/27/012553906.shtml.

王成龙:崇州农业"共营制"解决现代农业发展三大难题,
http//www.farmer.com.cn/wszb2018/fz2018/xwjb/201802/t20180225_1358780.htm.

岳阳市统计局:湘阴县 2017 年国民经济和社会发展统计公报,2018 年 4 月 10 日发布,http://www.hntj.gov.cn/tjfx/tjgb/xqtjgb/yygxsq/201803/t20180330_4987128.html.

岳阳市统计局:湖南省湘阴县 2016 年国民经济和社会发展统计公报,2017 年 4 月 18 日发布,http://www.yueyang.gov.cn/tjj/22777/22781/content_705217.html.